KB048716

철학,
삶을
묻다

개정증보판

철학, 삶을 묻다

초판 1쇄 펴낸날	2009년 8월 15일
개정판 1쇄 펴낸날	2016년 12월 30일
개정판 2쇄 펴낸날	2024년 9월 10일

지은이 한국철학사상연구회	편집 이정신 이지원 김혜윤 홍주은
펴낸이 이건복	디자인 김태호
펴낸곳 도서출판 동녘	마케팅 임세현
	관리 서숙희 이주원

만든 사람들
편집 사공영   교정·교열 박시화   디자인 조하늘

등록 제311-1980-01호 1980년 3월 25일
주소 (10881) 경기도 파주시 회동길 77-26
전화 영업 031-955-3000 편집 031-955-3005 팩스 031-955-3009
홈페이지 www.dongnyok.com 전자우편 editor@dongnyok.com
페이스북·인스타그램 @dongnyokpub

ISBN 978-89-7297-857-2 (03100)
©한국철학사상연구회, 2016

· 잘못 만들어진 책은 구입처에서 바꿔 드립니다.
· 책값은 뒤표지에 쓰여 있습니다.
· 이 도서의 국립중앙도서관 출판시도서목록(CIP)은 e-CIP홈페이지(http://www.nl.go.kr/ecip)와
  국가자료공동목록시스템(http://www.nl.go.kr/kolisnet)에서 이용하실 수 있습니다.
  (CIP제어번호: CIP2016031005)

개정증보판

철학, 삶을 묻다

자본주의적 상품생산과 소비

현대인의 소외와 실존

혐오의 시대, 여성주의와 여성혐오

인권과 사회, 삶

디지털 시대의 소통과 관계 맺기

인간의 성과 욕망

인간, 노동 그리고 자연

다문화 사회와 민족정체성

대중문화와 진정성 찾기

국가와 민주주의에 관한 성찰

왜 미와 예술인가?

환경과 기술문명

한국철학사상연구회 지음

동녘

일러두기

1. 맞춤법과 띄어쓰기는 '한글 맞춤법'에 따랐다.
2. 외국 인명이나 지명, 작품명은 국립국어원의 '외래어 표기법'에 따라 표기함을 원칙으로 하되, 표기법과는 다르지만 굳어져 많이 사용하는 단어는 관행을 따라 표기했다.
3. 본문에 사용한 기호의 쓰임새는 다음과 같다.
   《 》: 단행본
   〈 〉: 정기간행물, 논문, 잡지, 영화, 그림, 노래 등

응고된 현실에서 생동하는 철학을 위해

개정증보판 《철학, 삶을 묻다》에 부쳐

'철학, 삶을 묻다'라는 이 책의 제목은 어쩌면 너무나도 당연한 말이다. 철학이 삶을 묻지 무엇을 묻겠는가? 그러나 당연한 이 말에도 매력을 느껴 책을 펼쳐 든 독자라면 아마 철학의 현학적 용어를 벗어나서 삶으로 철학을 생각하고 싶어하는 사람이 아닐까 싶다. 물리학자는 모든 이에게 물리학의 지식을 전달해야 할 의무를 가지고 있지는 않은 듯하다. 하지만 철학자는 모든 이에게 철학이 가진 통찰의 힘을 알려 주어야 할 의무를 가지고 있다. 우리는 모두 저마다의 삶을 살아 내고 있고, 철학이 가진 통찰의 힘은 삶을 보다 더 잘 살 수 있게 돕는다. 그런데 철학자들이 이른바 '학문 사투리'를 떨쳐 내지 못하고 대중에게 철학의 힘을 전하지 못한다면 그것은 바람직하지 않은 일일 것이다.

이 책은 이런 문제의식을 가진 학술 단체인 한국철학사상연구회에서 기획했다. 한국철학사상연구회는 그간 《삶, 사회 그리고 과학》, 《삶과 철학》 등 쉬우면서도 필요한 내용을 다루는 철학 입문서들을 펴내려고 꾸준히 노력해 왔다. 철학사나 철학 개론의 틀에서 벗어나 정말 필요한 주제를 다루는 철학 책을 출간해 보자는 의도에서였다. 《철학, 삶을 묻다》 역시 그 노력의 결과였으며, 초판 발행 이후 꽤 긴 시간이 흐른 만큼 변화된 사회 현실에 맞추어 내용을 손질하자는 제안들이 모여 개정증보판을 출간하기에 이르렀다. 2009년에 낸 초판이 독자들의 사랑을 받아 10쇄까지 발행되고 다시 또 새롭게 개정증보판으로 독자들을 만나게 된 것은 참으로 기쁜 일이다. 삶과 유리되지 않은 철학을 하겠다는 일군의 철학자들의 문제의식에 독자들이 호응해 준 결과일 것이기 때문이다.

철학은 어떤 것이 '왜 그러한가를 체계적으로 묻는 것'이고 '생각의 정련'이다. 생각을 벼리고 벼려 정리한 결과물인 것이다. 벼리고 벼린 생각은 우리에게 쉽게 다가오지는 않지만 아주 큰 힘을 가지고 있다. 우리 필자들은 이 책에서 각각 성과 욕망·소통과 관계 맺기·여성 혐오·다문화 사회·소외·민주주의와 국가·자본주의와 소비·대중문화·환경과 기술 문명·노동·인권·미와 예술 등의 키워드를 시의성 있게 다루려고 노력했고, 이들 키워드에 대한 생각을 정리해 깊이 있는 생각들을 쉽고도 생생하게 전달하기 위해 애썼다. 각 글의 말미에는 '생각해 볼 문제'들을 붙여 놓았는데, 그 문제들은 독자들에게 수동적 읽기에 그치지 않고 더 나아가 스스로 더 큰 생각을 해 볼 기회를 제공할 것이다.

철학은 답을 찾아 가는 학문이 아니라 질문을 잘하게 하는 학문이다. 질문을 견지하면서 생각을 정리하게 하는 학문이라는 말이다. 그저 흘러가는 대로, 되는 대로 사는 삶과 지금 내가 제대로 가고 있는지 스스로 질문하며 사는 삶은 다를 수밖에 없다. 인간의 삶에 고정된 정답이란 있을 수 없지만 그래도 우리에게는 삶에 필요한 질문이 무엇인지, 지금 현실에서 생각해야 하는 질문이 무엇인지를 찾게 하는 힘이 필요하다. 이런 물음 없이 살면 스스로도 자기 삶이 어디로 가는지 알 수 없을 것이다. 삶이 맞게 가고 있는지를 물어보고 생각할 수 있게 하는 힘, 그것이 바로 철학의 힘이다.

한국철학사상연구회에서 매년 내는 웹진 〈ⓔ시대와 철학〉의 모토는 '응고된 현실, 생동하는 철학'이다. 이 모토를 떠올릴 때면 늘 생동하는 현실에서 응고된 철학을 하고 있는 것은 아닐까 하는 염려가 된다. 하지만 이 책의 면면을 살펴보니 그래도 좀 마음이 놓인다. 시의성 있는 주제를 철학으로 풀기 위해 끊임없이 노력하고, 진정성을 가지고 씨름해 온 문제들을 독자들과 나누려 하는 필자들의 노력이 느껴졌기 때문이다. 이 개정증보판 역시 초판처럼 수많은 독자들을 만나게 되기를 기대해 본다. 독자들이 이 책을 통해 철학의 맛을 느끼고 체계적으로 따져 생각하는 힘을 체화하게 되기를 간절히 바란다.

2016년 12월
한국철학사상연구회

차례

| 욕망 |

인간의 성과 욕망

김우철

자연의 성과 인간의 성

모든 생명체에게는 대표적으로 두 가지 본능적 욕구가 있다. 하나는 식욕이고 또 하나는 성욕이다. 식욕이 자신의 생명을 잘 보존하기 위한 욕구라면, 성욕은 자신이 언젠가 죽더라도 그 전에 자신의 분신(유전자)을 남겨 놓으려는 욕구다. 식욕이 자신의 생명을 보존하려는 '생존' 욕구라고 한다면, 성욕은 자신의 생명을 확산하려는 '생식' 욕구라고 할 수 있다. 두 욕구는 생명체의 기본적인 욕구로 어느 하나가 더 중요하다 덜 중요하다 말할 수 없다. 둘 다 생명 그 자체의 본성이며 인간도 예외가 아니다. 배불리 먹는 일과 자식을 낳고 키우는 일은 인간 생활의 가장 기본적인 두 가지 요소다.

그런데 이렇게 생명(삶)의 두 요소를 생각하다 보면 금세 한 가지 의문이 떠오른다. 식욕에 관해서는 별 문제가 없는데, 성욕 또는 성性이 문제다. 우리는 왜 남 앞에서 성이나 성욕에 대해 이야기하려고 하면 자신도 모르게 부끄러워지고 민망해질까? 종족 번식은 부끄러운 일이기는커녕 모든 생명체에게 나타나는 보편적인 현상이고 나아가 아주 중요한 과제인데 왜 우리는 '성기', '성교', '성감대' 같은 말을 입에 올리는 것을 불편해할까?

사실 성욕은 모든 생명체가 보편적으로 가지는 것이지만, 유독 인간의 성욕에는 다른 동물들의 성욕에서는 찾아볼 수 없는 특이한 점이 아주 많다. 처음 꼽을 수 있는 것이 인간은 '생식' 이외의 목적, 즉 쾌락(즐거움) 자체를 위한 성욕을 가지며 성행위를 한다는 점이다.

그러니까 본디 '생식'을 위한 욕구나 행위가 '생식'과 무관하게 일어나기도 한다는 거다. 그래서 인간은 피임 도구까지 사용해 가며 성행위를 하는가 하면, 특정한 발정기도 없이 일 년 열두 달 성행위를 할수 있다. 그뿐이 아니다. 신체 전부가, 즉 성기 말고도 입, 젖가슴, 항문, 엉덩이, 귀, 목 등 다른 신체기관까지 모두 성적 쾌락을 느낄 수있는 성감대 기능을 갖고 있다. 이런 현상은 다른 동물에게서는 전혀 찾아볼 수 없는 특이한 것이다. 흔히들 보통 사람과 다른 특이한 성적 취향을 가지고 이상한 행위를 즐기는 사람을 가리켜 '변태'라고부르는데, 자연적 성의 관점에서 보면 인간적 성 자체가 '변태'라고해도 틀린 말이 아니다.

본능과 문화 사이에서

지그문트 프로이트Sigmund Freud로부터 자크 라캉Jacques Lacan으로이어지는 정신분석학의 흐름에서는 인간의 성 또는 성욕을 자연적또는 본능적 현상으로 보지 않는다. 그리고 인간의 성이 자연의 성과뚜렷이 달라진 까닭은 다름 아니라 신체 본능적 요소가 심리 문화적과정을 거치면서 필연적으로 변형되었기 때문이라고 본다. 따라서'나는 남자인가 여자인가?'라는 성적 정체성의 문제와 '누구를 사랑할 것인가?'라는 성적 지향성의 문제는 그런 문화적 변형 과정을 고려해야만 이해할 수 있다.

인간 신생아는 신체적으로 남자 아니면 여자로 태어난다. 하지만 정신적으로는 아직 남자도 아니고 여자도 아니다. 초보적인 신체 기능만 갖추었을 뿐 정신 기능 자체가 아직 발현되지 못한 상태이므로 그런 정신적 차이가 나타날 리는 만무하다. 게다가 성장한다고 해서 남녀의 신체적 차이가 자동적으로(본능적으로) 정신적 차이를 결정해 주지도 않는다. 동물의 경우는 개체의 성장 이전과 이후를 본능이 일관되게 지배하므로 신체적 성과 심리적 성의 간극이나 괴리 같은 게 생기지 않는다. 하지만 인간은 그렇지 않다. 인간의 성은 본능적 현상이 아니라 어디까지나 심리 문화적으로 결정되는 현상이다. 따라서 인간의 성을 이해하려면 이 근본적인 점부터 분명하게 인식하지 않으면 안 된다.

개인의 성적 특징, 곧 성적 정체성(주체의 측면)과 성적 지향성(대상의 측면)은 프로이트가 '오이디푸스 콤플렉스'라고 이름 붙인 유아기 심리 기제의 발생과 해소를 거치면서 비로소 결정된다. 인간은 태어났다고 해서 바로 인간이 되는 게 아니다. 몸은 인간 신체의 형태를 하고 있더라도 정신은 아직 사회 속에서 살아갈 도덕 문화적 소양을 갖추고 있지 못하기 때문이다.

인간의 정신·문화적 능력의 기초는 언어 능력과 도덕/법 능력이다. 언어는 인간의 사고를 떠받치는 토대이기에 언어를 모르고서는 과학적 사고나 도덕적 판단을 할 수 없음은 물론이고, 현재 우리가 지각하는 방식으로 이 세계를 지각할 수조차 없다. 언어는 인간과 동물을 가르는 가장 중요한 지표다. 인간은 언어로 사고할 뿐 아니라 언어 속에서 살아가는 존재다. 언어가 있기에 도덕과 법, 종교, 예술, 과학이 모두 가능해진다.

도덕/법 역시 인간과 동물을 가르는 결정적 지표다. 단순히 '이롭다'와 '해롭다'의 구별이 아닌 '옳다'와 '그르다', '선'과 '악'의 구별은 인간에게만 있는 현상이다. 인간은 본능만으로 삶을 영위하지 않는다. 도덕과 법, 윤리와 가치를 내면화하고 따를 때 비로소 인간다운 삶을 영위할 수 있게 된다.

그런데 문제는 이 언어 능력과 도덕/법 능력이 본능에 속한 것이 아니어서 생물학적으로 유전되지는 않는다는 점이다. 모든 개인은 태어난 뒤에 별도로 이 두 가지 능력을 학습하고 내면화하는 과정을 거친다. 그리고 그 과정에서 대개 부모가 중요한 역할을 한다. 그런데 부모는 자식이 속한 사회의 보편적 문화의 대리인이기도 하지만, 동시에 다른 부모들과 생각과 행동이 다른 특수한 한 개인이기도 하다. 인간의 성이 지닌 비밀은 바로 이 특정한 부모 밑에서 특정한 아기가 언어와 도덕/법을 교육받는 과정 속에서 결정된다. 언어와 도덕을 내면화하는 과정에서 아기는 과연 어떤 일을 겪게 될까?

신체적 분리와 정신적 미분리

아기가 성장하는 과정에서 제일 중요한 것은 말할 것도 없이 엄마다. 아기는 아빠의 정자와 엄마의 난자가 결합한 수정란에서 생명을 얻는데, 처음부터 하나의 독립된 개체로 존재하지는 못한다. 수정란은 어디까지나 엄마 몸의 일부로만 존재할 수 있다. 엄마 몸속에서 엄마 몸의 일부로 9개월여를 지내고 나야 비로소 엄마로부터 신체적으로 분리된다.

그런데 아기가 탯줄이 끊어져 바깥세상으로 나왔다고 해서 엄마로부터 완전히 분리되었다고 할 수 있을까? 그렇게 볼 수는 없다. 아기는 아직 눈도 못 뜨고 스스로 목조차 가누지 못할 만큼 완벽하게 무능하기 때문에 엄마가 하나에서부터 열까지 돌봐야 한다. 먹여 줘야 하고 따뜻하게 감싸 안아 줘야 하고 배설도 잘하도록 보살펴야 한다. 아기는 엄마와 몸이 분리되어 있긴 하지만 어떤 면에선 여전히 분리되어 있는 게 아니며, 특히 정신적인 면에서는 더 그렇다.

이제부터 우리는 말도 못하고 생각할 줄도 모르는 아기가 처음에 세상을 어떻게 보고 이해하게 되는지 아기 마음속으로 상상의 여행을 떠나 볼 것이다. 아기는 눈도 뜨지 못하고 목도 가누지 못할 뿐 아니라 자기가 누군지도 모르고, 눈앞에 어른거리는 대상이 엄마인지도 모른다. 이러한 자기의식과 대상의식은 언어를 어느 정도 습득하고 나야 비로소 가능한 고차적 인식 능력에 속하기 때문이다. 아기의 정신은 처음에는 백지와도 같아서 아무것도 구별하지 못한 채 모든 것이 하나로 뒤엉키고 뒤범벅된 혼돈 상태에서 시작한다. 이러한 혼돈 상태에 차이와 구별을 도입하고, 그래서 분류와 질서를 가져오는 것은 다름 아닌 언어다. 아기는 언어를 배우면서 비로소 사물들에 제각기 다른 이름을 붙이고 세상을 '개념적으로' 인식하게 된다.

물론 신체적으로는 아기도 처음부터 최소한의 기능을 갖고 있다. 예컨대 배가 고프면 본능적으로 소리를 내지르고 목청껏 운다. 그러면 엄마의 젖꼭지가 바로 입속으로 들어오고 세상에 둘도 없는 달콤한 먹거리가 제공된다. 아기가 눈을 뜰라치면 앞에는 늘 다정한 두 눈이 빛나고 있고, 또 부드러운 목소리가 끊임없이 귓전을 맴돈다. 그뿐만이 아니다. 엄마는 아기를 꼭 껴안고 입 맞추고, 기저귀를 갈거나 목욕을 시키면서 아기의 온몸을 부드러운 손길로 어루만져 준다. 여기서 중요한 점은, 아기가 언어 능력을 갖추기 전에는 이러한 경험을 하면서도 엄마의 젖가슴, 시선, 목소리, 입술, 손길 등을 자기 자신과 구별하지 못한 채 그저 '하나의 뒤범벅된 일체'로 느낀다는 점이다. 즉 엄마와 자신을 구별할 능력이 없기에 정신적으로는 여전히 엄마로부터 분리되지 못한 상태인 것이다. 과연 아기의 정신은 언제, 어떻게 엄마로부터 분리되는 것일까?

욕구, 요구, 욕망

아기의 울음은 처음에는 배고픔이라는 본능적 욕구need를 전달하는 표현 수단에 지나지 않는다. 하지만 울음에 대해 엄마가 보이는 사랑의 응답, 곧 젖을 물리고 어르고 껴안아 주는 등의 응답을 반복해서 경험하다 보면, 이내 엄마의 사랑에 대한 요구demand로 바뀌게 된다. 그러니까 그때부터 아기는 배가 고파서 운다기보다 엄마의 사랑의 손길을 요구하고 재촉하기 위해 운다. 인간은 밥만 먹고 사는 존재가 아니라 사랑도 먹고 사는 존재다. 아기 역시 욕구의 만족만이 아니라 사랑을 요구하는 주체로 바뀌어 가는 것이다. 특히 언어 습득이 이루어지고 초보적 수준의 의사소통이 이루어지면 아기와 엄마

사이에 이런저런 요구들이 점점 더 많아진다.

그러나 아기의 성장 과정이 늘 행복한 경험으로만 채워지는 것은 아니다. 그렇지 않은 경험 역시 하기 마련이며 아기라면 반드시 첫 번째 '상실'의 아픔, 바로 젖떼기〔離乳〕 과정을 겪는다. 태어나서 매일같이 마음껏 빨던 젖가슴은 어느 순간이 되면 아무리 울고불고 하며 찾아도 더 이상 제공되지 않는다. 이 상실의 아픔을 통해서만 아기는 자신에게 그동안 가장 소중했던 젖가슴과 젖꼭지가 자기 몸이 아니라는 것을 조금씩 그러나 분명히 실감하게 된다.

젖떼는 시기에 아기가 자지러질 듯 울며 돌려 달라고 요구하는 것은 단순한 욕구의 만족을 위해서가 아니다. 그것은 무엇보다 엄마와의 일체감 속에서 맛보았던 '사랑의 만족감'을 달라는 요구다. 다시 말해 엄마 품에 안겨 부드러운 목소리와 숨소리를 들으며, 따스한 눈빛을 마주보며, 젖꼭지의 부드러운 감촉을 느끼며, 달디단 젖을 먹으며 느꼈던 그 행복감을 되돌려 달라는 요구다. 그러나 아기의 요구는 이제 돌이킬 수 없는 좌절을 맛보게 된다. 욕구야 앞으로도 이러저러하게 충족되겠지만, 한때 경험한 사랑의 만족감은 이제 영원히 상실되고 만다.

이처럼 사랑에 대한 요구가 좌절되는 경험을 통해 아기는 엄마와 자신 사이에 놓인 차이와 간극을 조금씩 깨닫기 시작한다. 젖떼기나 배변 훈련을 통해서뿐 아니라 다른 여러 가지 양육 과정 속에서 엄마가 아기의 요구를 외면하고 거절하는 일은 더욱 자주 일어난다. 이것은 아기가 보기에 엄마가 더 이상 자신을 사랑하지 않거나 자신에게서 행복감을 얻지 못한다는 것을 뜻한다. 이제 아기는 중대한 의문에 휩싸인다. 엄마는 정말로 나를 사랑하는 것일까? 내가 이렇게

조셉 블랑Joseph Blanc, 〈라이오스를 살해하는 오이디푸스The Murder of Laius by Oedipus〉,
1867.
오이디푸스는 왕의 아들로 태어났으나 장차 아버지를 죽이고 어머니를 범한다는 신탁
때문에 세상에 나오자마자 산속에 버려졌다. 하지만 목동에게 발견되어 운 좋게 살아남았고
이웃 나라의 왕자로 성장해 결국 예언대로 아버지를 죽이고 테베의 왕이 되어 어머니와
결혼했다.

애타게 부르는데 왜 나타나지 않는 거지? 엄마는 이제 나 말고 다른
걸 원하고 찾는 걸까?

의문에 휩싸이게 된 아기는 마침내 더 이상 엄마가 전능하고 완
전한 존재가 아니라는 사실을 깨닫는다. 즉 무엇인가 결여되어 있고
그래서 무엇인가 찾고 욕망하는 존재라는 사실을 깨닫는 것이다. 그
리고 이처럼 엄마의 결여 내지는 욕망을 알아채면서 이제 그 자신도
욕망desire의 주체로 서서히 바뀌게 된다. 엄마가 욕망하는 대상이 바
로 자기 자신이기를 간절히 욕망하게 되는 것이다.

정신분석학자 라캉은 "인간의 욕망은 타자他者의 욕망이다"라는
유명한 말을 남겼다. 이 말은 우선 엄마가 욕망하는 것을 보면서 아
기도 똑같이 그것을 욕망하게 된다는 점을 지적하고 있을 뿐 아니라,
무엇보다도 아기는 엄마가 자신을 욕망해 주기를 욕망하게 된다는

것을 지적하는 말이다. 말하자면 인간의 욕망은 본질적으로 욕망에 대한 욕망이라는 뜻이다. 사람은 누구나 타인이 자신을 사랑해 주기를, 자신을 욕망해 주기를 욕망한다. 엄마의 욕망에 눈을 뜨고 나아가 엄마의 욕망을 욕망하면서, 아기는 마침내 엄마와 본격적으로 분리되는 단계로 진입하게 된다. 프로이트는 아기의 정신적 성장에 결정적 역할을 하는 이 단계를 가리켜 '오이디푸스 콤플렉스' 단계라고 불렀다.

오이디푸스 콤플렉스와 욕망하는 주체

오이디푸스는 원래 그리스 신화에 나오는 테베Thebes의 왕으로, 신탁에 따라 아버지를 살해하고 어머니와 결혼하는 비극적 운명을 가진 인물이다. 그런데 프로이트는 이 신화가 아이의 정신적 성장의 핵심을 은연중에 표현한다고 해석했다. 그래서 부모 가운데 자신의 성과 반대 성을 가진 쪽과 성적으로 결합하려고 애쓰고 같은 성을 가진 부모는 경쟁 대상으로 여겨 증오하는 심리 상태에 '오이디푸스 콤플렉스'라는 이름을 붙였다. 남자아이 같으면 엄마를 사랑하고 아빠를 증오하는 심리, 여자아이 같으면 아빠를 사랑하고 엄마를 증오하는 심리 상태를 오이디푸스 콤플렉스라고 한다. 이런 오이디푸스적 삼각관계는 아이의 마음속에 어떻게 자리 잡게 되는 걸까?

정신분석학에서는 그 계기를 아이가 엄마의 욕망에 대해 궁금해하던 차에 (가령 '엄마는 무엇을 원하는 것일까?', '엄마에게 없는 것은 무엇일까?') 그 해답을 아빠의 남근에서 찾는 데서 비롯된다고 본다. 즉 아이는 엄마에게는 없고 아빠에게 있는 것이 다름 아닌 남근이라고 믿고, 그 남근이 바로 엄마가 욕망하는 대상이라고 믿게 된다는 것이다. 프로이트는 모든 아이(남아와 여아)가 반드시 거쳐야 하는 오이디푸스 콤플렉스 시기에 남근이 이처럼 결정적 역할을 한다고 보고 그 시기를 남근기(2세~6세)라고 부르기도 했다.

우리가 여기서 유념해야 할 점은 이 시기의 아이들은 남녀 성기의 차이가 무엇인지, 즉 여자 생식기가 남자 생식기와 다르게 몸속에 있다는 사실을 모른다는 점이다. 설령 안다 하더라도 아이의 관심은 남녀 성기의 해부학적 차이에 집중되지 않는다. 아이에게 중요한 것은 엄마에게는 없는 어떤 것이 있고, 그래서 엄마가 자신 말고 욕망하는 것이 따로 있는 듯한데 그 대상이 과연 무엇인가 하는 것이다. 아이는 그것이 엄마가 늘 사랑과 관심을 보이는 아빠에게서 발견되는 남근이라고 생각할 수밖에 없다. 아이의 눈에는 그것 말고는 엄마에게 없는 것이 없으니까.

여기서 또 하나 유의할 점은 프로이트나 라캉이 말하는 '남근'은 우리가 보통 이해하는 '남자의 성기'가 아니라는 점이다. 아이들은 '성'이 무엇인지, '성교'나 '성기'가 무엇인지 모를 뿐더러 그에 대해 아무 개념도 없다. 따라서 아이의 심리에 결정적인 영향을 미치는 '남근'이란 생물학적 기능을 갖춘 실제 남근이 아니라 '엄마가 (나를 외면할 만큼) 절실하게 원하는 가치 있는 것'이라는 심리적 의미를 지닌 상징적 어떤 것이다. 그래서 라캉은 오해를 피하기 위해 '페니스penis'와 구별되는 '팔루스phallus'라는 용어를 쓰기도 했다.

이와 같은 상징적 남근은 엄마와 아이의 근원적 결합을 분리하는 데 결정적인 역할을 한다. 아이는 처음에는 엄마가 원하는 남근이 자신에게도 있다고 믿고, 엄마가 욕망하는 대상이 자기 자신이기를 원한다. 즉 심리적으로 엄마의 결여를 어떻게든 자신의 남근으로 메우려 하고 그래서 예전처럼 아무것도 결여된 것이 없는 엄마와 자기 자신의 일체감을 회복하려고 시도한다(근친상간 욕망). 반면 아버지는 사라져 버리면 좋겠다고 바랄 만큼 미워하고 증오하는 심리 상태에 빠지게 된다. 이것이 바로 오이디푸스 콤플렉스 상태다.

그러나 아이의 이런 바람은 성공하지도 못하거니와 그리 오래 유지되지도 못한다. "엄마에게서 당장 떨어지라!"는 아버지의 추상秋霜 같은 금지 명령이 떨어지기 때문이다. 아버지의 금지 명령은 비단 아버지 입을 통해서만이 아니라 그의 대리자 격인 엄마나 다른 어른들의 입을 통해서도 반복해서 떨어진다. 게다가 그 명령은 통상 '고추를 떼어 버리겠다'는 거세castration 위협까지 동반하게 된다. 이 세상에서 가장 소중한 것인 팔루스를 영원히 잃어버릴지 모른다는 두려움은 (더군다나 엄마나 다른 여자아이에게서 실제로 거세의 표식을 확인한 후라면) 아이에게는 매우 심각한 공포로 다가오게 된다.

결국 아이는 어머니에 대한 욕망을 금지하는 아버지의 명령을 수용하지 않을 수 없게 된다. 그리하여 엄마와의 합일 그리고 그 합일이 안겨 주던 만족감을 영원히 단념하게 된다. 이것이 바로 아이가 정상적인 인간 사회 속으로 진입하기 위해 반드시 거쳐야 하는 '거세'라는 상징적 과정이다. 아이는 거세 과정을 거쳐 마침내 정신적으로도 엄마와 완전히 분리되어 도덕/법 세계의 구성원으로 자리 잡는 한편 하나의 욕망하는 주체로 등장하게 된다.

모든 인간이 궁극적으로 욕망하는 것은 이 세상에 태어나 언어와 도덕/법의 세례를 받기 이전에 경험한, 그러나 언어와 도덕/법의 세계에 진입한 이후에는 영원히 상실하여 되찾거나 기억할 수도 없는, 그렇지만 그렇다고 결코 포기할 수도 없는 엄마와의 행복한 일체감이다. 욕망의 주체로서의 인간은 그 일체감을 부분적으로라도 구현해 줄 것 같은 다른 사람이나 다른 그 무엇을 평생 찾아다니고 헤매게 된다. 그러나 그 욕망을 충족시켜 줄 대상은 없다. 그것은 영원히 상실된 것이기 때문이다.

인간의 성과 욕망

이제 마지막으로, 앞서 제기한 인간의 성이 갖는 특수성에 대한 개괄적인 해명을 해 보자. 먼저 성적 쾌감의 문제부터. 인간이 성욕의 만족으로 얻는 쾌감은 다른 동물들은 결코 경험할 수 없는 것이다. 왜냐하면 그것은 식욕이나 갈증 같은 자연적 욕구의 해소에서 오는 단순한 쾌감이 아니기 때문이다. 그것은 '근친상간 금지'라는 법에 의해 강력하게 억압된 상태에서 이루어진 성 충동의 만족이기에 (라캉이 주이상스 Jouissance, 곧 "고통 속의 쾌락 pleasure in pain"이라고 부른 데서 알 수 있듯이) 비할 데 없이 자극적이고 외설적이라는 특징을 띤다. 다시 말해 금기를 위반하는 데서 오는 쾌락은 그렇지 않은 단순 쾌락에 비해 훨씬 더 증폭될 수밖에 없다.

우리의 온몸에 퍼져 있는 성감대의 편재성遍在性도 비슷한 맥락에서 이해할 수 있다. 인간이 동물과 달리 생식기 말고도 신체 전반에서 성적 쾌감을 느낄 수 있는 이유는 유아가 어머니의 보살핌을 받는 과정에서 느꼈던 사랑의 손길이 아버지의 법에 의해 오이디푸스적 억압을 당한 뒤에도 신체 곳곳에 무의식적 기억으로 남아 있기 때문이다. 요컨대 성감대는 영원히 상실한 어머니와의 일체감의 기억과 소망이 잠들어 있는 신체 부위인 것이다. 여기서 우리는 다시 한번 인간의 성이 신체적 현상이 아니라 정신적 현상이라는 점을 확인하게 된다.

그러면 내가 남자인가 여자인가 하는 '심리적' 성 정체성은 어떻게 결정되는 걸까? 되풀이하지만 성 정체성은 아이가 자기 생식기를 내려다보면서 스스로 깨닫는 것이 아니다. 앞서 오이디푸스 콤플렉스의 해소와 거세 과정을 남자아이 중심으로 설명했는데, '정상적인' 남자아이라면 상징적 거세 이후에 엄마에 대한 사랑을 무의식적으로 억압하고 팔루스를 소유한 아버지에 대한 존경심을 갖게 되면서 여자에 대한 사랑을 먼 훗날로 기약하게 된다. 즉 남자로서의 정체성 확립과 더불어 여자에 대한 이성애적 지향성을 확립하게 되는 것이다.

반면에 여자아이가 '여자가 되는 길'은 훨씬 더 복잡하다. 남자아이와 달리 여자아이에게는 생물학적으로 자신과 같은 성을 가진 엄마가 최초의 사랑 대상이다. 그러나 여자아이는 엄마가 가진 결여를 인지하고 자신도 마찬가지로 남근이 없다는 사실을 분명히 인지하면서부터 큰 실망과 함께 어머니를 미워하게 되고 아버지에게로 그 사랑을 옮겨가게 된다. 그러니까 여자아이는 상상적 거세를 이미 경험한 상태에서 오이디푸스 콤플렉스에 진입한다는 점에서 남자아이와 경로가 다르다.

프로이트에 따르면, 여자아이는 이 시기에 자신에게 없는 남근을 선망하지만, 이것이 현실적으로 불가능하다는 것을 깨닫고 그 대신 아기를 소망하게 된다. 그러니까 아버지를 사랑할 수 없다는 근친상간 금지를 수용하고 나면 (즉 최종적인 상징적 거세가 일어나고 나면) 여자아이는 아버지 대신 아기를 낳게 해 줄 다른 남자를 기다리게 된다. 즉 여자로서의 정체성 확립과 더불어 남자에 대한 이성애적 지향성을 확립하게 되는 것이다.

지금까지 우리는 인간의 성과 욕망이 어떤 점에서 자연적 본능의 발현이 아니라 정신·문화적 과정의 산물인지 살펴봤다. 이 모든 과정의 요점은 결국 인간은 언어를 습득하고 금지의 법을 내면화하는 과정에서 욕망의 주체로 탄생한다는 데 있다. 영원히 금지되고 억압당한 무엇이 바로 우리의 욕망을 불러일으키고, 인간은 그 욕망을 좇아 끊임없이 새로운 대상을 찾아 표류하도록 운명 지어졌다. 인간의 욕망은 근본적으로 만족될 수 없으며, 현실 속의 어떤 대상도 우리의 무의식적 욕망을 만족시켜 줄 수 없다. 설령 일시적으로 욕망을 만족시켜 주는 대상이 나타난 것 같아도 그것은 그리 오래 가지 못한다. 우리의 욕망을 불러일으키고 추동하는 것은 우리가 상징적 현실 속으로 진입하는 과정에서 영원히 상실한 것, 현실 너머에 있는 그 무엇이기 때문이다.

1. 인간의 성이 동물의 성과 어떤 차이점이 있는지 다양한 측면(욕망, 행위, 쾌감 등)에서 지적해 보라.
2. 흔히 성욕이나 성적 쾌감을 '본능적인 것'으로 생각하는 경향이 있는데, 이런 생각이 잘못인 이유는 무엇인가?
3. 도덕과 언어는 인간에게만 있는 것인가? 인간의 도덕과 언어가 다른 동물들의 행위 질서와 의사소통 방식과 다른 이유는 무엇인가?
4. '아기는 태어나더라도 처음에는 어머니와 정신적으로 분리되어 있지 않다'라는 말은 어떤 의미인가?
5. 라캉은 욕구need·요구demand·욕망desire을 어떻게 구별했는가?
6. 프로이트가 말한 '오이디푸스 콤플렉스'란 어떤 심리 상태를 말하는가? 그것은 어떤 과정을 거쳐 해소되는가?
7. 정신분석학에서 우리의 무의식에 있다고 보는 '근친상간 욕망'이란 구체적으로 무엇을 뜻하는지 설명해 보라.
8. 라캉에 따르면 인간의 욕망은 왜 영원히 만족될 수 없는 것인가?

참고문헌

브루스 핑크, 《라캉과 정신의학》, 맹정현 옮김, 민음사, 2002.
세르쥬 앙드레, 《여자는 무엇을 원하는가?》, 홍준기·조성란·박선영 옮김, 아난케, 2010.
지그문트 프로이트, 《꿈의 해석》, 김인순 옮김, 열린책들, 2004.
홍준기, 《오이디푸스 콤플렉스, 남자의 성, 여자의 성》, 아난케, 2005.

| 관계맺기 |

디지털 시대의
소통과 관계맺기

심혜련

이상한 나라의 앨리스

앨리스는 언니들과 자기 집 정원에서 잠이 들었다. 꿈인지 생시인지 아주 정확하지 않은 모호한 상태 속에서 앨리스는 이상한 토끼를 보았다. 그 토끼는 우습게도 인간의 옷을 입고 어디론가 급히 가고 있었다. 이 토끼를 기이하게 생각한 앨리스는 토끼 뒤를 쫓기 시작했다. 황급히 뛰어가던 토끼는 조그마한 굴로 들어갔다. 앨리스 또한 잠시 멈칫하다가 토끼 뒤를 따라 토끼 굴로 들어갔다. 토끼 굴에 들어간 앨리스는 끝을 알 수 없는 긴 통로로 추락했으며, 어느 한 지점에서 추락을 멈췄다. 자, 이제 앨리스는 이상한 나라에 도착했고 이 이상한 나라에서 앨리스의 모험이 시작된다.

나는 컴퓨터가 놓인 책상 앞에 앉아 있거나 스마트폰을 손에 쥐고 있다. 컴퓨터 앞에 있는 나 또는 스마트폰을 쥐고 있는 나는 현실의 나이기 때문에 이 상황이 꿈은 아니다. 이러한 디지털 기기들을 통해 인터넷이라는 공간과 연결된 나는 앨리스가 토끼 굴에 들어가듯이 가상공간(사이버스페이스)으로 들어간다. 자, 이제 나는 사이버스페이스라는 이상한 나라에 도착했고 이 이상한 나라에서 나의 모험이 시작된다.

사이버스페이스는 정말 이상한 나라다. 이 이상한 나라에서 우리는 모두 앨리스가 될 수 있다. 앨리스는 토끼를 따라 들어간 이상한 나라에서 자신이 살고 있던 현실과는 전혀 다른 세계를 체험하며, 현실세계에서는 가능하지 않은 새로운 관계맺기를 한다. "넌 누구냐?"라고 묻는 사람들 또는 동물들에게 앨리스는 "난 앨리스예요"라고 말하지만, 그들은 앨리스가 누구인지 모른다. 그저 눈앞에 나타난 처음 보는 소녀에게 관심이 조금 갈 뿐이다. 앨리스는 새와 쥐 등의 동물들과 아주 자연스럽게 이야기를 하며 몸이 갑자기 커졌다 작아졌다 하는 체험을 한다. 누구든 자기 맘에 들지 않으면 "사형시켜!"라고 외치는 이상한 여왕도 만난다. 정말 이상한 나라다.

그런데 더 이상한 것은 앨리스가 체험한 이 모든 것들을 이제 우리도 체험할 수 있게 됐다는 것이다. 사이버스페이스를 통해 소설에서만 만나는 것을 넘어 직접 앨리스가 될 수 있으며, 앨리스보다 더 신기한 체험을 할 수 있고, 생각지도 못했던 타인들과 소통하며 관계를 맺을 수도 있다. 그리고 그보다 더 이상한 사실은 앨리스는 현실에서도 이상한 나라에서도 앨리스였지만, 사이버스페이스라는 이상한 나라에서는 꼭 앨리스일 필요가 없다는 것이다. 이 이상한 나라는 인터넷이라는 이상한 망으로 연결된 미로와 같은 세상이다. 이곳에서 사람들은 다양한 경로를 통해 소통하며 관계맺기를 한다. 이 소통과 관계맺기는 사이버스페이스라는 공간을 정말 이상한 나라로 만든다.

그리고 이 이상한 공간에는 이상한 인간 주체가 등장한다. 다시 말해 다중적인 디지털 자아가 다양한 방식으로 관계망을 형성한다. 이 관계망에서 사람들은 수많은 다른 사람들을 만나고 관계를 맺는다. 관계를 맺는 과정에서는 나쁜 일도 발생하며 좋은 일도 발생한다. 마치 앨리스가 이상한 나라에서 만난 제멋대로인 여왕처럼 자기 마음에 들지 않으면 무조건 "사형시켜!"를 외치는 이상한 디지털 자아들이 무수히 존재하며, 이들은 쉽게 타인의 삶을 침범하기도 한다.

사이버스페이스에서 체험할 수 있는 세상은 무척 넓다. 또한 그

존 테니얼John Tenniel,
《이상한 나라의 앨리스Alice
in Wonderland》의 삽화,
1865.

넓은 세상을 체험하는 자기도 단일한 자아가 아니라 복수의 자아 또
는 다중적인 자아다. 체험의 폭이 넓어진 만큼 책임져야 하는 행동
의 폭도 넓어지며, 동시에 책임질 수 없는 것도 많아진다. 무책임함
이 밑도 끝도 없이 커질 수 있는 공간이 바로 이 사이버스페이스다.
사이버스페이스는 도대체 어떤 곳일까? 이 이상한 나라 안에서 대체
무슨 일이 일어나고 있는 걸까? 또 이 이상한 나라에서 우리는 어떻
게 변화했으며 또 앞으로는 어떻게 살아야 할까?

모든 것이 '거기'에 있는 공간

일찍이 르네 데카르트René Descartes는 인간 존재의 이유를 '생각하는 행위'에서 찾았다. 그래서 "나는 생각한다. 그러므로 존재한다"라는 유명한 말을 남겼다. 그러나 인터넷으로 모든 것이 연결되는 지금, 이 유명한 명제는 "나는 접속한다. 그러므로 존재한다"로 바뀔 필요가 있다. 우리의 실존 방식이 '사유함'에서 '접속함'으로 변했기 때문이다. 접속하지 않는 나, 접속할 수 없는 나는 근원적으로 불안하다. 우리의 일상을 보면 이는 명확해진다. 손에 스마트폰을 쥐고 있지 않은 나는 불안하다. 별일이 없어도 습관적으로 스마트폰을 들여다보고 연결망 속에서 스스로의 존재를 확인한다. 습관적으로 인터넷에 접속한다. 현실공간이 아니라, 가상공간인 '그곳'은 더 이상 순수한 가상공간이 아니다. 이미 현실의 일부가 된 현실공간이 되어 버렸다. 가상공간이 확장되어 현실공간이 되었듯이, 가상공간에 접속할 때 사용되는 다양한 매체들 또한 단지 매체 또는 기술적 도구가 아니다. 캐나다의 미디어학자 마셜 매클루언Marshall McLuhan이 지적한 것처럼 매체는 확장되어 인간의 확장, 인간의 일부가 되었다. 오늘날 우리는 인간이 기술로 만든 가상과 현실이 조합된 세상에서 살고 있다.

지금 여기에는 존재하지 않는 공간인 '그곳'에 접속하려 하는 사람들. 사람들은 왜 '거기'에 접속하려 할까? '그곳'에는 과연 무엇이 있을까? 우리가 접속이라는 행위를 통해 들어가려고 하는 공간, 즉 사이버스페이스는 우리의 접속을 통해서만 그 모습을 드러낸다. 접속하지 않았을 때는 하나의 가능한 세계로 있다가 접속하면 이내 만화경 같은 세계를 펼쳐 보인다. 그곳에서는 '지금'과 '여기'라는 물질적이며 자연적인 속성이 중요하지 않다. '지금'과 '여기'라는 현실의 시공간이 이미 해체되어 있기 때문이다. 사이버스페이스는 현실과 가상이라는 물질적 공간의 경계를 해체시켰다. 우리는 '지금'이라는 현재적 시간에 얼마든지 '여기', 즉 현실과 '거기', 즉 가상공간을 자유롭게 오갈 수 있다. '저기'는 언제고 '지금 여기'가 될 수 있다. 사이버스페이스는 바로 그렇게 존재하는 공간이다.

사실 '지금'과 '여기' 그리고 '저기'를 넘나들 수 있는 인간 존재에 대한 환상은 사이버스페이스가 등장하기 전부터 늘 있어 왔다. 순간 이동과 홀로그램을 이용한 탈육체적인 이동도 일종의 그런 환상이 낳은 것이다. 〈점퍼〉라는 영화를 예로 들어 보자. 이 영화에는 공간을 자유롭게 이동할 수 있는 특별한 능력을 가진 인간 유형이 등장한다. 바로 '점퍼'다. 점퍼들은 '지금'이라는 현재적 시간에 아무런 공간의 제약을 받지 않고 공간 이동을 할 수 있다. 아주 극소수의 인간들이며, 특수한 능력을 가지고 있기 때문에 보통의 인간과는 본질적으로 구별된다. 그런데 보통 인간들도 이제 점퍼가 될 수 있다. 어디서? 바로 사이버스페이스라는 공간에서!

우리는 접속이라는 행위로 '저기' 혹은 '거기' 있는 사이버스페이스를 언제든지 '여기'로 만들 수 있다. 접속한다는 것은 현실의 내가 내 몸을 떠나 그곳으로 들어간다는 것을 의미한다. 하지만 그렇다고 현실의 내가 완전히 사라져 가상공간 속으로 들어간다는 말은 아니다. 현실의 내 몸은 여기에 둔 채, 내 정신과 내 감각만이 그곳으로 가 그곳을 항해한다. 항해하고자 하는 그곳에는 모든 것이 있다. 지식과 정보, 인간관계, 예술까지 다 있다. 그곳에서 우리는 모든 것을 얻고 체험할 수 있다.

그런데 체험의 방식이 좀 다르다. 왜냐하면 접속이라는 행위는 육체는 '여기'에 둔 채, 정신과 감각만을 이동시키는 행위이기 때문이다. '거기'로 떠난 뒤, 그곳에서 공감각적인 체험과 환상을 경험한다. '김 아무개', '이 아무개'로 불리는 나는 여기에 둔 채, 그곳에서 나와 다른, 그러면서도 다양한 정체성을 가질 수 있다. 현실에서의 성 정체성과 사회적 위치, 지위 등을 무시한 채, 아주 다른 모습을 할 수도 있다. 다양한 디지털 자아, 즉 '아바타'를 통해 그곳에서 유목하고 있는 또 다른 다양한 아바타들과 만나 소통하며 관계맺기를 할 수도 있다. 이 공간은 현실의 공간과 다른 제2의 공간일 수도 있으며, 현실 공간과 관계를 맺고 있는, 현실과 가상이 기묘하게 중첩된 제3의 공간일 수도 있다.

언제 어디서나 그리고 누구나

사이버스페이스는 우리가 '여기'와 '저기'를 동시에 경험할 수 있게 만들었다. 다시 말해 동시적인 공간 경험을 가능하게 한 것이다. 들어가는 문도 도처에 있다. 아주 특별한 인간만이 그 문에 접근할 수 있는 것이 아니며, 모두가 자유롭게 들어갈 수 있다. 정리하면 사이버스페이스란 언제 어디서나 누구든지 접근할 수 있는 공간이다. 누구에게나 열려 있다는 점에서 민주적 접근 가능성을 열어 두고 있는 공간이라고도 할 수 있다. 그리고 언제 어디서 누구든지 접근할 수 있다는 것이 의미하는 바는 이 공간이 우리를 '디지털 노마드 Digital Nomad'로 만들 수 있다는 것이다.

인간 역사를 보면 처음에 인간은 노마드, 즉 유목민의 삶을 살았다. 그러다 좋은 땅에 정착하게 되었는데, 유목민에서 정주민의 삶으로의 전환은 인간 역사의 시작이라고도 할 수 있다. 그런데 이 긴 역사가 이제 다시 바뀌고 있다. 정주민에서 다시 유목민이 되고 있는 것이다. 이런 상황에서 다시 등장한 인간 유형이 바로 디지털 노마드다.

디지털 노마드는 두 가지 유형으로 나누어 볼 수 있다. 하나는 첨단 디지털 기기를 갖추고 '현실세계'에서 유목하는 인간 유형이다. 이들은 지금 자기가 살고 있는 현실공간에 제약을 받지 않는다. 스마트폰 하나만 가지고 있으면 언제 어디서든지 외부와 소통할 수 있다. 이들에게는 현재 자신이 서 있는 그곳이 일터도 되며 놀이터도 된다. 사는 데 필요한 모든 것들이 휴대 가능한 디지털 기기들로 이루어져 있기 때문에 지금 여기가 아닌 다른 곳으로 이동한다 해도 현실에서 따로 챙겨야 할 무엇이 딱히 없다. 20여 년 전만해도 오랫동안 집을 비우게 되면 챙겨야 할 것들이 많았다. 떠남을 위한 준비를 해야 했고, 내가 부재중일 때 집으로 오는 편지와 전화를 챙겨야 했다. 내가 정주해 있는 현실공간에 내가 부재중임을 알려야만 했던 것이다. 그러나 이제 이러한 수고스러움이 사라졌다. 연락은 스마트폰으로 하면 되고 필요한 것들은 휴대가 가능하다. 정주하는 곳을 떠나 유목할 준비가 언제든 되어 있는 것이다.

다른 하나는 현실세계가 아니라 가상공간, 즉 사이버스페이스에서 유목하는 인간 유형이다. 이들은 몸은 자신이 정주하고 있는 현실 공간에 정박시킨 채 사이버스페이스에 접속해서 그 공간에서 유목한다. 모험으로 가득한 사이버스페이스를 말 그대로 항해하는 이들인 것이다. 동시에 다양한 공간을 드나드는 이들에게 장소적 제약은 정말 중요하지 않다. 마치 '점퍼'들처럼 한국에서 미국으로, 그곳에서 또 독일로 자유자재로 이동한다.

휴대 가능하며 언제 어디서나 접속할 수 있는 디지털 기기만 있으면 현대인들은 누구나 디지털 유목민이 될 수 있다. 디지털 공간이 탈장소성을 전제로 하기 때문에 두 유형의 디지털 노마드는 공통적으로 장소에 구애받지 않는 삶을 산다. 탈육체화된 존재로 탈장소성을 전제로 사이버스페이스를 유목하는 이들은 때로는 그곳, 그러니까 가상공간만이 아니라 현실과 가상의 경계를 유목하기도 한다.

가상세계가 가상으로 존재하기 위해서는 현실도 당연히 필요하다. 가상세계가 의미 있으려면, 또 가상세계에서 즐겁게 항해하기 위해서는 돌아올 또는 정박할 현실도 필요한 것이다. 때문에 우리가 살고 있는 오늘날 이 세계는 현실과 가상이 동시에 공존하는 세계가 되었다. 현실과 가상이 겹쳐지고, 가상이 현실과 유사해지고 있다. 현실의 물질성과 가상세계의 비물질성은 씨실과 날실처럼 서로 조밀하게 얽히게 되었다.

사이버스페이스라는 가상세계의 등장은 우리에게 단지 가상세계에 대한 물음만을 던져 준 것이 아니다. 독일의 철학자 볼프강 벨쉬Wolfgang Welsch가 이야기했듯이 현실과 가상은 하나의 반성伴性 개념을 이룬다. 그렇기 때문에 이 둘은 그중 하나만 존재해서는 의미가 없다. 동시에 존재해야만 한다. 가상세계는 가상세계에 대한 물음과 동시에 현실이 무엇인가에 대한 근원적인 물음 또한 우리에게 던진다. 마치 영화 〈매트릭스〉에서 모피어스가 네오를 매트릭스의 세계로 데리고 가, 그에게 무엇이 실재이고 무엇이 실재가 아닌지에 대해 물었던 것처럼 말이다. 이것이 바로 우리가 살고 있는 현실이다.

현실적 공간의 이웃사촌에서 사이버 공간에서의 친구로

그렇다면 사이버스페이스라는 새로운 공간이 등장한 지금, 우리는 디지털 노마드라는 새로운 인간 유형의 모습을 한 채, 이 공간에서 또는 이 공간과 동시에 존재하는 현실에서 어떻게 소통하고 있는가? 또 어떤 식으로 타인과 관계맺기를 하고 있는가?

먼 친척보다 가까운 이웃사촌이 더 낫다는 말이 있다. 이웃사촌이라고? 사촌이라는 촌수는 매우 가까운 촌수다. 그러니 피 한 방울 섞이지 않은 이웃에게 감히 사촌이라는 명칭을 부여한 것은 이웃 간의 유대가 그만큼 좋다는 것을 강조하기 위함이었을 것이다. 그리고 아마도 이 말이 등장하게 된 배경에는 과거 농경 사회에서 볼 수 있었던 대가족 체제의 붕괴와 이후 도시를 중심으로 형성된 핵가족 사회의 등장이 있었을 것이다. 농경 사회에서 사람들은 가까운 친척을 넘어 먼 친척들과도 한 동네에서 함께 살았다. 함께 농사짓고, 그 수확물로 먹고살았다. 그러나 새로운 산업의 발달로 농촌이 더 이상 삶의 기본 터전이 아니게 된 이후, 그러니까 대도시 중심의 사회가 등장한 이후, 사람들은 예전과 같은 친족 개념을 유지할 수 없게 됐다. 각자의 일터로 흩어져 살게 됐고, 함께 일하거나 먹는 일은 없어졌다. 일 년에 한 번 아니 몇 년에 한 번도 못 보는 친척이나 사촌이 생겼고, 그저 그들이 친척이겠거니 하며 지냈다. 그러니 이런 사회에서는 이웃사촌이라는 말 그대로 내가 어려울 때 옆에 있고 바로 도와줄 수 있는 이웃이야말로 진짜 사촌일지도 모른다.

그런데 언제부터인가 이 이웃사촌이라는 말도 큰 힘을 발휘하지 못하고 있다. 아니 이웃사촌이라는 공동체는 이미 오래전에 붕괴되었다고 해도 과언이 아니다. 도시와 농촌을 가리지 않고 이곳저곳에서 우후죽순처럼 솟아나는 성냥갑 같은 아파트는 이웃사촌이라는 개념을 사장시켜 버렸다. 혈연으로 묶인 사촌에 이어 근접성으로 묶인 이웃사촌마저도 해체된 사회가 나타난 것이다. 이런 사회에서 개인은 성냥갑 같은 좁은, 아니 넓더라도 아주 획일화된 거주 공간으로 들어가 자신만의 세계를 구축한다. 자신과 자기 가족만을 위한 그러한 세계로 말이다. 그러한 현실공간에서 가족 구성원 각자는 또다시 자기만의 세계를 구축한다. SNS 상에서의 친구맺기 등이 바로 그 예다.

이제 우리는 인터넷 세계의 사회적 관계망을 토대로 인간관계를 넓힌다. 그 세계 속에서 자신을 보여 주고 타인의 삶을 엿본다. 노출증과 관음증이 뫼비우스의 띠처럼 작용한다. 그 안에서 우리는 끊임없이 인정받기를 갈망한다. 현실의 가족 관계에서보다도 그 사회적 관계에서의 인정을 더욱 갈망하는 기이한 현상들이 보편적 현상이 되었다. 그 속에 있는 많은 사람들의 댓글과 '좋아요'를 갈망하게 된 것이다.

　사회적 관계망에서 맺은 새로운 관계는 현실의 많은 관계를 대체하고 있다. 이 관계들 속에서 우리는 일상생활의 사소한 것들까지도 공유한다. 뭘 했고 뭘 먹고 뭘 입었는지까지 전부 나눈다. 현실의 가족도 현실에서가 아니라 이러한 관계망을 통해 자신의 가족이 일상을 어떻게 보내고 있는지 알 정도다. 일상을 공유하는 현실의 가족 대신, 일상을 공유하는 SNS에서의 친구들이 등장한 것이다. 아무리 첨단 과학 기술이 발전을 해도 소소한 것들을 공유하고자 하는 욕구에는 변함이 없는 것 같다. 이러한 새로운 유형의 관계들은 현실의 커뮤니티가 해체되는 대신에 디지털 커뮤니티가 형성되는 것을 보여주는 예이기도 하다.

　사이버스페이스에는 디지털 노마드만이 존재하는 것이 아니다. 또 다른 정주민들도 있다. 이른바 블로거bloger라고 불리는 이들이며, 그들은 블로그blog라는 자신만의 코쿤cocoon(고치)을 만들어 그곳을 중심으로 외부와 소통한다. 블로거들이 만든 자신만의 고유한 블로그는 마치 하나의 모나드monad◆처럼 존재한다. 그 자체가 하나의 완벽한 세계로 말이다. 이 각자의 모나드들은 하나의 커다란 망으로 연결되어 있다. 이 망들의 관계는 매우 우연적이며 불확실하다. 그러면서도 매우 능동적으로 유사 가족 관계들을 만들어 간다. 운명적으로 어쩔 수 없이 만들어진 가족 관계가 아니라, '신청'과 '선별'이라는 인위적인 과정을 거쳐 만들어진 유사 가족 관계를 말이다. 이렇게 형성된 유사 가족 관계인 '일촌'은 매우 능동적인 관계다. 현실의 가족보다

◆　숫자 1을 뜻하는 그리스어 모나스monas에서 유래한 말로 무엇으로도 나눌 수 없는 궁극적인 실체를 이르는 철학 용어다.

서로에 대해 더 많이 알고 있으며 자신의 관심사들을 충분히 공유하고 이를 함께 즐길 수 있는 관계다.

그렇다면 이러한 관계를 가능하게 하는 조건들은 무엇인가? 물론 쉽게 말하면 사이버스페이스라는 공간이 가지고 있는 특징이 그것을 가능하게 한다. 망으로 촘촘히 연결된 그곳은 이러한 관계를 형성하기 위한 물적 조건이 된다. 그렇다면 이러한 물적 조건만으로 이러한 관계가 가능해지는가? 아니다. 이와 더불어 우리의 변화된 모습도 유사 가족 관계의 조건이 된다. 우리의 변화된 모습이란, 바로 다수와의 상호 작용이다. 이 상호 작용은 디지털 노출증이라고 할 수 있는 것과도 긴밀하게 연결되어 있다.

사이버스페이스에서는 누구나 자기를 드러낸다. 정치적·사회적 관심사뿐만 아니라 문화적 취향과 일상생활도 고스란히 드러낸다. 누구와 무엇을 했으며, 무엇을 보았고, 무엇을 먹었는지까지 공개하는 이들도 있다. 종종 식당이나 조금 특이한 공간에 가면 디지털카메라로 자신이 본 것과 먹은 것, 함께 있는 사람들을 찍느라 정신없는 사람들을 볼 수 있다. 그야말로 '디지털 이미지 사냥꾼'들이다. 이들에게는 먹는 행위보다 먹는 것을 이미지화시켜 드러내는 행위가 더 중요하다.

이러한 새로운 현상이 바로 '디지털 노출증'이다. 디지털 매체가 본격적으로 등장하기 전에 우리 생활을 지배하던 매체는 아날로그 매체였다. 라디오, 사진, 영화와 텔레비전 등이 대표적인 아날로그 매체다. 이러한 매체는 때로는 타인의 삶을 은밀하게 엿보는 데 사용되기도 했다. 즉 '아날로그적 관음증'이 작동했던 것이다. 카메라의 시선은 타인의 삶을 훔쳐보는 누군가의 눈이 되기도 했다. 그렇기 때문에 그때는 영화나 사진 등의 시선이 '엿보기' 방식을 많이 택했다. 은밀하게 숨어 있는 눈이 타인을 지켜보고 있는 듯한 시선 말이다. 이는 어쩌면 18세기 영국의 윤리학자 제러미 벤담Jeremy Bentham에서 20세기 프랑스 철학자 미셸 푸코Michel Foucault에 이르기까지 철학자들이 언급했던 파놉티콘Panopticon(원형감옥)적인 공간에서 가능한 시선의 방식일지 모른다. 그러나 이제 상황은 변했다. 누군가가 엿보기 전에 스스로 자기를 드러낸다. 드러냄으로써 타인과 과감하게 상호 소통한다. 불특정 다수에게 자신을 드러내고 자신에게 관여할 기회를 스스로 제공한다. 심지어 자기 내면의 일기까지도 이러한 방식으로 드러낸다. 자신만을 위한 독백이 아니라, 누군가와 공유하기 위한 심경 고백을 하는 것이다. 이것이 바로 사이버스페이스 공간에서의 관계 맺기가 가지고 있는 특징이다.

익명성과 책임

블로그를 중심으로 한 일촌맺기는 사이버스페이스 안에서 영위되는 일종의 정주定住적인 삶이다. 일촌들은 내가 누구인지 안다. 내가 누구인지 알기 때문에 기꺼이 일촌맺기를 허락한다. 즉 블로그를 중심으로 한 소통하기는 현실의 관계가 굉장히 확대된 것이며, 또 관심에 따라 맺어지는 관계라는 것을 보여 준다. 그러나 사이버스페이스에는 이러한 소통 방식만 존재하는 것이 아니다. 일촌맺기를 하지 않은 채, 이 블로그에서 저 블로그로 유목하는 디지털 노마드들도 있다. 이들은 철저히 익명성으로 자신을 은닉한다. 내가 누구인지 아무도 모르게 활동하며 관계를 맺는다. 재미있는 예를 하나 들어 보자. 실제 있었던 일이다. A라는 사람이 있었다. 이 사람은 인터넷 바둑을 즐기는 사람이었다. 자신이 즐겨 들어가던 바둑 사이트에서 실력이 엇비슷한 사람을 만났고 이 사람과 몇 번 바둑을 두었다. 이 사람을 B라고 하자. 그런데 이 B라는 사람이 바둑 두는 매너가 영 아니었다. 자신이 질 것 같다는 생각이 들면 게임을 포기하고 갑자기 사라지곤 했기 때문이다. 아마도 자신의 급수를 관리하기 위해서일 것이다. 화가 난 A는 그때부터 자신이 바둑을 두려고 이 사이트에 들어왔을 때, B라는 사람도 들어와 있는 것을 확인하면, B라는 사람이 바둑을 두는 모습을 관전했다. 모니터 한구석에 마련된 조그만 대화창에서 끊임없이 B를 질타했고, 약을 올렸다. "왜 또 도망가?", "B는 질 것 같으면 도망간대요" 등의 말로 말이다. 어느 날 A는 오랜만에 고등학교 동창과 통화를 했다. 이런저런 사는 이야기를 하다가, 그래 오랜만에 바둑이나 두자고 어떤 바둑 사이트에서 만나기로 하고, 서로의 아이디를 확인했다. 그런데 바로 그 B가 자신의 고등학교 동창이었던 것이다. A와 B는 현실에서의 자신의 이름을 드러내지 않은 채 아이디, 즉 디지털 자아로 서로 계속 만나면서 싸움해 왔던 것이다.

여기서 생각해 보아야 할 문제는, '디지털 자아'와 그것의 존재 방식인 '익명성'이다. 사실 익명성에 대한 논의는 디지털 매체 시대에 갑자기 생겨난 문제는 아니다. 대도시가 성립되고 발전하기 시작한 시기부터 이미 있어 왔다. 도시에 새롭게 등장한 '대중'의 존재를 폄하하는 입장에서는 대중들이 대도시에서 가질 수 있는 이 익명성 때문에, 대중을 무례하며 책임과는 무관한 인간 유형으로 평가했다. 반면 대중의 존재를 긍정적인 새로운 현상으로 여겼던 사람들은 이 익명성에서 대중의 비판적이며 창조적인 힘의 가능성을 보았다. 대중 매체에 대한 논의도 이 이중적 평가와 연결되며 대중 매체의 시대를 지나 디지털 매체 시대에도 논의는 계속되고 있다. 인터넷 실명제에 관한 뜨거운 논의들도 이 논의의 일환이다. 다중적인 디지털 자아의 존재 근거는 바로 익명성이다. 익명성이 보장되지 않으면, 다중적인 디지털 자아의 존재는 애초부터 가능하지 않다. 다중적인 디지털 자아의 존재는 오늘날 디지털 노마드를 축으로 한 소통과 관계맺기의 핵심 요소다. 그래서 이러한 익명성이 다시금 '뜨거운 감자'로 등장한 것이다.

익명성에 대한 논의는 디지털 노마드들의 책임 의식과 밀접하게 연결되어 있다. 우리는 구체적인 예를 들지 않아도 이미 경험을 통해 익명성 아래 감추어진 '악플'이라는 폭력이 얼마나 무섭게 작용하는지 알고 있다. 공적 영역에 사적인 것을 고스란히 드러내야만 했던 많은 연예인들이 악플 때문에 괴로워했으며 극단적인 선택을 하기도 했다. 수많은 익명의 개인들이 그들의 사생활에 대해 아무 생각 없이 서술하곤 했다. 아니, 감히 서술이라는 표현을 할 수 없을 정도의 글들을 여과 없이 인터넷이라는 공간에 올렸다. 그런 악플들이 모이면 엄청난 사회·정치적 파장이 일어난다. 모인 글들이 더 이상 개별적인 의견에 그치는 것이 아니라, 하나의 힘 또는 권력으로 작용하는 것이다. 개인들은 바로 이 점을 인지하지 못했고 그렇기 때문에 자신의 표현에 엄청난 책임이 뒤따른다는 사실 또한 알지 못했다. 책임과 의무 그리고 권리와 의무는 응당 함께 가야 하는 것들이다.

소통의 자유와 관계맺기의 자유만큼 중요한 것은 소통과 관계맺기에 대한 책임이다. 앞서 예로 든 사실을 다시 생각해 보자. 만약 익명성이 통용되지 않는 현실 사회에서 얼굴을 마주 대하고 바둑을 두었다면, 그 우스꽝스러운 사건은 생기지 않았을 것이다. 이러한 사건은 바로 사이버스페이스였기에 가능한 사건이었던 것이다. 즉 일촌만을 배려하는 소통의 관계는 혈연과 학연 그리고 지연으로 묶인 현실세계보다 더 못한 소통의 장을 만들 것이다. 따라서 우리는 나의 특별한 관계망에 들어온 이들뿐만 아니라 내가 사이버스페이스에서 만난 다수의 디지털 노마드와의 합리적 관계를 만들기 위해 노력해야 한다.

문화적으로 소통하며 관계맺기

새롭게 정립된 소통 그리고 관계맺기 방식과 더불어 생각해 보아야 할 또 한 가지 문제는 바로 '문화적으로 소통하며 관계맺기'다. 일상적인 소통과 관계맺기 방식의 변화는 문화 예술 영역에까지 침투했다. 먼저 친숙한 텔레비전 프로그램을 통해 변화의 모습을 살펴보자. 1990년대에 가장 인기를 끈 오락 프로그램은 아마도 '몰래 카메라'였을 것이다. 몰래 카메라는 말 그대로 작위적으로 어떤 상황을 만들고 이를 몰래 촬영해서 시청자들에게 평소에 쉽게 볼 수 없는 연예인들의 진짜 성격 혹은 일상 등을 보여 주는 프로그램이었다. 일종의 관음증을 충족시켜 준 프로그램이라고도 볼 수 있겠다. 그런데 2000년대에 다시 등장한 몰래 카메라는 이전만큼 인기를 끌지 못했다. 왜? 식상하게 예전 아이템을 다시 써서? 아니다. 원인은 1990년대와 2000년대 매체 환경의 변화에 있었다. 이미 디지털 매체 환경으로 자신을 드러내는 것에 익숙해져 있는 새로운 세대들에게 남을 엿보는 행위는 재미없는 것이었다. 작위성도 더 이상 흥미를 끌지 못했다. 소통 방식이 변화하며 대중의 욕망을 바꿨고, 텔레비전 프로그램도 이제 그 욕망을 따라가야 했다. 오늘날 많은 텔레비전 프로그램들은 '엿보기'를 탈피해 '드러내기'로 변화하고 있다. 자연스럽게 '노출의 장'을 마련해 주는 방향으로 진화하고 있는 것이다. 이 새로운 장에서 노는 사람들은 더 이상 '몰래 엿보는 카메라'를 의식하지 않는다. 오히려 카메라가 있거나 말거나 자신들의 자연스러운 삶을 스스로 내보여 준다.

이러한 변화는 대중 매체를 넘어 예술 영역에서도 나타나고 있다. 문화 예술이 제공하는 놀이의 장 역시 현실공간에서 사이버스페이스로 이동하는 중이다. 오늘날 문화 예술은 사이버스페이스를 중심으로 어떻게 변화하고 있을까? 사이버스페이스 내에서 관객·생산자·비평가는 서로 어떻게 유기적으로 관계맺기를 하고 있을까? 디지털 매체 기술의 등장 이후, 새로운 기술과 예술은 아주 밀접하게 상호 작용하기 시작했다. 예술가들은 새로운 기술에 많은 관심을 가졌으며 새로운 기술을 사용해 새로운 예술 형식과 표현들을 만들어 냈다. 일찍이 매클루언이 말했듯이, 새로운 기술에 가장 민감하게 반응하는 사람들은 예술가들이다. 그들은 늘 새로움을 추구하기 때문이다. 그래서 등장한 예술 형식이 '디지털 매체 예술'이다. 디지털 매체 예술은 말 그대로 예술 작품을 창작할 때, 디지털 매체 기술을 사용하는 것을 의미한다. 그런데 개인용 컴퓨터가 보급되고, 언제나 어디서나 누구든지 접근 가능한 사이버스페이스가 등장하자 이 디지털 매체 예술은 다시 여러 가지 형식으로 나뉘었다. 웹 아트, 넷 아트, 사이버 아트, 가상 예술 등 무엇을 강조하느냐에 따라 다양한 형식으로 나타났다. 그런데 강조점과 표현 형식이 조금씩 다른 이 예술들이 모두 전제로 가지고 있는 것이 있다. 바로 '상호 작용성'이다. 예술 작품과 수용자 간의 상호 작용, 작가와 수용자 간의 상호 작용, 작가와 매체 간의 상호 작용, 수용자와 매체 간의 상호 작용, 수용자와 비평가 간의 상호 작용, 작가와 비평가 간의 상호 작용 등을 가지고 있는 것이다.

이러한 상호 작용성은 전통 예술 작품과 예술 개념의 해체와 긴밀하게 연결된다. 그리고 그 해체 현상이 오늘날 UCC(User Created Contents, 이용자 제작 콘텐츠)를 통해 드러나고 있다. UCC란 무엇인가? 말 그대로 개별적인 인터넷 사용자가 자기 아이디어에 착안해 만든 콘텐츠, 그리고 그 콘텐츠를 사이버스페이스에 올리는 행위를 의미한다. 과거에는 예술가들이 만들어 낸 예술 작품들을 관조와 해석의 방식으로 수동적으로 받아들이기만 하던 수용자들이 이제 생산자들과 비평가들의 자리를 넘보게 된 것이다. 꽤 수준 있는 작품들이 심심찮게 눈에 띠고 꽤 차원 높은 비평을 게재하는 블로거들도 늘고 있다. '책'이라는 구텐베르크 은하계의 형태로 게재할 필요, 비평할 필요도 없어졌다. 생산자가 제각각인 만큼 콘텐츠들은 너무나 다양하며 무궁무진하다.

문화와 예술을 둘러싼 소통과 관계맺기 또한 이렇게 빠르게 변화하고 있는 것이다. 이제 예술도 소통 없이는 존재할 수 없게 됐다. 사이버스페이스 내에 존재하는 디지털 매체 예술들은 소통이 없으면 존재할 수 없으니 말이다. 그리고 이 소통은 과거와 같은 방식이 아니라 '행위의 방식'으로 이루어진다. 수용자였던 내가 수용자의 자리에서 벗어나, 작품 또는 매체와 상호 작용하며 소통하며, 작품과 작가와 관계맺기를 하는 것이다. 결국 사이버스페이스는 일상의 공간이자 문화 예술의 장이 되었다. 그리고 이 공간에서 디지털 노마드는 언제든 타인과 소통할 수 있고 어떤 문화 예술과도 소통할 수 있다. 이 흐름은 어떤 장애물 하나 때문에 중단되어서는 안 될 것이다. 흐르는 물은 흘러야지만 그 생명력을 유지할 수 있으니 말이다.

사이버스페이스 시대의 앨리스는?

다시 앨리스 이야기로 돌아가 보자. 앨리스가 이상한 나라에 들어가서 한 체험 중에 가장 황당했던 것은 자신에 관한 것이다. 자신의 의지와는 무관하게 커졌다 작아졌다 하는 몸을 감당할 수 없었던 것이다. 이상한 물 또는 이상한 버섯 등을 먹으면, 몸이 제멋대로 커졌다 작아졌고 그 변화 앞에서 앨리스는 속수무책이었다. 자기 몸인데도 몸을 통제할 능력을 잃어버린 것이다. 이에 앨리스는 당황하며 깊은 혼돈에 빠졌다. 하지만 이내 자기 몸을 다시 통제할 수 있게 됐다. 어떤 물과 버섯을 얼마만큼 마시고 먹으면 자신의 몸이 어느 정도 커지고 작아지는지를 알게 되었기 때문이다. 물과 버섯에 대한 정보를 갖게 된 것이다. 그렇게 자기 자신의 변화에 대해 알게 된 앨리스는 비로소 이상한 나라에서 주체적으로 관계맺기를 시작했다. 마침내 그곳에서의 체험을 즐기게 된 것이다.

우리 역시 마찬가지다. 사이버스페이스라는 이상한 나라에서 '잘' 살기 위해서는 앨리스처럼 물과 버섯, 즉 공간을 채우고 있는 것과 공간 자체를 이해해야 한다. 사이버스페이스가 행복한 이상한 나라가 될지, 있어서는 안 될 지옥 같은 공간이 될지는 다 우리에게 달렸다. 그러니 우리 모두 이 새로운 공간을 알고자 하는 노력을 소홀히 하면 안 된다. 사이버스페이스를 책임감 있고 즐길 줄 아는 앨리스들로 가득한 신나고 재미있고 의미 있는 공간으로 만들기 위해서 말이다.

생각해 볼 문제

1. 가상과 현실의 경계는 무엇인가? 무엇이 가상세계며 또 무엇이 현실세계인가?
2. 사이버스페이스는 현실의 삶을 어떻게 변화시켰는가?
3. SNS에서의 소통과 관계맺기의 특징은 무엇인가?
4. 유튜브Youtube는 문화예술을 어떻게 변화시키고 있는가?
5. 인터넷 실명제 문제를 어떻게 보아야 하는가?

참고문헌

고든 그레이엄, 《인터넷 철학》, 이영주 옮김, 동문선, 2003.
김선희, 《사이버시대의 인격과 몸》, 아카넷, 2004.
마크 포스터, 《미네르바의 올빼미가 날기 전에 인터넷을 생각한다》, 김승현·이종숙 옮김, 이제이북스, 2005.
심혜련, 《20세기의 매체철학》, 그린비, 2012.
릴리 워쇼스키·라나 워쇼스키, 〈매트릭스〉, 1999.
더그 라이만, 〈점퍼〉, 2008.
더그 라이만, 〈본 아이덴티티〉, 2002.
어윈 윙클러, 〈네트〉, 1995.
데이빗 핀처, 〈소셜 네트워크〉, 2010.

| 여성 혐오 |

혐오의 시대,
여성주의와 여성 혐오

유민석

들어가기

언젠가부터 '혐오의 시대'가 시작되었다. 여성 혐오는 온라인 공간을 통해 기술 매체와 결합하면서 최근 10년간 임계점臨界點에 다다를 정도로 그 범위와 강도의 측면에서 날이 갈수록 기승을 부리고 있다. 인터넷상에서 오가는 각종 성차별·지역 차별·학력 비하·동성애 혐오·장애인 비하·여성 혐오 발언들과 여성가족부·여성 단체·여성주의로 향하는 비난의 수위는 점점 더 높아지고 있으며, 급기야 우리는 2016년 "여성이 싫다"고 살해한 강남역 살인사건의 비극을 맞이해야 했다. 한 고등학생은 "페미니즘이 꼴 보기 싫다"라며 이슬람 과격 무장단체인 IS로 향했다. 한 칼럼리스트는 "IS보다 무뇌아적 페미니즘이 더 위험하다"라고 주장했다. 성추행을 하고서 "딸 같아서 그랬다"는 뻔뻔한 변명을 늘어놓은 전 국회의장도 있었으며, 그런 모습을 보고 "정치인도 사람이다", "한국 남자들 중에 안 그런 사람이 어디 있느냐"라며 가해자 입장을 변호한 같은 당 소속 '여성' 국회의원도 있었다. 하루가 멀다 하고 뉴스를 장식하는 몰카(몰래 카메라), 데이트 폭력, 성폭력 등의 문제는 우리가 사는 지금이 '여성 수난 시대'임을 보여 준다.

이렇게 여성 혐오 문제가 최근 한국 사회에서 인터넷 포털사이트, SNS 등과 같은 온라인 매체를 통해 급속도로 횡행하고 있기는 하지만, 여성 혐오 문제의 역사는 사실 최근에 시작된 것은 아니다. 여성 혐오의 역사는 인류의 역사와 함께 시작되었다고 해도 과언이 아닐 정도로 뿌리 깊다. 프랑스의 실존주의 사상가 시몬 드 보부 아르Simone de Beauvoir의 분석대로, 《성경》창세기에서 '이브'의 역할이 나 그리스 로마 신화에서 '판도라'의 위상을 보면, 공히 최초의 인류 인 여성에게 부여된 부정적인 속성들을 알 수 있다. 보부아르에 따르 면 남성은 개인의 자질로 평가받지만, 여성은 여성이라는 '종種'으로 평가를 받는다. 중세의 '마녀사냥'을 보면 알 수 있듯이, 여성은 공포 와 혐오의 대상이 되기 일쑤였다. 동양권에서도 마찬가지로 여성에 대한 부정적인 기술記述이 오래전부터 있었다. '경국지색傾國之色'이 라는 말에 서린 요부나 악녀의 이미지, "암탉이 울면 집안이 망한다" 와 같은 여성 비하의 의미를 내포한 속담, '칠거지악七去之惡'과 같은 유교 규범들이나 기생 제도, 축첩 제도, 열녀비 같은 가부장 중심의 관습들은 여성에 대한 천시와 비하가 어제오늘 일이 아님을 보여 준 다. '혐오嫌惡'라는 한자 자체에 '여자 여女' 자가 붙어 있는 형국인 것 을 보라. 이 외에도 주로 부정적인 뜻을 나타내는 여러 한자에 여자 여 자가 포함되어 있는 것을 보면, 동양에서도 여성에 대한 혐오, 차 별과 억압은 늘 있어 왔다는 사실을 알 수 있다. 또한 최근 횡행하는 '김치녀', '된장녀'와 같은 'XX녀'라는 여성에 대한 낙인의 원조는 '환 향녀'라고 봐도 과언이 아닐 듯싶다. 여성이 비로소 '인간'으로 인식 되고 인간으로서의 지위를 획득하게 된 것은 그리 오래되지 않은 것 이다.

이성과 논리의 철학의 역사에서도 동양과 서양, 사조를 막론하 고 여성이란 믿을 수 없고 비논리적이며 감성적이기에 철학을 하기 에 적합하지 않다는 등의 여성 혐오를 가지고 있는 철학자들이 많았 다. 소크라테스Sōkratēs부터 헤겔Georg Wilhelm Friedrich Hegel, 쇼펜하우어

Arthur Schopenhauer, 니체Friedrich Wilhelm Nietzsche에 이르기까지, 철학사 내에서도 많은 철학자들은 공히 입을 모아 여성을 철학에 적합하지 않은 존재로 간주하며 여성이란 비겁하고 무책임하며 감정적이기에 철학에 필요한 논리와 이성을 갖추지 못한 것으로 치부하거나 여성을 일방적으로 성적인 존재나 신비한 존재로 재현하곤 했다. 이를테면 피타고라스Pythagoras는 "질서와 빛과 남자를 창조한 선의 원리와 혼돈과 암흑과 여자를 창조한 악의 원리가 있다"라고 말한 바 있으며, 플라톤은 자신이 노예로 태어나지 않았다는 사실과 여성으로 태어나지 않았다는 사실에 대해서 신에게 감사 기도를 드렸다. 아리스토텔레스Aristotelēs는 여성을 불완전한 존재인 '결여된 남성'으로 파악했다. 즉 남성은 능동적이며 씨앗을 제공하는 기능을 하지만, 여성은 수동적인 토지와 같은 기능 외에는 하지 않기에, 남성은 '형상'을 제공하지만 여성은 '질료'를 제공할 뿐이라는 것이다. 헤겔 또한 남성과 여성의 차이는 동물과 식물의 차이와 같으며, 여성은 보편적인 이성에 따라 행동하지 않고 감정적이고 즉흥적인 기분에 따라 행동한다고 파악했다. 쇼펜하우어와 니체의 여성 혐오는 유명하다. 이렇게 학파와 견해 차를 막론하고 여성 혐오에 있어서 최소한 남성 철학자들은 이론적인 동지였던 것이다. 이런 여성 혐오는 무엇이며, 그것의 본질과 작동 원리는 무엇일까?

여성 혐오란 무엇인가

원래 여성 혐오라는 말은 영어 '미소지니misogyny'의 번역어에 해당하는 말로, 그리스 어 미소스misos(혐오)와 귀네gunē(여성)에서 파생된 단어다. 이 '여성 혐오'란 여성에 대한 혐오감과 공격성을 의미한다. 다시 말해 생물학적 성sex으로서의 여성이나 사회문화적인 성gender으로서의 여성을 향한 비이성적인 적대감, 증오, 혐오, 공포, 편견 등을 일컫는다. '혐오'라는 낱말이 주는 강한 어감으로 인해 많은 사람들이 이 낱말에 대해 거부감을 가지고 있는 것이 사실이지만, 여성 혐오는 사실상 '여성 멸시' 내지는 '여성 비하'에 가깝다고 생각하면 될 것이다. 예를 들어 프랑스의 철학자 보부아르는 남성은 주체지만, 여성은 남성의 타자이자 결핍이며 언제나 성적인 육체로 재현된다고 설명했다. 데카르트적인 육체/정신의 이원론 체계에서 남성은 이성理性적인 정신을 소유한 것이 되고, 여성은 '몸'에 갇혀 있는 성적인 존재로 재현되는 것이다. 그녀의 주장에 따르면 남성은 실존적인 개인이지만, 여성은 암컷으로서의 종種이 된다. 이러한 여성 혐오는 다양한 신념이나 표현의 형태로 나타난다. 예를 들어서 여성은 비논리적이며 감성적이라는 여성에 대한 폄하부터, 여성은 육아와 출산 그리고 성의 도구에 가깝다고 간주하는 성적 대상화의 형태까지 다양한 표현과 믿음, 발화發話를 통해 드러난다. 여성 혐오는 어떤 편견이나 이데올로기이기 때문에, 사람들이 서로 관계 맺는 방식들 속에서 남성들에 의해 종종 관습화된 방식들로 사회 속에서 구체적으로 실

여성 혐오 반대 집회가 전 세계 곳곳에서 일어나고 있다.

천되고 표현된다. 따라서 인터넷 댓글이나 SNS등과 같은 공적 담론,
가정 폭력이나 데이트 폭력, 스토킹, 혐오 발언과 같은 여성에 대한
폭력, 성적인 농담, 성희롱, 개그 프로그램, 노래 가사, 포르노나 몰래
카메라 등과 같은 여성의 성적 대상화를 포함한 여러 가지 방식으로
나타난다. 남성의 성적인 가치와는 달리, 여성의 성적인 가치는 소모
가능한 상품으로 묘사되며, 동일한 인간 주체로서가 아니라 남성의
도구이자 수단으로 대상화된다. 인식 주체인 남성에 의해 물화된 사
물이자 도구로서 소비되고 있는 것이다.

　　이런 여성 혐오가 갖는 효과는 어떤 것일까? 여성이 혐오를 당
하면 어떤 일이 발생할까? 우선 여성들은 신체적·정신적으로 극도
의 감정적 상처를 경험하게 된다. 혐오 메시지의 부정적 효과들은 피

해자에게 현실적이며 직접적이다. 비판적 인종이론가 마리 마츠다Mari J. Matsuda에 따르면, 강도가 악랄한 여성 혐오를 당한 피해자는 뼛속까지 스며드는 공포, 맥박 수의 급격한 증가에 따른 생리적인 증상과 감정적인 고통, 숨쉬기의 어려움, 악몽, 외상 후 스트레스 장애, 고혈압, 정신병 그리고 심지어 자살까지도 경험한다. 여성 혐오가 여성에게 초래하는 정치적·사회적인 결과 또한 파국적이다. 철학자 레이 랭턴Rae Langton은 '여성 혐오가 무엇을 행하는가'에 관해 언어행위이론을 통해 접근한다. 그녀에 따르면 여성 혐오는 여성을 열등한 지위로 서열을 매기고, 여성에 대한 차별을 정당화하며, 여성에게서 권리와 권력을 박탈하여, 궁극적으로는 이등시민으로 "종속시킨다." 게다가 여성 혐오는 여성을 담론 공동체에서 추방하여 침묵시킨다. 즉 '발화 불가능'하게 만드는 것이다. 여성 혐오는 여성들의 입에 재갈을 물리고, 여성의 언어를 묵살하게 만들어서 온전한 정치 공동체의 시민으로 기능하지 못하게 만든다. 그 자체로 위협이며 치명적인 협박이다.

저는 여성을 좋아합니다만

그런데 누군가는 "여성을 좋아하는데 어째서 여성 혐오인가"라고 반문할지도 모른다. 자기는 여성을 혐오하지 않고 좋아하는데 억울하다는 것이다. 즉 여성을 성적 지향으로 선호한다면 여성 혐오가 아니라는 것이다. 그러나 이는 '여성 숭배'의 문제와 연결된다. 많은 사람들, 특히 남성들은 '여성 혐오'라는 말에 대한 반감을 가지면서 "내가 왜 여성을 혐오하느냐. 나는 여성을 싫어하지 않고 (성적 지향으로) 좋아한다"는 반론을 제시한다. 그러나 이는 여성 혐오와 밀접한 관계를 가지고 있는 '여성 숭배Philogyny'다. 여성 숭배와 여성 혐오는 동일한 현상의 다른 두 측면인 동전의 양면이기 때문에, 여성 숭배와 여성 혐오는 모두 여성을 동일한 주체로 보지 않으며, 남성이 주관적으로 인식한 여성의 속성을 여성에게 부여한다는 점에서 둘 다 공통된 특성을 공유하고 있다. 여성 혐오와 마찬가지로 여성 숭배 또한 사회에 만연해 있는 현상이다. 예를 들어서 "술은 역시 여자가 따라야 제맛이지"라던가, "역시 미스 김은 우리 회사의 꽃이야"와 같은 여성에 대한 성적 대상화나 숭배 또한 여성 혐오와 동일한 메커니즘을 공유하고 있는 것이다.

이는 여성에 대한 인식이 '성녀聖女-창녀娼女'의 이분법을 통해서 작동하는 방식을 보여 주고 있다. 여성주의 이론에 따르면 여성은 가부장제 사회에서 '어머니'로 재현될 것을 요구받으면서 모성애, 가사노동, 성노동과 같은 사적 영역에서 '성녀'의 역할을 수행하게 된다. 이러한 젠더 규범을 충실하게 수행하는 여성은 '훌륭한 어머니', '현모양처', '좋은 아내'와 같은 수사들로 치켜세워진다. 여성의 섹슈얼한 이미지에 대해 찬양하는 수사 또한 여성 숭배로 작용할 수 있다. 이 여성 숭배 또한 여성 혐오와 마찬가지로 여성에 대한 실재를 재현하는 것이 아니라, 단지 남성의 판타지와 욕망을 표현하고 있는 것에 불과하기 때문에, 단순히 여성을 성적으로 선호하는 섹슈얼리티를 가지고 있다고 해서 여성 혐오와 거리가 먼 것은 아니다. 둘 모두 여성의 실재에 대해선 아무런 이야기를 하고 있지 않고, 오로지 남성의 욕망만을 표현하고 있기 때문이다. 이러한 여성 혐오-여성 숭배는 서구의 오리엔탈리즘에 비교할 수 있다. 에드워드 사이드Edward Said는 《오리엔탈리즘Orientalism》에서, 서양의 동양에 대한 인식은 동양의 실재를 반영하고 있는 인식이 아니며 그것은 단지 서양인들의 동양에 대한 환상과 소망을 표현한, 서구인들 자신의 인식일 뿐이라고 주장했다. 여성에 대한 남성의 인식도 마찬가지다. 결국 여성에 대한 남성 주체의 자기 인식에 기반한 것일 뿐이다. 17세기 여권론자인 프랑수아 풀랭 드 라 바르François Poullain de La Barre는 "이제까지 남자가 여자에 대해 쓴 것은 모두 믿을 수 없다. 남자는 심판자이며 당사자이기 때문이다"라고 말한 바 있다. 그렇다면 이 같은 여성 혐오는 어째서 존재하게 된 것일까?

여성 혐오는 왜 존재할까?

페미니즘 이론가 이브 세지윅Eve Sedgwick에 따르면 남성은 남성 집단과 자신의 동일시를 통해 '남성'으로서의 정체성을 인정받는다. 즉 남성 상호 간의 인정을 통해 '남성 멤버십'을 부여받는 것이다. 세지윅은 이를 가리켜 "호모소셜homosocial(남성 간 연대)"이라고 일컬었다. 이는 성적인 연대, 즉 성애가 포함된 '호모섹슈얼homosexual(동성애)'과는 구별되는, '성적이지 않은 연대'다. 이 남성 간 연대인 호모소셜은 남성 사회 내부 구성원의 상호 인정으로, 남성이 남성이 되기 위해서는 여성이 필요하지 않고 오로지 '다른 남성'의 인정이 필요하다는 것을 핵심 작동 원리로 삼는다. 이 호모소셜 내에서 여성은 남성으로서의 정체성을 인정받기 위한 필수조건이 아니며 단지 남성으로서의 정체성을 보조하는 도구이자 수단일 뿐이다.

남성은 남성 간 연대, 즉 호모소셜의 구성원이 되기 위해 반대항으로서의 여성과 자기 자신의 여성성을 부인해야 한다. 호모소셜 내에서 여성은 극복되고 부인되어야 할 부정이기 때문이다. 따라서 남성 간 연대인 호모소셜 작동 원리의 핵심에는 '남자답지 못한 남자' '계집애 같은 남자'인 동성애자와 여성에 대한 배제와 혐오가 자리 잡게 된다. 여성 혐오와 동성애 혐오는 남성이 동성 사회 내 다른 남성으로부터 진정한 남성임을 인정받기 위해 거쳐야 하는 필수 의례나 다름없다. 이처럼 세지윅에 따르면, 여성 혐오는 남성 개인이 다른 남성과의 관계에서 행하는 어떤 것이다. 남성과 여성의 문제라기보다는, 여성을 둘러싼 남성 간 연대의 문제인 것이다. 이를 두고 사회학자 사토 유이는 "차별에는 최소 세 명이 필요하다"고 설명한다. 이처럼 남성 간 연대 구조가 존재하는 한, 어찌 보면 여성 혐오는 피할 수 없는 문제인 듯 보인다. 그렇다면 이러한 남성 간 연대의 여성 혐오는 여성에게 어떠한 효과를 가져다줄까?

앞에서 살펴봤듯이 여성 혐오가 여성에게 비극적인 결과를 가져온다는 것은 두 말할 나위 없이 자명하다. 여성에 대한 폭력과 폭언, 성적인 대상화는 여성을 침묵시키고 자존감을 떨어뜨리며 다양한 정신적 육체적 상처를 준다. 페미니즘 이론가인 캐서린 매키넌 Catharine MacKinnon은 여성은 "머리 좀 가꿔라", "화장 좀 해라" 같은 성

차별적인 말부터, "나하고 자면 A학점을 주겠다", "몸을 주지 않으면 해고야"와 같은 성폭력에 가까운 언어폭력에 항시 노출되어 있다고 설명한다. 그녀는 남성의 표현의 자유는 여성의 표현의 자유를 억압하며, 여성 혐오는 여성을 공적인 담론장에서 발언할 수 없게끔 침묵시킨다고 설명한다. 포르노그래피나 성희롱과 같은 여성 혐오적인 표현물들은 여성의 인간으로서의 존엄성과 자존심, 자유와 평등과 같은 정치적인 능력들을 저하시킨다. 그녀는 이러한 여성을 향한 혐오 표현은 그 자체로 여성에 대한 폭력, 차별이자 예속이라고 주장한다.

랭턴은 매키넌을 따라 여성은 여성 혐오로 인해 침묵당하고 예속당한다고 주장한다. 마치 영화 속에서 여성을 향한 성폭력 장면을 보고 있는 관객이 "누구든 저 남자 좀 말려요!"라고 외쳐도 아무런 일이 발생하지 않는 것처럼, 여성 혐오의 현실에 대한 증언은 믿을 수 없는 것으로 치부되거나 묵살당한다는 것이다. 여성이 차별과 억압에 대해 말할 때 사람들은 "그런 일 없었어", "그건 네 상상일 뿐이야", "네가 원했던 것 아니냐", "너도 즐기지 않았냐"라는 식으로 반응한다. 마치 아무리 외쳐도 아무도 믿어 주지 않는 양치기 소년처럼 여성들은 여성 혐오에 의해, 또 그런 혐오를 증언할 때 그렇게 이중으로 왜곡당하고 침묵당한다. 여성은 "말할 수 없는" 존재인 것이다.

여성의 자기혐오, 여성의 여성 혐오

특히 여성 혐오가 가져올 주목할 만한 결과 중 하나는 바로 여성의 여성 혐오 내면화, 즉 여성의 자기혐오라고 볼 수 있을 것 같다. 여성은 여성 혐오의 결과로 스스로를 남성에 비해 무가치하고 열등한 존재로 여기게 될 수 있다. 이는 여성이 한 사회 구성원으로 동등한 대우를 받지 못한 채, 정치적 평등과 자유를 위협받을 수 있다는 심각한 정치적 문제로 귀결될 것이다. 한편 남성 간 연대인 호모소셜은 여성들끼리 서로 혐오하도록 만든다. 여성이면서도 여성을 혐오하는 것이다. 앞에서 설명했듯이, 호모소셜은 남성들 사이의 상호 인정이면서 동시에 여성을 그 연대 바깥으로 추방하고 타자화하는 제도이다. 그러나 호모소셜은 여성들로 하여금 여성이 그 연대에 동조하고 협력할 것을 요구한다. 즉 남성이 주체가 되기 위해서 여성은 남성의 객체가 되어야 하는 것이다. 남성 간 연대의 가부장제는 여성들로 하여금 여성 혐오를 스스로 내면화하게끔 만든다. 예를 들어 한국 여성을, 의무와 책임은 이행하지 않고 권리만 주장하며 남성에게 기생하는 이기적인 존재로 치부하는 '김치녀' 혹은 사치하고 허영심이 많은 여성을 뜻하는 '된장녀'와 같은 혐오 발언은, 여성들 스스로 "나는 김치녀, 된장녀가 아니다"라는 존재 증명을 끊임없이 하게끔 만든다. 랭턴은 여성 혐오와 같은 혐오 발언들의 효과는 피해자들의 인식, 욕망, 믿음에 영향을 미쳐서 그 주장을 받아들이도록 내면화하게 만드는 효과가 있다고 주장한다. 즉 남성들이 씌운 여성 혐오의 프레임이 완벽하게 성공한 것이다. 가부장제 구조 속에서 남성 간 연대는 여성들을 분리하여 통치하는 전략을 취한다. 앞에서 설명했던 '성녀-창녀' 이분법의 프레임은 그 예시라고 볼 수 있을 것이다. 호모소셜 네트워크는 그 남성 간 연대에 도움을 주고 동조하는 '개념녀'와, 그 호모소셜에 도전하는 '김치녀'로 이분법적으로 분류해 편 가르기를 실행하는 것이다.

이러한 이분법적인 혐오 프레임 속에서 여성들은 스스로가 김치녀나 된장녀가 아닌지를 검열해야 하며, 자신이 전혀 남성 간 연대를 위협하는 존재가 아님을, 오히려 그 네트워크에 속해 있음을 끊임없이 증명해야 한다. 호모소셜에서 남성은 다른 남성의 상호 인정을 필요로 하지만, 여성은 다른 여성이 아닌 '남성'에 의해 간택되고 인정받는다. 따라서 여성은 남성에 의해 호명되기 위해 호모소셜을 위협하는 '김치녀', '된장녀'가 아님을 증명해야 한다. 이는 여성의 자기혐오를 넘어서서 여성의 '다른 여성에 대한 혐오'로 작동한다. 즉 스스로가 개념녀라는 정체성을 얻기 위해 다른 여성과 구별 짓기를 하게 되는 것이다. 이처럼 여성 혐오에는 여성의 자기혐오와 여성의 여성에 대한 혐오 또한 긴밀한 상관관계를 가지고 있다.

남성 혐오도 존재할까

그런데 누군가는 "남성 혐오도 늘어나도 있다. 남성 혐오의 문제도 심각하다"고 주장할 수 있다. 과연 여성 혐오만 존재하며, 남성 혐오는 존재하지 않는 걸까? 어쩌면 이들의 주장처럼 남성 혐오를 다루지 않는 것은 공평하지 않은 처사는 아닐까? 물론 남성 혐오도 있을 수 있다. 그러나 젠더 권력관계의 비대칭을 고려해 봤을 때, 그 정도, 범위, 영향력, 내용의 강도에 있어서 여성 혐오와 남성 혐오는 양상이 다를 수밖에 없다. 여기에서는 남성 혐오에 대한 두 가지 측면을 고찰해 보고자 한다. 첫째, 남성 혐오와 여성 혐오는 그 강도와 정도에 있어서 같을 수 있는가, 둘째, 남성 혐오도 여성 혐오와 마찬가지로 부정적인 것인가의 문제다.

첫 번째 질문과 관련하여 분석철학자 제니퍼 혼스비Jennifer Hornsby에 따르면, 동성애자와 이성애자, 백인과 흑인, 장애인과 비장애인, 남성과 여성 등과 같은 권력관계에 있어서 비대칭인 두 집단 간의 혐오 발언은 결코 동등하고 수평적이지 않다. 이성애자가 동성애자에게 행할 수 있는 욕설의 정도나 양과 달리, 그 반대는 그렇지 않다. 마찬가지로 남성과 여성의 젠더 권력의 비대칭에 있어서 남성이 여성에게 행할 수 있는 욕설이 되는 낱말들의 종류는 다양하고 양이 많지만, 반대로 여성이 남성에게 행할 수 있는 욕설의 정도란 많지 않은 것이다. 예를 들어 '창녀', '걸레', '갈보' 같은 단어와 '바람둥이'라는 단어를 비교해 보면 그 차이를 알 수 있을 것이다. 성적으로 개방적인 여성에 대한 비난에 해당되는 욕설은 다양하고 많지만, 그 반대는 그렇지 않으며 단어의 의미(내포)의 부정적인 속성에 있어서도 뉘앙스가 상당히 다르다.

두 번째 질문과 관련해 반인종주의 법학 이론가 마리 마츠다는 사회적 약자가 내뱉는 욕설은 자아정체성과 갈등하는 분노의 수사

일 수 있다고 주장한다. 그녀는 이런 사례로 흑인운동가 말콤 엑스 Malcolm X의 사례를 제시한다. 말콤 엑스는 백인들을 향해 "백인 악마"라고 부르짖었으나, 이를 두고 "껌둥이"와 같은 백인 비하적인 욕설로 보기는 힘들다는 것이다. 이는 흑인들이 인종의 비대칭적인 종속관계에 있어서 그동안 겪어 왔던 차별과 억압에 대한 분노의 수사이기 때문에 어느 정도 용인될 수 있다는 것이다. 혐오에 대한 혐오의 일환으로 행해지는 것은 원래의 혐오와는 달리 풍자 혹은 패러디일 수 있는 것이다. 예를 들어 노비들이 양반을 조롱하고 혐오할 때 이것을 억압과 착취에 대한 맥락을 이해하지 않고서 무조건적인 폭력이기에 나쁜 것이라고 간주할 수 있을까? 흑인음악인 갱스터랩에서 표현된 가사 내용들이 자극적이고 폭력적이라 하여 그것의 저항적이고 예술적인 가치를 묵살하거나 일축할 수 있을까? 이렇게 봤을 때 남성 혐오가 반드시 여성 혐오와 무조건 똑같이 윤리적으로 잘못됐다고 볼 수만은 없을 것이다. 적어도 아직까지는 이 사회에서 여성 혐오의 양상과 강도에 비해 남성 혐오는 강하지 않다. 젠더 권력의 비대칭에 있어서 둘이 같다고 보는 것은 문제가 있으며 심지어 일정 부분은 감안되거나 참작될 여지도 있을 수 있는 것이다. 흑인의 백인을 향한 혐오는 백인의 흑인을 향한 인종적 증오와는 달리 백인에 대한 멸시나 비하가 아니라 흑인 차별을 향한 분노에 가깝듯이, 남성 혐오 역시 마찬가지로 여성 혐오와는 층위가 사뭇 다른 여성들의 절규의 표현일 수 있기 때문인 것이다. 아니, 애당초 백인에 대한 멸시는 불가능하다. 사회적으로 백인은 우월하며 긍정적으로 기술되기 때문이다.

　물론 남성 혐오도 여성 혐오가 가지고 있는 '혐오'의 정서를 공유하고 있는 것은 사실이기 때문에 궁극적으로는 남성 혐오 역시 지양해야 하며, 남성 혐오 역시 여성 혐오와 마찬가지로 혐오 자체가 개인적 정치적 목적이 되어서는 안 될 것이다. 우리가 '혐오'해야 하는 것은 개개인의 남성이 아니라, 여성 혐오를 작동시키게끔 하는 호모소셜 네트워크를 지탱하는 구조와 관습이기 때문이다. 그러나 세지윅의 관점은 오로지 젠더 억압만을 분석하기에 그 한계가 존재한다. 현실 사회에서 여성은 오로지 여성이라는 점에서만 차별받고 혐오받는 것은 아니다. 이 말은 여성 혐오가 존재하지 않는다는 것이 아니라, 여성은 비정규직 노동자로서 혹은 청소년으로서, 아니면 노인이나 장애인 혹은 성소수자로서와 같이 다양한 정체성 억압의 축들을 교차적으로 경험하는 경우가 많기 때문이다. 이 점은 남성에게도 또한 해당된다. 남성 또한 장애인으로서, 병역거부자로서, 빈곤계층으로서, 채식주의자로서, 성소수자로서 계급, 장애, 성적 지향, 신념의 여부에 따라 권력관계의 비대칭에 있어서 혐오를 경험할 가능성은 항상 존재한다. 따라서 젠더 억압이 강력한 혐오의 기제는 맞지만, 그것만으로 혐오의 모든 것을 설명할 수는 없기 때문에, 또한 혐오에는 여성 혐오만 존재하는 것이 아니기 때문에, 다양한 맥락에 따른 분석이 필요한 것이다.

여성 혐오를 혐오하기

앞에서 여성 혐오는 여성에게 고통을 야기하고 여성을 침묵시킨다고 했다. 그렇다면 이러한 여성 혐오에 어떻게 대응할 수 있을까? 혐오에 대응 혹은 저항할 수 있는 방법은 어쩔 수 없이 두 가지의 방법이 존재한다. 첫째는 사법적인 해결책이며, 두 번째는 비사법적인 정치적 저항이다. 전자는 혐오적인 표현, 표현물을 법적으로 규제하거나 그런 가해자들을 처벌하는 방법일 것이며, 후자는 혐오의 피해자, 즉 여기에서는 여성 당사자들이 여성 혐오와 투쟁하는 방식이 될 것이다. 철학자이자 젠더 이론가인 주디스 버틀러Judith Butler는 후자의 방식을 지지한다. 그것이 혐오 피해자들의 역동적인 행위 능력을 증대하고 자아를 긍정하며 혐오에 저항할 수 있는 더 나은 방식이 된다는 것이다. 버틀러는 혐오가 여성과 같은 사회적 약자들을 침묵시킨다는 철학자 랭턴의 '발화수반發話隨伴행위론'을 거부하며 혐오 발언은 사회적 저항을 야기할 수 있다는 '발화효과행위론'을 제안한다. 버틀러의 발화효과행위론을 거칠게 소개하자면, 여성 혐오는 여성들에게 상처와 고통을 낳지만, 그 혐오에 저항할 수 있는 여지혹은 가능성을 또한 함께 가져오는 계기가 된다는 것이다. 혐오 발언이 우리에게 가져오는 효과는 물론 부정적이지만, 절대적으로 그렇지는 않다는 것이다. 오히려 혐오 발언은 여성주의적인 저항운동을 개시하게 되는 기회가 될 수 있다.

버틀러에 따르면 우리는 혐오스러운 이름으로 불리면서 비하되지만, 또한 사회적인 존재도 부여받게 된다. 김춘수 시인의 시 〈꽃〉에서 꽃이 꽃이라는 이름으로 불려 비로소 '존재'가 되었듯이, 우리또한 비록 혐오 발언일지언정 그런 호명을 통해 주체가 된다. 그러나 이때 우리는 단순히 종속적이고 침묵하는 존재가 아닌, '말하는주체'가 된다고 말한다. 김춘수 시인의 시 〈꽃〉이 "나의 빛깔과 향기에 걸맞는" 이름을 불러 달라고 자신을 부른 타자에 응답하듯이, 우리 또한 우리를 부른 그 타자를 향해 응답 가능성을 지닌 '말하는 존재'가 되는 것이다. 버틀러의 주장은 이렇다. 우리는 혐오 발언으로 불리움으로써, 그 혐오 발언에 저항하고 응답할 수 있게 된다. 자신을 부른 이름을 향해 경합하고 자기 정의의 노력으로 진입하게 되는 것이다. 그렇다면 여성 혐오 역시 여성들이 여성 혐오에 응답하고 저항하게 되는 계기를 가져올 수 있다. 이는 혐오가 여성을 침묵시키고 종속시킨다는 랭턴의 주장과는 반대되는 것이다.

따라서 버틀러에 따르면 혐오는 오히려 저항운동의 계기가 될 수 있다. 그리고 그 저항의 기회는 여성이 행위성을 실행하고 확장할 수 있게 되는 절호의 기회다. 혐오는 단지 상처와 침묵만을 가져오지 않는다. 어찌 보면 그런 혐오에 분노하고 저항할 수 있는, 혐오를 혐오할 수 있는 사회적인 효과 또한 함께 가져오는 것이다. 버틀러는 그렇기 때문에 국가의 영역에 이런 기회를 맡겨서는 안 된다고 주장한다. 궁극적으로 여성 혐오의 고리를 끊어 내기 위해서는 중립적이지도 않으며 편파적일 수 있는 국가에 규제를 맡기기보다는 역사적으로 여성에게 가해졌던 혐오의 관습들을 공론화를 통해 수많은 여성들의 집단적인 목소리로 거부해야 한다는 것이다. 이는 여성들이 성적 대상화가 되거나, 열등하다고 간주되거나, 침묵 상태로 구속되는 것을 거부하는 것이 될 것이다. 버틀러에게 있어서 어쩌면 이러한 혐오에 대한 혐오, 거부와 저항 가능성은 혐오의 상처와 함께 이미 도달한 것이 되기 때문에 어떤 점에서는 필연적인 듯 보인다.

물론 이런 실천은 여성 개개인이 행하기란 말처럼 그닥 쉬운 일이 아닐 것이다. 앞에서도 살펴봤듯이, 여성 혐오에 대한 관습과 구조가 워낙 뿌리 깊기 때문에, 그리고 이에 저항하는 여성은 호모소셜에 의해 사회적으로 불이익을 당하거나 따돌림을 받을 수 있기에 여성 개인이 공포스러운 상황에서 혐오에 저항하기란 매우 힘들 수 있다. 또한 한편에서 자칫하면 "왜 그렇게 여성 혐오에 저항하지 못하고 수동적이냐"라는 타박이나 강요는 여성에게 책임을 돌리는, 일종의 피해자를 탓하는 '피해자 비난하기victim-blaming'의 또 다른 낙인이 될 수도 있다. 따라서 여성 개인이 혐오 상황에서 혐오에 혼자서 저항할 수 있는 영역이란 불가능한 것은 아니지만 분명히 한계가 존재할 것이다. 따라서 혐오에 저항할 수 있는 여성들의 연대와 네트워크가 중요할 것이다. 혐오를 혐오하기 위해서는, 사회적인 연대와 공론화가 핵심적인 것이다. 이는 단지 혐오뿐 아니라 여성들에게 실질적으로 불평등과 차별을 안겨 왔던 수많은 사회적, 경제적, 문화적, 정치적 사안들에도 개입해야 한다는 것을 의미한다. 그것은 일종의 여성 혐오로 인해 '을'이 되었던 여성들의 '이어 말하기'가 될 것이다. 그러한 집단적인 저항과 연대의 목소리들은 여성들이 혐오로 인해 겪어 왔던 수치심과 침묵을 깨고 '이어 말할 수 있는' 계기가 될 것이다. 그리고 그런 저항과 연대는 공고해 보이는 여성 혐오의 성벽에 틈을 낼 수 있을지도 모른다. 우리가 이처럼 여성 혐오에 끊임없이 치열하게 저항할 때, 우리는 혐오 발언이 오히려 여성들을 "설치고, 생각하고, 말하게" 하는 계기를 가져다줄 수도 있다는 버틀러적인 희망을 발견할 수 있을 것이다.

1. 어째서 남성은 주체지만 여성은 타자他者일까? 혹은 남성은 개인으로 여겨지지만, 여성은 종種으로 환원될까?
2. 어째서 남성은 정신으로, 여성은 육체로 간주될까?
3. 여성 혐오의 원인은 무엇일까? 교육이나 문화, 빈부격차와 청년실업 같은 사회제도적 문제인가, 아니면 그 여성 혐오자 개인의 심리적이거나 정신적인 개인 특성일까?
4. 남성 혐오는 가능한가? 당신은 남성 혐오 발언이 성립하기 힘들다는 제니퍼 혼스비와 마리 마츠다의 주장에 동의하는가?
5. 여성 혐오에 대한 해법은 처벌이나 규제일까, 아니면 설득이나 논박일까?
6. 당신은 여성 혐오가 여성을 침묵시킨다는 랭턴의 발화수반행위론이 옳다고 보는가, 아니면 여성 혐오는 여성들로 하여금 오히려 더욱 말하게 만든다는 버틀러의 발화효과행위론이 옳다고 보는가?

참고문헌

시몬 드 보부아르, 《제2의 성》, 이희영 옮김, 동서문화사, 1992.
우에노 치즈코, 《여성 혐오를 혐오한다》, 나일등 옮김, 은행나무, 2012.
주디스 버틀러, 《혐오발언》, 유민석 옮김, 알렙, 2016.
캐서린 A. 맥키넌, 《포르노에 도전한다》, 신은철 옮김, 개마고원, 1997.
Rae Langton, "Beyond Belief: Pragmatics in Hate Speech and Pornography", *Speech and Harm: Controversies over Free Speech*, Oxford University Press, 2012.
Rae Langton, "Speech acts and unspeakable acts," *Philosophy and Public Affairs*, Vol. 22, No. 4, 1993.
Mari J Matsuda, Charles R. Lawrence III, Richard Delgado and Kimberle Williams Crenshaw; *Words That Wound: Critical Race Theory, Assaultive Speech, And The First Amendment*, Westview Press, 1993.
Jennifer Hornsby, "Free speech and hate speech: language and rights", *Normatività, Fatti, Valori*, edited by Rosaria Egidi, Massimo Dell'Utri and Mario De Caro, Quodlibet, 2003.

| 다문화 사회 |

다문화 사회와 민족정체성

—이질적 문화공동체들의 한국적 갈등과 연대

이정은

한국의 다문화 사회, 인권 유린의 부메랑

엄청나게 중요한 일이라고 생각해 전력투구하던 중, 불현듯 그 일이 '현란한 수사'나 '빛 좋은 개살구'로 느껴진 적이 있는가? 이미 다문화 사회로 진입한 한국 풍토에 적합한 이론적이고 철학적인 대안을 찾는 과정에서 생긴 의문이다.

다문화 사회(다민족 사회 내지 다종족 사회라고도 한다)란 기본적으로 혈통과 문화, 언어가 서로 다른 집단이 같은 지역에서 동시에 공존하는 사회공동체 내지 국가공동체를 의미한다. '언어 차이' 때문에 의사소통에 어려움이 생기고, 설령 의사소통이 가능해도 '문화 차이' 때문에 갈등이 발생한다. 문화는 그 성격과 특징에 따라 정치에도 영향을 미치면서 법 제도의 변화를 야기한다. 그래서 다문화 사회를 실현하려면 특정 분야만이 아니라 모든 분야를 아우르는 총체적인 노력이 필요하며 다각도에서 화합과 조화를 모색해야 한다.

세계사를 살펴보면 미국에서는 15세기 신대륙 발견 이후에 서유럽인이 원주민 학살을 자행하면서 식민주의와 제국주의를 전개했고, 서유럽에서는 다수 민족이 18세기 근대 국민국가를 구축하여 자기들의 언어로 학교 교육을 시키면서 민족정체성을 구축했다. 이로 인해 서양에서는 민족 갈등과 언어 갈등이 구체적으로 형성되고 심화되었으며, 특히 다수 집단의 언어와 문화에서 배제된 소수 집단(원주민, 소수 민족, 이주민 등)은 실존적 고통을 다층적으로 겪게 됐다. 더불어 소수 집단과 동일한 역사적 공간 속에 있는 다수 집단도 고통의 영향권에서 벗어날 수 없었다.

복잡한 갈등과 고통이 오랫동안 누적되어 온 서양은 20세기 들어 다문화 이론을 체계적으로 정립했다(다문화 이론에 관한 압축적 소개는 한국철학사상연구회의 《철학, 문화를 읽다(개정증보판)》 77~104쪽을 참고하라). 원주민 학살과 식민 지배로 시작된 나라인 캐나다와 미국, 호주는 1960년대에 '다문화주의 이론'을 실제 삶에 유기적으로 연결시켜 현실을 개선하려고 노력했다. 그러나 다문화주의는 '주체 집단'을 설정하며, 주체 집단의 공용어가 아닌 다른 언어를 선택하는 것에 대한 허용도 주체 집단이 결정하게 했다. 이런 일방향성을 비판하는 서유럽 국가, 특히 독일과 스위스, 오스트리아는 모든 집단이 동등하게 '다자간 대화'에 참여하는 '상호문화주의'를 1990년대에 이론화했다.

이런 서양의 다문화주의와 상호문화주의는 한국 다문화 사회의 이념적·사상적 대안으로 적합한가? 그 이론들에 걸맞는 실천적 사례를 국내에서 찾아 나가는 과정에서, 불현듯 이론적 작업이 '영혼 없는 공허한 메아리'로 느껴졌다. 이론적 취약성 때문이 아니라, 이 땅에 살고 있는 외국인 노동자나 결혼이주 여성이 현장에서 겪는 억압과 인권 유린이 너무나 심각했기 때문이다. 다문화 사회를 정상과 비정상, 동화同化와 배제라는 이분법으로 몰아가는 것을 비판하는 사람들은 관용과 인정, 거리와 사이, 공존과 통합을 대안으로 즐겨 제시한다. 그러나 이것들이 '뒤틀린 삶의 고통과 분노'를 제대로 인식하고 해소할 수 있을까라는 의문이 문득 들었다.

더불어 외국인 노동자에게 가하는 인권 유린은 마치 부메랑처럼 한국인들에게 되돌아온다는 충격적인 사실을 깨닫게 됐다. 결국 한국인이 한국인에게 부메랑을 던지는 셈이 되는 것이다. 타국인에게 가하는 반인권적 행위는 자국민들에게도 영향을 미치며 끝내 최초 가해자에게 내상을 입힌다.

가령 미등록 상태의 외국인 노동자(미등록자)는 한국인과 똑같은 고용 조건에서 일해도 고작 절반의 급여밖에 받지 못한다. 어떤 사업체는 미등록자에게 같은 시간 내에 두 배의 노동량을 제공할 것을 요구하기도 한다. 그러면 사실상의 급여는 반으로 줄어든다. 할당량을 채우지 못하거나 부당한 요구에 불평하면, 그에 따르는 욕설과 폭력을 감수해야 한다. 미등록자이기 때문에 경찰에 노출되면 추방될 가능성이 높고, 그래서 부당한 일을 당해도 신고하지 못하고 그 처우를 참아 내야만 한다.

이런 부당함은 미등록자들의 일로 끝나지 않는다. "이주노동자들의 열악한 노동 현실은 곧이어 한국인 노동자들에게도 **좋지 않은** 영향을 끼친다. 이주노동자들이 한국인 노동자들보다 더 높은 생산량을 강요당하면, 회사에서는 이것을 구실 삼아 한국인 노동자들에게도 그만큼의 일을 하라며 압박"을 가한다(이주여성인권포럼,《우리 모두 조금 낯선 사람들》, 130쪽).

입사할 때 약속한 계약 조건이나 노동 시간보다 실제 노동 강도가 높아지면, 임금은 사실상 저절로 하락한 것이 된다. 같은 시간에 두 배의 할당량을 받는 것은 월급이 반절로 줄어든 것이고, 저임금과 고이윤 노동 구조가 강화된 것이라 볼 수 있다.

그런데 미등록자라는 '약점'을 이용해 가혹 행위를 하는 관리자는 만약 한국인에게서도 '어떤 약점'이 발견되면 모욕하는 말을 '자연스럽게' 내뱉게 된다. 약점을 악용하는 태도는 한 번 깨어나면 마치 통제 불가능한 감정처럼 인권을 유린하는 범위를 넓혀 나가고, 자신의 악한 행동에 대해 수치심과 부끄러움도 못 느끼는 지경에 이를 수 있다.

이렇게 이주노동자에 대한 가혹 행위를 계속 묵인하면 결과적으로 한국인 노동자에 대한 처우 역시 나빠지게 된다. 고용주와 관리자는 노동자를 함부로 대해도 된다는 발상과 가치관을 갖게 된다. 따라서 이때의 묵인과 방조는 한국인이 미래에 겪을 인권 유린을 예비하는 것이며, 소극적이기는 하나 일종의 공범 행위로도 볼 수 있다. 외국인에게 가하는 내국인의 부당함은 내국인에게로 돌아올 부메랑이며, 궁극적으로 가해자 자신을 파괴하는 서막이다.

다문화 사회를 망가트리는 부메랑, 그 원인은 무엇인가?

흔히 불법체류자라고 일컫기도 하는 미등록자는 비자가 없거나 비자 기간이 만료된 상태로 한국에 장기간 거주하는 외국인이며, 대다수가 출입국관리소에 등록되지 않고 체류권도 없는 이주노동자다. 이런 미등록자가 한국 사회에 많이 늘어나게 된 이유는 무엇일까?

어느 때부턴가 생명 위험도가 높은 업종과 영세기업체에서 일하는 것을 꺼리는 사람들이 늘어났다. 게다가 대학 진학률은 상승하는 데 비해 출산율은 저하되면서, 중소기업체의 노동력도 부족해졌다. 의미 있는 변화는 1988년 서울올림픽 이후에 일어났다. 관광비자나 자원봉사 요원으로 한국에 들어왔던 동아시아인 가운데 일부가 일손이 부족한 중소기업체에서 일하기 시작했고, 그 뒤로 이주노동자의 수가 폭발적으로 증가했다.

그러자 곧 미등록자를 추방하겠다는 정부의 선언이 발표됐다. 눈에 띄는 행보로는 2002년 불법체류자 자진신고 기간을 공시한 후 2003년 강제추방을 시행한 일, 2008년 이명박 정부 시절 '불법체류자 감소 5개년 계획'을 발표한 일 등이 있다. 그 기간 동안 단속으로 추방된 외국인도 있고 고통스런 현실에 절망해 자살한 외국인도 많다. 그럼에도 수많은 영세기업체는 여전히 이주노동자를 고용하고 있다. 어쩔 수 없이 이주노동자 문제에 당면해 있는 것이 오늘날 한국의 현주소다.

> 미등록자들은 임금이나 노동조건이 너무나 열악해서 내국인을 고용할 수 없는 영세작업장에 사실상 근로를 제공하고 있다. 이는 강력한 강제추방 정책에도 불구하고 미등록자가 17만 명 이하로 줄지 않는 근본적인 이유다.
> — 이주여성인권포럼, 《우리 모두 조금 낯선 사람들》, 108쪽

이주노동자 가운데 상당수는 미등록자며, 따라서 현장의 가혹 행위를 고발할 수 없고 사고로 신체장애가 발생해도 산재 보상을 받을 수 없다. 이렇게 피해 사례가 누적되자, 1990년대 초반에 미등록자들이 밖으로 나와 불구의 몸을 보여 주며 폭압적 노동 상황을 항변하기 시작했다. 오랜 진통 끝에 산재 사고의 경우에는 내국인과 외국인을 동등하게 보상하겠다는 내용의 '외국인산재보상보호법'(1994)이 제정되었다.

더불어 외국인 체류권을 확대하는 법 제도도 필요했지만, 일단은 미봉책으로 '산업연수생제'(1993)가 도입되었다. 그럼에도 가혹 행위는 여전히 빈번하게 일어났고 이주노동자들은 외국인보호법 제정 운동(1996)을 계속했다. 상대적으로 인원이 많았던 '네팔 이주자 공동체'가 주축을 이루었고 인권 유린을 개선하려는 정치적 인정 투쟁이 지속되는 와중에, 결혼이주 여성들의 다문화가족 모임인 '지구촌사랑나눔'(1997)이 가세하여 공조했다. 다소 시간이 걸리기는 했지만, 이런 노력이 합쳐져서 마침내 2003년 '외국인 근로자의 고용 등에 관한 법률'인 '고용허가제'가 제정됐다.

그런데 고용허가제는 3년짜리 단기순환 정책이고, 사업장을 자유롭게 이동하는 것을 허용하지 않는다. 좋은 법을 만들겠다는 의도에서 나온 것이지만, 실행 과정에서 부정적 파급 효과가 생기기도 했다. 취업을 허가받은 이주노동자가 사업장을 이탈하는 것을 불법으로 처리하는 규정 때문이었다. 인권을 유린당하는 상황에 봉착해도 '사업장 이탈'을 하지 않기 위해 그 자리에서 견디면 억압이 더 심해졌다.

현실적 변화를 고려해 정부는 2006년에 한국 사회가 다문화 사회로 바뀌었음을 인정하고, '다문화 정책'을 천명했다. 2007년에 '재한외국인처우기본법'을 만들고, 2008년부터 '다문화가족지원법'을 시행에 옮겼다. 문제는 정부가 다문화 사회를 표명하고 법 제도를 바꾸었는데도, 산업 현장의 상황은 달라지지 않았다는 것이다.

우리에게 돌아올 부메랑임에도, 가혹 행위와 인권 유린이 끊이지 않는 이유는 무엇인가? 인간을 인간답게 대우하지 않는 잘못된 관행과 뒤틀린 가치관이 생겨나서 점차 심화된 결과다. 한국 사회가 미

2013년 8월 18일 서울 종로구 보신각 앞에서 열린 '2013 이주노동자 투쟁의 날' 집회에 참가한 사람들.

등록자를 무시하는 것은, 그들이 우리 민족이 아니라는 이유보다는 한국인끼리 서로 무시하고 폄하하는 태도를 미등록자에게 전이한 것이다. 물론 전이 과정에서 가혹 행위가 덧붙여지기도 했다.

언제부턴가 한국 사회에 물신숭배 경향이 확산되어 돈과 권력에 얽매이고, 가치 판단의 척도를 성과주의와 결과주의로 삼기 시작했다. 정공법보다는 미봉책을 해법으로 삼는 땜질식 부조리가 양산되면서, 총체적 부실에 이르렀다. 이것은 부조리를 묵인하는 안이한 정신에서 나왔으며, 물질적 조건에 따라 인간관계를 형성한 여파이기도 했다.

물신숭배적 가치관은 '갑의 횡포'와 '을의 굴종' 같은 위계적 행태를 만들어 내고 심화시킨다. 주차장 아르바이트생에게 화가 난 자가용 운전자가 그 아르바이트생과는 상관없는 다른 아르바이트생 세 명을 무릎 꿇게 한 사건도 갑의 횡포와 위계적 가치관의 연장선에서 해석할 수 있다. 가진 자가 못 가진 자를 무시하고 함부로 하는 태도는 인권 의식을 갉아먹고 인간 존엄성을 망각시킨다.

한국인이 외모에 집착하는 것도 이와 무관하지 않다. 한국은 성형 수술 1위 국가다. 취직을 위해 예뻐져야 하고, 예쁘지 않으면 실력이 있어도 안 된다는 '허위의식'이 존재한다. 외모와 부에 집착하고, 이것을 비교우위로 삼아 외국인 노동자를 대우하는 것도 허위의식의 연장선에 있다. 이렇듯 외모로 상대방을 평가하는 데는 본질적으로 무엇이 개입되어 있는가? 예쁜 얼굴과 고운 피부를 만들 수 있는 조건, 명품을 걸치고 다닐 만한 경제력, 달리 말하면 '빈부 문제'가 개입되어 있다(대다수 미등록자나 결혼이주 여성들이 가난한 나라에서 왔다는 사실도 함께 생각해 보자).

빈부 문제는 '돈이 없음'으로만 귀결되지 않는다. '없음'의 의미가 와전되어 가치관에 연쇄적으로 영향을 미치기 때문이다. '없음'은 '결함'이나 '장애'로 간주되고, '없는 인간'은 '열등한 인간'으로, 심지어 '인권도 없는 인간'으로 가치절하를 당하게 된다. 인간 존엄성과 직접적 관계가 없는 요인 때문에, 게다가 도덕성 문제도 아닌 요인 때문에, '없는 인간'은 열등한 인간이 되어 버린다. 무언가가 '없는' 사람을 함부로 하고 무시하는 태도가 당연시되면서, 이주민에 대한 가혹 행위가 확대되는 것이다.

심각한 인권 유린으로 이어지는 '없음'은 이주민뿐만 아니라 내국인 대우에도 영향을 미친다. '직장 없음'이나 '권력 없음'도 동일하게 '없음'으로 간주되기 때문이다. 여기에 '시민권 없음'과 '비자 없음'까지 겹치는 미등록 외국인은 임금 갈취, 육체적 가혹 행위, 성폭력 같은 사각지대로 내몰리게 된다.

잘못된 가치관과 부조리가 만연하는 사회는 일종의 '천민 사회'다. 한국의 경제 수준은 세계 주요 20개국의 연합기구인 G20에 들어갈 정도로 높아졌지만, 그에 걸맞게 요구되는 인간 존중, 보편 인권, 남녀평등과 사회적 책임 의식은 아직도 낮다. 사회의 총체적 모습이 이러하다면, '천민의 나라'라고 불려도 할 말이 없다. 우리에게 내상을 입히는 부메랑을 제거하려면, 천민 의식을 야기하는 요소를 다각도로 밝혀내 인간 존엄성을 실현해야 한다.

부메랑의 극복? 천민의 나라에서 탈출

도대체 '천민'의 의미는 무엇인가? 독일 근대철학자 헤겔은 《법철학》에서 '천민'에 대해 지나가듯이 살짝 언급했다(헤겔, 《법철학》(한길사, 2008), 425·428쪽). 19세기 이야기지만, 오늘날의 상황에 적용해도 설득력이 있다.

헤겔이 살던 당시 독일은 후발자본주의 국가였지만, 산업자본주의 여파를 겪고 있었다. 그는 원자적 개인들이 이기적 이해관계를 관철하기 위해 자유롭게 경제 활동을 펼치는 자본주의 구조를 《법철학》에서 '시민사회'라고 불렀다. 시민사회는 이기적 욕망의 이합집산이라서 인륜성이 파괴된 공동체다. 시민사회에서 생겨나는 빈부 갈등을 극복하려고, 헤겔은 '인륜적 국가'를 제시했다.

이기적 경쟁 구조는 빈부 격차를 심화하기 때문에, 지속적으로 '빈민'을 양산한다. 헤겔은 궁핍과 긴급 사태를 구제할 방법을 강구했지만 빈민은 생겨났고 그중 일부는 '천민'으로 전락했다. '빈민'이 좌절감에 시달리다가 결국에는 자신의 상태를 벗어나려고 노력하지도 않고 자활 의식도 공동체성도 자존감도 없이 살아가면, '천민'이 된다. 상황을 개선하려는 의지도 좌절감도 사라지면, 인간다움을 상실하는 것이다. 빈민은 비록 경제적으로는 궁핍해도 자신을 빈곤 상태로 떨어트리는 것에 대한 비판 의식과 자활 의지를 지닌다. 빈민이 개선을 위한 강한 의지를 가지고서 의식적으로 노력해도, 빈민 상태에서 벗어난다고 장담할 수는 없다. 그럼에도 미래에 대한 전망과 희망을 포기하지 않기 때문, 빈민은 천민이 아니다. 천민은 거지나 노숙자로 전락해도, 개선 의지가 없다. 공동체의 자유와 합리성이 상실된 것에 분노하지 않는다. 사회적 책임과 의무도 백안시하며, 인권 유린에 맞서서 존엄성을 부르짖지 않는다. 인간다움을 포기했으니, 무늬만 인간이다.

오늘날 한국 사회도 경제적 어려움이 누적되고 고통에 시달리다 보니, 먹고 살기에 급급해 비판 정신을 뒷전으로 미뤄 놓기도 하고, 상호 인정을 백안시하기도 한다. 자신의 삶과 직업에 대한 자존감을 상실한 채 살아간다. 이해관계에 급급해서 책임과 의무를 방기하고 있으니, 오늘날의 모습은 '천민 공동체'에 버금간다.

한국 사회가 천민 공화국임을 다각도로 확인시켜 준 것이 '세월호 사고'다. 충분히 살릴 수 있는 시간과 여력이 있었음에도, 수백 명의 아이들을 죽음으로 몰아넣었고, 그 뒤로 누구도 책임지려고 하지 않는 사회, 게다가 원인 규명과 문제 해결도 태만하게 하는 나라, 자신과 타인의 생명과 권리에 무관심한 사회가 '천민 공화국'이 아니고 무엇인가?

이런 현상을 고려하면, 천민성은 '빈자'에게만 적용되는 것이 아니다. "빈곤 그 자체가 사람을 천민화하지는 않는다."(헤겔, 《법철학》, 429쪽) 명망과 부를 지닌 사람이 부조리에 대한 비판 의식이나 개선 의지가 없고, 게다가 '법망을 피해' 이해관계를 버젓이 관철시킨다면, 그도 천민이 아니겠는가? 탈법이나 범법을 부끄러워하지 않고 정치 권력층과 밀착하여 초법적으로 행동하는 것을 당연시하는 사람이 있다면, 그를 '부유한 천민'이라고 부르자. 부유한 천민은 법망 피하기를 넘어, 정책과 법을 이해관계에 맞추어 바꾸기도 하고 인권을 유린하는 상황을 조작하기도 한다.

재산과 부를 등에 업고, 모든 것을 자기 마음대로 해도 된다는 왜곡된 가치관을 내재화한 '정신적 천민'이 '부유한 천민'이고 '기득권 천민'이다. 이런 정신적 천민이 공동체를 위한 책임 의식과 인류적 감정을 얼마나 견지하겠는가? 사회 정의와 기본 질서를 망각하고 부조리를 양산하는 '부유한 천민'은 경제적으로는 부유하지만, 정신적으로는 빈곤하다. 모든 것을 자기중심적으로 재단하기 때문에, 빈곤한 타인에 대한 존중심과 보편적 인권 의식도 상실하기 쉽다.

'타인 존중의 상실'은 상황이 바뀌면 '자기 존중'에도 영향을 미친다. 부유층이었지만, 어느 날 불운하게도 빈곤한 처지로 떨어지면, 열등한 존재처럼 무시당한다는 오해를 하게 된다. 타인이 자기를 무시하지 않아도, 무시한다고 오해한다. 자기가 타인을 무시하듯이, 타인도 그럴 것이라고 지레 짐작하면서, 급기야 스스로를 무시하게 된다. 여기서도 부메랑이 작용한다.

오늘날 한국인의 자기 존중감은 수십 년 전보다 훨씬 높아졌다. 그런데 물신숭배가 심해지다 보니 '갑의 횡포와 을의 굴종' 같은 구조가 동시에 펼쳐졌고, 존재감이나 상호 인정이 오히려 약화되는 역작용도 생겼다. 자신이 공동체에서 인정받지 못하면, 무기력과 절망감에 빠져 허우적대다가, 급기야 분노를 폭발시킨다(이정은, 《사람은 왜 인정받고 싶어하나》).

물론 미등록자에게 가하는 한국인의 행태와 잘못된 가치관이 한국적 현상인 것만은 아니다. 빈부 격차와 양극화를 낳고 불평등을 가속화시키는 자본주의 경제 구조가, 마치 '20 대 80'의 사회처럼, '경제적 빈곤'과 '없음 집단'을 세계적 현상으로 확산시켰기 때문이다. '없음 집단'인 '빈자' 내지 '빈국'을 멸시하는 가치관은 어디서나 조금씩은 나타난다. 그러나 모든 나라는 이것이 인권 유린으로 이어지지 않도록 노력하고 있다.

빈곤한 타문화인을 무시하는 위계적 가치관과 경제 구조가 만연하면, 거기에는 인권 유린을 동반하는 시공간이 이미 펼쳐진 것이다. 타문화를 지닌 사람이 '없음 집단'이면, 그 문화도 '없어 보이는 문화'가 될 것이기 때문이다. 그곳에서 타문화에 대한 '제대로 된 인정'을 기대하기는 어렵다. 상대를 무시하는 사람이 상대의 관습과 문화에 진정으로 귀를 기울이겠는가? 적극적으로 공존 문화를 만들겠는가?

그렇다면 서로 다른 민족과 문화가 동등하게 공존하는 다문화 사회를 실현하기 위해, 천민 의식을 낳는 물적 조건과 토대를 세계사적 변화를 통해 살펴보면서 대안을 찾아보자.

천민적 사고방식의 근원,
다국적 기업과 작은 정부의 확산

왜 세계사적 변화에 주목하는가? 한국에 고용허가제로 들어와서 현장에서 겪은 차별을 해소하기 위해 이주노동자 운동을 펼쳤던 필리핀 출신의 미셸 카투는 이주노동자 운동을 하는 과정에서 시야가 '사회 전반의 문제'로 확장되는 체험을 한다. 그녀가 밝히는 소회를 참고하면, 상황을 쉽게 이해할 수 있다.

> 내가 이주노동자, LGBT(성소수자), 여성, 제주, 노동운동 등에 관심을 가진 것은 그것들이 모두 사회적 차별과 관련되어 있기 때문이다. 이 문제들은 모두 연결되어 있으며, 소수자들은 모두 동일한 차별과 억압에 의해 고통받고 있다. 한 집단 한 사람에게 일어나는 일이 우리에게 직접적으로 간접적으로 영향을 끼칠 수 있다.
>
> — 이주여성인권포럼, 《우리 모두 조금 낯선 사람들》, 141쪽

그녀가 "모두 사회적 차별과 관련되어" 있다거나, "모두 연결되어" 있다고 말할 때, 차별의 연결 고리는 (세계사적 변화를 고려하면) '경제 문제'이고 '부유층과 권력층의 이해관계'다. 부유층의 이해관계는 일국에 한정되는 것이 아니라, '다국적 형태'로 진행된다.

이윤의 확장과 팽창을 본성으로 하는 자본주의는 내수 시장이

포화 상태에 이르면서 해외 시장을 개척한다. 그러다가 해외 시장도 포화 상태가 되자, 유형의 상품이 아니라 무형의 상품으로 움직이는 금융 시장을 새롭게 창출한다. 공산품을 만들어 돈을 버는 것이 아니라 '돈으로 돈을 버는 투자 방식'이 하부 단계로 계속되는 금융 상품과 그 파생 상품이 생겨난다. 이로 인해 전 세계 금융권이 연결된다. 세계 경제는 그물 같은 연결망을 지닌 금융 상품의 '예측 불가능한 거품'에 의해 움직인다. 전 세계에 경제적 타격을 줬던 미국의 리먼브라더스 사나 모기지론 문제도 그물처럼 얽힌 금융 상품과 관련 있다.

한편, 실물경제에서는 신자유주의에 기초하여 세계무역협정 WTO과 자유무역협정FTA이 확산된다. 국적 불명의 다국적 생산물을 만들고 유통시키는 경제 구조가 다국적 기업 형태로 확대된다. 대학교를 졸업한 후에 다른 나라에서 직장을 구하는 '국가 간 노동력 이동'도 대대적으로 일어난다. 국경을 넘나드는 노동 인력 때문에 다종족 내지 다민족 사회는 한국적 현상만이 아니라, 세계적 현상이 되었다.

물론 '세계적 현상'과 '한국적 특수성'이 맞물려 작용하기 때문에, 한국 내 상황은 더 복잡하다. 한국은 혈통주의와 단일 민족이라는 자부심이 강해서, 오랫동안 이민자를 적극적으로 받아들이지 않은 국가였고, 외국인의 국내 정착과 이주 정책에서도 상당히 폐쇄적 태도를 취했다. 그런데 20세기 들어, 가부장제 의식이 강하고 가난하기도 한 농촌 총각과 결혼하기를 꺼려하는 한국 여성이 늘어나면서 변화가 생긴다. 문제 해결책으로 1950~1960년대에 출생한 한국인 농촌 총각과 동아시아 젊은 여성 간의 국제결혼을 1990년대 중반 이후부터 추진한다. 게다가 한국의 경제력은 상승하는 데 반해, 인구는 계속 감소해서 외국인 노동력도 필요해졌다. 결혼이주 여성과 외국인 노동력에 대한 요구는 한국을 이주 국가와 다문화 사회로 변모시킨 동력이다.

동아시아에서 외국인 노동력의 유입과 다문화 사회로의 변화는 한국보다는 일본(1970년대 후반)과 대만(1980년대 초반)에서 먼저 일어났다. 자본 이동이라는 '세계적 변화의 부산물'이 동아시아에 순차적으로 영향을 미쳤다. 자본 팽창에 따른 노동력 이동이 세계적 현상이듯이, 다문화 사회로의 전환도 그러하다. 노동 인력의 편재가 21세기 시대 문제로 등장한 것은, 세계무역협정과 다자간투자협정MAI으로 이어지는 '자유무역과 무한경쟁'이 점차 확대되었기 때문이다.

국제관계에서 협정의 주도권을 쥔 국가들은 부유층과 권력층의 이윤을 극대화하는 방향으로 회의를 끌고 가고, 정치인은 소수 부유층을 위해 정책을 입안한다. 특정 국가가 주도하는 세계협정의 배후에는 정부에 영향을 미치는 '민간 기업'이 어디에나 존재한다. 이렇게 한 국가의 정부 조직과 정책을 좌우하는 민간 기업을 21세기 들어 '작은 정부'라 불러 왔다.

대표 사례로, '작은 정부'와 결탁하는 '미국 정부'의 행태를 추적해온 노암 촘스키Noam Chomsky는 '부유층을 위한 정책'이라는 근거를 '미국 건국 헌법' 시기로 거슬러 올라가서 찾아낸다. 그에 따르면, 건국 헌법의 재산권에는 부유층의 관점이 반영되어 있다. 이 관점은 신자유주의에 이르기까지 일관되게 관철되며, 빈곤층 배제는 더 확대된다. 미국 건국의 아버지들은 국민을 '양식 있는 사람'으로 표현하는데, 이때 일반 서민은 양식 있는 사람에서 제외된다. 차후에 형성되는 재산권 관련 법에는 건국 초기 '부유층 보호' 의식이 영향을 미쳤다. 점차 부유층 보호가 어려워지자, 선전과 여론 조작이라는 세련된 수단을 고안해 내고, 마지막으로는 "여론을 조각내고 와해시키면서 국부를 창출하고 대표하는 사람들, 다시 말해 보다 능력 있는 사람들의 손에 정치권력을 맡기는"(노암 촘스키, 《그들에게 국민은 없다》, 75쪽) 방법을 새롭게 구축한다.

오늘날에는 '보다 능력 있는 사람'이 '한 개인'에 그치지 않고 '조합이나 법인'으로 확장되었다. '법인체로서 민간기업'이 정부 조직을 좌우하는 시스템이 '작은 정부'다. 촘스키는 미국 내 민주주의와 관련된 모든 "의사결정권은 민간 기업 혹은 민간 기업과 긴밀히 연결된 반半정부조직에게 넘겨졌다"(촘스키, 《그들에게 국민은 없다》, 193쪽)고 개탄한다.

국가의 행정 주체인 '큰 정부'는 국가 구성원으로서 시민들을 보호하려는 모습을 보여 왔다. 반면 '작은 정부'는 배후에서 정부에 영향을 미치지만 실제로는 정부가 아니고 기업이기 때문에, 큰 정부 같은 모습을 견지할 이유가 없다. 그래서 "어떤 책임 의식도 없이 암약하는 사실상의 세계정부"(촘스키, 《그들에게 국민은 없다》, 193쪽)라고 말해야 한다. 작은 정부와 결탁한 큰 정부는 고이윤과 팽창이라는 '작은 정부의 욕망'을 실현할 수 있도록, 경제와 정치 구조를 세계적으로 재편한다. 큰 정부는 다국적 투자를 하는 기업을 비호한다. 그리고 작은 정부는 '고임금과 노동시장의 경직성'을 극복하여 이윤을 극대화하기 위해, 저임금 노동력이 널려 있는 저개발 국가로 기업을 옮긴다.

기업 이전은 '다국적 인권 유린'의 시발점이 된다. 가령 미국이 북미자유무역협정NAFTA을 추진할 때와 관련하여 촘스키가 제시한 사례를 보자. 미국 기업주는 노동조합이나 파업 세력을 약화시키기 위해 "파업의 움직임이 있는 공장 앞에 '멕시코로 이전할 시설'이라는 간판을 붙이는 것으로"(촘스키, 《그들에게 국민은 없다》, 162쪽) 문제를 해결했다. 공장의 부분적 폐쇄 또는 전면적 폐쇄를 단행하면서 공장을 멕시코로 이전하면, 파업에 참여하는 미국 노동자뿐만 아니라 공장 내 모든 노동자가 실직하게 된다. 그러므로 간판 내용은 미국 노동자 집단에게는 공포스러운 문구다.

그렇다면 미국 노동자를 대신하는 멕시코 노동자는 경제적 혜택을 보았는가? 일자리가 창출된다는 단기 효과에도, "멕시코는 싸구려 공산품의 생산지로 전락했고, 미국 산업노동자의 10분의 1에 불과한 저임금에 시달려야 했다."(촘스키, 《그들에게 국민은 없다》, 173쪽) 실제로 멕시코로 진출한 미국 기업은 멕시코 경제와 노동자의 삶을 개선하기보다는, 멕시코 시민을 빈곤 상태로 떨어뜨렸다. 멕시코 노동자도 10분의 1의 임금으로는 제대로 살 수가 없기 때문에, 빈곤과 영양실조가 악순환처럼 반복되어 급기야 생존 위협을 느끼게 되었다.

다국적 기업은 미국 노동자뿐만 아니라 멕시코 노동자까지 비참한 상태로 몰아넣었다. 그 이유는 낮은 임금인데, 근본 원인은 미국과 멕시코 간에 미국인끼리 내부 거래가 많았기 때문이다. 촘스키가 강조하듯이, 멕시코 북부에 있는 공장 지대의 소유주는 대부분 미국인이어서 멕시코 노동자를 최소 인력과 최저 임금으로 고용하기가 용이했다.

한국은 다른 나라로 진출하여 내부 거래 방식을 사용하기에는 세계 권력이 아직 미약하다. 그래서 동아시아인들을 한국으로 유인하는 방법을 사용했다. 대기업은 생산비를 줄이기 위해 중소기업에 하청을 주고, 중소기업도 생산비를 줄이기 위해 다시 영세기업에 하청을 준다. 가장 아래 하청업체는 임금이 너무 낮아 한국인 노동자를 구하기가 힘들다. 결과적으로 저임금과 열악한 노동 조건을 지닌 '가장 아래업체'에서 일할 만한 외국인 노동자가 국경을 넘어 한국으로 이동한 것이다.

그러므로 근본 맥락에서는 '한국과 동아시아 사례'가 '미국과 멕시코 사례'와 다르지 않다. 이런 세계 변화를 염두에 두면, 국경 이동을 통해 형성되는 이주노동자의 정체성이 어떠한지에 관심을 기울여야 한다. 양국에 걸쳐 있는 그들의 활동을 통해 이주노동자는 어디서나 '다문화적 정체성', '다중적 정체성'을 형성하게 된다.

경제적 권력과 다중적 문화 정체성 사이에서

한국 기업은 하청의 연속이고, 다단계 하청이 한국을 다문화 사회로 변화시켰다. 대기업은 가장 아래 업체와 공통의 이해관계를 지니며, 가장 아래 단계는 노동자의 고혈을 짜낸다. 가장 아래 단계에서 심각한 저임금, 언제 닥칠지 모르는 추방, 그로 인해 불안에 떠는 미등록자가 없으면, 영세기업체는 존속할 수 없다. 영세기업체의 어려움은 순차적으로 거슬러 올라가서 대기업에도 타격을 주게 된다.

한국의 복잡한 하청 구조에서 일을 하는 이주노동자는 '경제적 빈곤'과 '없음' 때문에 무시당하고, 자국어와 문화를 누릴 기회도 박탈당해 왔다. 갑을 관계가 낳은 '한국인끼리의 부당한 위계 구조'는 '한국인과 미등록자' 사이에서는 '문화 박탈'로도 이어진다. 그러므로 한국에 체류하는 이주노동자와의 '문화 갈등'은 '경제적 갈등'과 '계급적 갈등'을 동시에 고려해야만 근본적 해결이 가능하다.

　　이주노동자에게 가하는 인권 유린을 묵인하고 방조하는 한국인은 '이주노동자의 현재의 삶'이 '한국인의 미래의 삶'이 된다는 점을 기억해야 한다. 한국 사회에 지속적으로 회자되었듯이, '일용직 노동자는 비정규직의 미래'이고 '비정규직은 정규직의 미래'다. 이주노동자에 대한 인권 유린은 한국인이 미래에 겪게 될 인권 유린의 시작이다.

　　이런 맥락에서 다국적 경제 구조의 확대와 노동 시장의 재편을 고려하면, '미국 노동자와 멕시코 노동자'도 연대할 수 있고, 한국인 노동자와 미등록자도 연대할 수 있다. 물론 '노동자들 간의 차이'를 무시해서는 안 된다. 노동자라고 해서, '모두 다 같은' 노동자로 보편화할 수는 없기 때문이다. 본국과 타국에 걸쳐 있는 미등록자가 (계급적 이해와 정체성 면에서) 일국에만 속하는 노동자와 동일한 정체성을 지닐 수는 없기 때문이다. 하청 단계에 따라 존중과 대우가 달라지듯이, 노동자의 위치에 따라 정체성도 다양해진다.

　　미등록자와 결혼이주 여성처럼 본국이 아닌 타국에서 오래 살다 보면, '양쪽 정체성'을 아우르는 '새로운 정체성'을 형성하게 된다. 소위 '초국적 정체성' 내지 '다중적 정체성'이다. '자국인으로서 정체성'이나 '이주노동자로서 정체성' 가운데 하나를 택하거나 배제하는 일국 정체성은 자연스럽게 해체된다.

　　초국적 정체성, 다중적 정체성은 한국에만 적용되는 것은 아니다. 이주노동자의 유입으로 생기는 갈등이 항존했던 미국의 히스패닉계 이주민에게서도 나타난다. 미국에서 오랜 노동자 생활을 한 이주노동자는 '미국인도 라틴 인도 아닌' 초국적 정체성 내지 다중적 정체성을 형성하게 된다.

밀입국과 경제 악화로 상황이 어려워지자, 미국은 2006년에 히스패닉계에 대한 '이민 규제 장벽'을 설치하는데, 장벽 때문에 오갈데가 없어진 이들이 로스앤젤레스에 모여 영어와 스페인 어로 미국 국가와 자국 국가를 번갈아 부르는 시위를 벌였다. 양국에 속하면서도, 어느 쪽에도 속하지 않는 자신들의 정체성을 드러낸 것이다. 두 언어로 불린 미국 국가는 이주노동자를 배제하는 법 체계를 비판하는 노래다. 이 사태의 본질적 의미를 파악한 주디스 버틀러와 가야트리 스피박Gayatri Chakravorty Spivak은 《누가 민족국가를 노래하는가》에서 정체성의 복수성과 다중성을 조명하고 민족정체성이 단일하지 않다고 주장했다.

다중적 정체성이 형성되는 것을 역지사지로 생각하면, 이주노동자에게 한국적 정체성을 체화하고 동화하라고 마냥 요구할 수만은 없다. 한국어와 한국 문화를 배우면서 우리 사회에 적응해야 하지만, 자국 문화와 정체성을 포기하라고 하는 것은 문화권 박탈에 해당된다.

게다가 한국인과 이주민이 공존하면, 문화 충돌만 생기는 것은 아니다. 새롭고 독특한 경험이 가능하기 때문에, 새로운 한국 문화를 위한 창조력도 높아진다. 한국인의 정체성도 자연스럽게 다중적 요소를 반영하게 되고, 새로운 문화로서 제3의 통합 문화가 창출될 수 있다.

1. 한국에 거주하는 이주자가 현격하게 늘어나자, 정부는 2006년에 한국 사회를 다인 종, 다문화 사회로 천명하고 다문화 정책을 펼치고 있다. 정부의 다문화 운동과 다문화주의의 의미는 무엇인지를 생각해 보자.

2. 다른 나라의 다문화 정책과 한국의 다문화 정책은 어떤 차이가 있을까? 한국의 다문화 정책의 긍정적 방향과 부정적 방향을 성찰한 뒤에, 각자가 정책입안자라고 가정하고서 부정적 방향을 개선하는 교육 방법과 사회 이념을 발표해 보자.

3. 다문화 사회로의 전환과 다문화 운동은 한국 사회만의 특징은 아니다. 국가 경계를 넘나드는 인터넷과 사업 구조 때문에 세계경제가 재편된 것도 결정적 요인이다. 그러므로 세계를 변하게 한 경제 구조와 정책에 대해 토론해 보자.

4. 다문화 사회가 전 지구적 인구 이동의 결과라면, 모든 국가는 언젠가 다문화 국가, 다문화 사회로 변하게 되어 있다. 그렇다면 민족 정체성은 단일한지, 아니면 여러 인종과 혈통이 섞여도 단일한 민족 정체성이 가능한지를 생각해 보자.

5. 이주노동자에게 가하는 폭언과 폭행이 한국인 노동자의 삶의 질을 떨어트리는 문제를 토론한 다음에, 인권 유린을 극복하고 인간 존엄성을 실현하는 방법을 생각해 보자.

참고문헌

이정은, 《사람은 왜 인정받고 싶어하나》, 살림, 2005.

이주여성인권포럼, 《우리 모두 조금 낯선 사람들》, 오월의봄, 2013.

한국철학사상연구회, 《철학, 문화를 읽다》, 동녘, 2014.

주디스 버틀러·가야트리 스피박, 《누가 민족국가를 노래하는가》, 주해연 옮김, 산책자, 2008.

노암 촘스키, 《그들에게 국민은 없다》, 강주헌 옮김, 모색, 2001.

게오르그 빌헬름 프리드리히 헤겔, 《법철학》, 임석진 옮김, 한길사, 2008.

윌 킴리카, 《다문화주의 시민권》, 장동진 외 3인 옮김, 동명사, 2010.

| 소외와 실존 |

현대인의 소외와 실존

박은미

소외되지 않는 사람은 없다

고속도로를 지나다 보면 다음과 같은 현수막을 보게 되는 경우가 있다.

"○○○ 처녀와 결혼하세요. 절대 도망가지 않습니다."

결혼을 하면서 상대방이 도망갈까 봐 염려해야 하다니, 참 서글픈 현실이다. 절대 도망가지 않는다는 사실을 홍보해야 할 만큼 도망갈 위험이 높은 여자와 결혼해야 하는 사람들은 누굴까? 다음과 같은 내용을 보도하는 신문 기사도 본 적이 있을 것이다.

"명절 연휴 기간 해외여행 예약자의 70~80퍼센트는 미혼 여성"

전자는 사회경제적 지위가 낮아서 결혼에 성공하지 못한 남자들을 대상으로 하는 광고이고, 후자는 결혼에 관심을 두기보다는 자신의 소득을 기반으로 삶을 즐기며 살려는 여자들, 이른바 골드미스들의 생활상을 보도한 기사다. 이렇게 현대 사회에서는 경제적 여건이 개인의 결혼에까지 영향을 끼친다. 가족 관계도 돈에 의해 좌우된다는 것이 부인할 수 없는 현실이다. 부모 노릇도 자식 노릇도 돈이 있어야 한다는 소리가 당연한 듯 들리고, 돈 없고 연로한 부모를 돌보지 않으려 내다 버리기까지 한다는 기사도 심심치 않게 보도된다. 이처럼 현대 사회에서 사람들이 겪게 되는 각종 소외 현상의 저변에는 경제적인 요인이 있다.

대학생들이 소외를 겪는 주요 원인도 따지고 보면 경제적 요인 때문이다. '88만원 세대'라는 말처럼 대학생들의 가슴을 스산하게 하

는 말이 없을 것이다. '88'이라는 수치는《88만원 세대》라는 책이 출
간된 2007년 당시 비정규직 노동자의 평균 임금이었던 119만원에
전체 임금 대비 20대 노동자가 받는 임금의 비율 74퍼센트를 곱해
만든 수치다. 이 말을 처음 사용한《88만원 세대》의 저자 우석훈은
"지금 20대의 95퍼센트는 비정규직에 종사하게 될 것"이라고 예측
하기도 했다. 그의 말이 그저 말뿐이 아니었다는 사실은 오늘날 대학
생들의 실제 모습을 보면 알 수 있다. 대학교를 졸업하면 정규직으로
취직할 수 있었던 이전 세대와는 달리 지금의 대학생들은 1학년 때
부터 취업 걱정에 시들어 가고 있다. 스펙이 엄청나게 좋아야 연봉이
괜찮은 정규직 직장을 가질 수 있기 때문에 늘 스펙 관리에 여념이
없다. 1학년 때부터 취업 압박감에 시달리면서 스스로를 '예비 백수'
로 여기고 우울과 소외를 경험한다.

　죽을힘을 다해 대학교에 들어온 학생들에게는 취업의 압박이
기다리고 있고, 죽을힘을 다해 수험생 자녀를 대학교에 보낸 부모들
에게는 자녀를 어떻게 뒷받침해서 좋은 직장에 취직하도록 돕고 좋
은 배우자를 짝지워 결혼시켜야 하나 하는 염려가 기다리고 있다. 어
디를 둘러 봐도 자신이 원하는 대로 살지 못하는 사람들뿐이다. 결혼
하고 싶은데 결혼하지 못하는 사람, 원하는 직장은커녕 아무 직장에
라도 들어만 갔으면 좋겠는데 계속해서 구직에 실패하는 취준생 및
실업자, 자기가 원하는 대학교 혹은 전공 학과에 진학하지 못한 대학
생, 대입에 실패한 수험생, 대입에 실패할지도 모른다는 두려움 속에
서 사는 중·고등학생, 경제력이 부족해 자녀를 뒷받침해 주지 못하
는 부모……. 그뿐인가? 변호사가 되지 못한 고시생, 연예인이 되지
못한 연예인 지망생, 톱스타가 되지 못한 단역 연기자도 있다. 화가

가 되지 못한 변호사나 음악가가 되지 못한 의사도 소외당한 사람으로 보아야 한다는 말에는 동의하지 못하는 사람들도 있겠지만, 그들 입장에서는 그것도 분명히 소외다. 밥벌이만 할 수 있으면 그게 어디냐 싶은 세상이 되었으니 일이 너무 많아 쉬는 날만을 기다리며 사는 노동자는 소외당한 사람 축에도 끼지 못할 지경이지만, 일이 없는 사람은 일이 없어서, 일이 있는 사람은 자기가 원하는 일을 못해서 소외를 느낀다.

세상에 소외를 느끼지 않고 사는 사람은 아마 없을 것이다. 재벌은 재벌대로, 연예인은 연예인대로 소외를 느낀다. 화려한 조명을 받으며 인기를 누리는 스타도 불 꺼진 무대 뒤에서는 언제 인기가 사그라들지 몰라 두려워하며 산다. 또 화면에 멋있게 등장하는 연예인이 아닌 있는 그대로의 자신을 사랑할 사람은 없을 것이라는 생각에 소외를 느끼기도 한다. 우리는 대체로 내가 가지지 못한 것을 가진 사람들은 행복할 거라고 착각하지만, 보통 사람들이 가지지 못한 인기를 누리는 연예인도, 서민들이 가지지 못한 수준의 부를 축적하고 사는 재벌도 속을 들여다보면 모두 소외를 느끼고 힘들어하며 산다.

있는 그대로의 나의 모습이 세상에 받아들여지지 않는다고 느낄 때 우리는 '소외감을 느낀다'고 말한다. 소외감은 인간을 불행에 빠뜨린다. 현대인들 대부분은 소외로 인한 불행을 겪고 있다. 그리고 현대인의 소외 현상은 기본적으로 자신들이 처해 있는 경제 현실에서 비롯된다.

소외의 근본 원인이 되는 경제 현실

　　오늘날 지구상에서는 전 세계인이 충분히 먹고도 남을 만큼의 농작물이 수확되고 있다. 하지만 어딘가에서는 과잉의 문제, 가령 너무 많이 먹어서 생기는 질병이 발생하고 있으며 다른 어딘가에서는 부족의 문제, 생존에 필요한 최소한의 식량도 얻지 못해 기아로 사망하는 일이 발생하고 있다. 식량은 넉넉한데 그것이 골고루 배분되지 않아 누군가가 굶어 죽고 있다는 사실은 우리 모두가 진지하게 생각해 봐야 할 문제다.

　　이런 식의 일은 또 있다. 자동화·정보화 시스템으로 필요한 일손이 이전보다 많이 줄었는데도 노동 시간은 줄지 않고 오히려 과로사하는 사람들이 생겨나고 있다. 아이러니다. 컴퓨터 사용으로 효율적으로 일하는 것이 가능해졌으니 노동 시간을 줄이는 게 충분히 가능할 텐데 왜 누구는 과로사하고 누구는 실업자가 될까? 아마 일 처리의 효율성이 높아진 만큼 노동자 수를 감축했기 때문일 것이다. 그런데 그게 정말 바람직한 선택일지는 생각해 보아야 할 것 같다. 노동자 수를 감축하면 누군가는 실업자가 될 것이고 실업자가 된 사람은 소비를 줄일 것인데, 소비 감소는 경기 침체의 원인이 될 것이기 때문이다. 그리고 무엇보다도 누군가의 이윤 축적을 위해 누군가가 생존권을 박탈당해야 하는 상황은 이상한 상황임에 틀림없기 때문이다.

　　인력 감축의 주요 이유는 그러니까 다름 아닌 '경영 효율성 제고提高'다. 그런데 효율성이 낮은 것보다야 높은 것이 좋겠지만 높아진

효율성으로 정작 우리는 무엇을 하고 있는가를 생각해 보아야 한다. 시간과 자원을 효율적으로 활용해서 시간과 자원이 남게 되었을 때 그 남는 시간과 자원이 우리 삶을 인간답게 하는 데 사용되지 않는 다면, 우리는 왜 효율성을 추구해야 하는 걸까? 지금 우리의 경제 시스템은 효율성을 확보하기 위해 인력을 감축하는 방향으로 나아가고 있다. 그래서 어떤 사람들은 실업자가 되고, 어떤 사람들은 과로사할 만큼 과도한 일에 시달린다. 그런데 무엇보다 중요한 사실은 노동자가 예전만큼 필요하지 않게 된 상황에서도 지구 위에 사는 인간은 모두 먹고살아야 한다는 것이다.

좀 더 따져 보자. 우리 사회에는 일자리, 즉 노동 수요가 많을까 아니면 일자리가 필요한 사람, 다시 말해 노동 공급이 많을까? 인류의 경험에 비추어 볼 때 노동 공급은 늘 노동 수요를 초과한다. '실업률 2퍼센트'를 사실상 완전 고용 상태로 보는 것도 이런 맥락에서다. 실업률이 0퍼센트에 이르는 것은 사실상 가능하지 않다. 그리고 특별한 경기 호황이 아닌 다음에야, 일할 사람이 모자라는 일은 없다. 일시적으로 일자리가 남아도 경제는 곧 다시 일자리가 모자라는 상태가 되도록 조정되곤 한다. 경제는 끊임없이 생산성을 높이는 방향으로 조절되기 때문이다. 즉 경제 원리로 따져 보아도 노동 공급은 노동 수요를 초과할 수밖에 없다.

그래서 우리는 늘 일자리가 모자란다고 느끼고 실업자가 느끼는 소외를 겪지 않기 위해 발버둥 친다. 현대인들이 느끼는 대부분의 압박감은 실업자가 느끼는 소외를 겪지 않고자 하는 데서 생긴다. 초·중·고등학교 학생들은 미래에 실업자가 되지 않기 위해 좋은 대학교에 들어가려고 발버둥치고, 대학생들은 미래의 취업을 위해 입학 후에도 학교에 계속 다녀야 하나 말아야 하나, 학교생활을 어떻게 해야 실업자가 되지 않을까 전전긍긍한다. 하지만 이윤 창출을 지상 최대의 목적으로 내세우는 경제 시스템에서는 실업자가 생겨날 수밖에 없다. 시장 경제 시스템이 이윤 중심으로만 작동되기 때문에 그 안에서 사람에 대한 고려를 기대할 수 없기 때문이다. 누군가 노동자였다가 실업자가 되더라도 그 가족들의 생계를 고려할 필요는 제기되지 않는다. 그러니 모두들 자기 일자리 찾는 데만 혈안이 되어 일자리 찾는 데 필요한 능력을 갖추려고 한평생을 보낸다. '나는 누구일까, 내가 인생에서 진정으로 원하는 것은 무엇일까'와 같은 질문은 효율성 없고 생산성에 도움이 되지 않는 한가한 질문으로 치부되어 버린다.

실업자들을 지나치게 보호해서 능력 없는 사람들까지 먹고살게 해 주면 사회의 전체 생산력이 저하될 것이라고 염려하는 사람들도 있다. 하지만 아무리 좋은 복지시스템하에서도 사회는 능력의 위계질서 속에서 나태해져 있는 사람들에게까지 친절을 베풀지는 않는다는 점을 간과해서는 안 된다. 실업자들을 지나치게 보호하는 것이 현실이 되기는 어렵다는 말이다. 그런데도 '능력 없고 노력하지 않는 (다고 여겨지는) 사람까지 먹여 살릴 수는 없다'는 인식이 지배적인 것은 오늘날 우리 사회가 이윤 창출을 지상 최고의 논리로 전제하고 있기 때문이다. 시장에서 자신의 노동을 파는 데 성공하지 못했다는 것이 곧 사람으로서의 가치마저 인정받을 자격이 없음을 의미한다고 볼 수는 없다. 인력 감축을 하지 않으면서도 이윤을 창출할 수 있는데 굳이 인력 감축을 해서 이윤을 창출하겠다는 것은 전체 이윤의 총량을 무조건 늘리려고만 하는 자본주의의 작동 방식 때문이다. 누군가 생존권을 박탈당하든 말든 이윤 크기를 늘리는 일에만 골몰하는 시스템 때문인 것이다.

88만원 세대의 문제도 이러한 논리의 연장선상에서 나온다. 정규직 대신 비정규직 노동자를 고용하면 인건비와 인사 관리 비용이 덜 들기 때문에, 기업들은 신규 채용을 할 때 대체로 비정규직 형태로 고용하는 추세를 보이고 있다. 기업으로서는 정규직을 뽑아서 노조에 힘을 실어 주느니, 아예 노조를 만들 수 없는 비정규직을 뽑아서 기업 운영을 편하게 하는 편이 낫겠다고 생각할 수도 있는 것이다. 이렇게 된 원인은 근본적으로 경제 시스템의 변화로 노동의 중요성이 예전보다 떨어진 것에서 찾을 수 있다. 일각에서는 정규직 직원을 채용하면 기업의 부담이 너무 많아지기 때문이라고 주장하는데, 그보다 더 근본적인 이유는 업무 효율성 증가, 즉 노동자가 많이 필요하지 않게 된 상황에 있는 것이다. 노동자가 많이 필요한 상황에서는 노동자를 비정규직으로 채용할 경우, 다른 기업으로 이직할 가능성이 높아지기 때문에 그 위험성을 줄이고자 정규직 노동자를 채용해 직장에 붙잡아 두려는 경우가 더 많이 나타난다. 하지만 현재는 사람이 남아도는(사람에게 이런 표현을 써야 하다니!) 상황이므로 사람에 대한 고려가 없는 경제 시스템을 유지해도 별 문제가 안 된다.

노동 공급이 노동 수요를 초과하는 현실에서 비정규직으로라도 일하겠다는 사람이 널려 있는데 정규직 노동자를 채용할 기업은 별로 없다. 장기적인 안목으로 정규직 노동자의 생산성이 비정규직 노동자의 생산성을 앞지른다는 사실을 염두에 두고 회사를 경영하는 기업이 아니고서는 정규직 채용에 관심을 두지 않는 것이 현실이다. 오늘날 대부분의 기업들은 정규직과 비정규직의 비율을 어떻게 조정

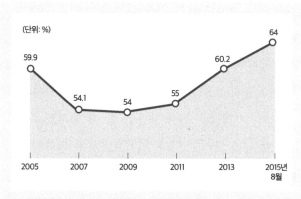

(단위: %)

59.9
54.1
54
55
60.2
64

2005   2007   2009   2011   2013   2015년
                                             8월

신규 채용되는 전체 청년 노동자 가운데 비정규직 노동자가
차지하는 비율. (출처: 한국노동연구원)

해야 정규직 노동자가 비정규직 노동자를 잘 통제하면서 일하게 해
전체 이익을 높일 수 있을까만 고민한다. 그래서 이미 정규직으로 뽑
힌 직원들에게도 정리해고 가능성을 들먹이며 과도한 일을 시키고,
신입 직원들은 비정규직으로 뽑아 고용을 유지하는 데 따르는 부담
을 줄이려고 한다. 나아가 정규직 전환을 바라는 비정규직 노동자들
의 충성심을 활용해 업무 효율성을 더 높이려는 기업들도 있다. 이러
한 시대의 흐름 때문에 지금 20대들이 비정규직으로 내몰리게 된 것
이다. '세대 착취'라는 표현이 과하지 않은 이유다.

　자, 지금까지의 이야기를 정리해 보자. 노동의 수요가 점점 줄어
들면 당연히 '사람값'(이렇게 적나라하게 표현할 수밖에 없는 현실이 아닌가!)
이 싸게 매겨질 것이다. 앞서 말했듯 비정규직으로 일을 시켜도 일하
겠다는 사람이 넘치는데 기업으로서는 굳이 정규직을 뽑을 이유가
없는 것이다. 물론 장기적으로는 정규직으로 일하는 사람들이 더 생
산성을 높인다는 보고가 있지만, 지금 당장 가시적인 이익을 올려야

하는 주주 자본주의하에서는 인건비를 줄이는 방법이 가장 손쉬운 선택일 것이다. 인력 감축을 하는 경우에도, 이전보다 더 많은 노동을 해야 하는 남은 노동자들이 "이렇게 노동 강도가 강해서는 도저히 일 못한다"라고 항변하는 것이 아니라 "잘리지 않으려면 목숨 걸고 일해야 해"라고 생각할 수밖에 없는 게 현실이니 말이다. 이런 추세이기 때문에 유럽에는 1,000유로 세대가, 우리나라에는 88만원 세대가 도래한 것이다.

그런데 이 88만원 세대의 문제가 지속되면 경제는 어떻게 될까? 저임금 비정규직 노동자들은 기회만 되면 높은 임금에 정규직 자리를 주겠다는 다른 직장으로 옮겨 가려 할 것이다. 그렇게 되면 현재 있는 일자리에 충실하기보다는 다른 직장에 어떤 일자리가 나는가를 살피는 데 더 많은 에너지를 쓰게 된다. 업무 효율성이 저하될 여지가 생기는 것이다. 이런 이유로 기업의 장기적 발전이나 생산성을 고려하면 비정규직 노동자를 쓰는 것이 별로 이득이 아니라는 말이 나오는 것이다. "앞으로는 남고 뒤로는 밑진다"라는 표현이 딱 들어맞는 상황이다.

기업들이 지금의 추세대로 연구 개발을 하기보다 손쉽게 인건비를 줄이고 협력 업체를 쥐어짜서 효율을 높이려 한다면 점점 더 많은 사람들이 비정규직으로 내몰릴 것이고, 비정규직으로 내몰린 사람들은 구매력이 없으니 경기는 하강 국면에서 벗어나기 어렵게 될 것이다. 기업들 역시 모든 직원들이 비정규직이 되면 기업에 충성을 다할 사람이 아무도 없게 될 거라는 사실을 잘 알고 있다. 그래서 아주 충성스러운 소수만을 정규직으로 뽑고 그 직원들이 나머지 비정규직 노동자들을 통제하도록 종용한다. 그러나 이러한 상황이 계속되면 경제도 기업도 발전하거나 오래 존속하기 어려울 것이다. 기업이 만든 상품을 비정규직 노동자와 실업자도 사 주어야 기업이 매출을 유지할 수 있을 테니 말이다. 경제적 빈곤층의 구매력을 지나치게 낮춰 놓으면 경제 자체가 제대로 돌아가지 않는다. 지금 시스템은 '너 죽고 나 살자'식으로 나아가고 있지만, '너 죽으면 나도 죽는다'가 진실이다. 때문에 이 문제에 대해서는 사회 전체적인 차원에서의 고민과 결단이 요구된다.

지금의 경제 시스템은 모두에게 바람직하지 않은 방향으로 나아가고 있다. 인력 감축은 당장은 가시적인 성과를 가져오지만 장기적으로는 경기 하강을 가져올 것이기 때문에 매우 위험하다. 시장 경제 시스템은 자본을 가진 개인의 이익을 중심으로 움직이는 시스템이지 사회 전체의 이익을 고려하는 시스템이 아니다. 따라서 이른바 '목초지의 비극' 문제가 발생할 수 있다. 공유 목초지가 있다고 하자. 이 목초지에서 장기적으로 풀을 얻으려면 어린 풀은 베면 안 된다. 그러나 당장의 자기 이익만을 생각한다면 어린 풀이든 다 자란 풀이든 무조건 다 베다가 자기 소에게 먹이면 된다. 지금 자본주의 시스템은 이러한 문제에 봉착해 있다. 자본가 개인에게는 이익이지만 전체 사회에는 손해가 되는 일이 공공연히 행해지고 있는 것이다(물론 장기적으로 보면 기업에도 불이익이다). 지금 우리 사회에서는 이렇게 사회의 앞날이나 미래 세대에 대한 배려 없이 당장의 자기 이익만 우선적으로 고려하는 태도가 경쟁력 있는 태도로 숭상되고 있다.

이러한 추세에서 어쩔 수 없이 많은 20대 젊은이들이 낮은 보수로 주차 관리나 서빙 등 발전 가능성이 없는 일을 하면서 하루하루를 보내고 있다. 너무 소모적이고 발전의 여지가 없는 일을 할 경우 보수라도 많이 받게 하면 좋겠다는 생각은 말 그대로 절대 실현 불가능한 이상일 뿐이다. 이러한 상황에서 새로운 가치를 생산하는 일도 아니고 스스로 즐기는 일도 아닌 일을 생존을 위해서 해야 하는 사람들이 소외를 느끼지 않을 방법은 없다. 더군다나 '너는 학력이 달리니까, 외모가 떨어지니까, 부모의 든든한 배경이 없으니까 이런 일을 하는 것이 당연하다'는 메시지마저 횡행하는 현실에서야 말해 무엇하겠는가.

현대인이 처해 있는 소외 상황

현대인은 존재 방식과 관련해서 이미 사회적으로 규정된 답을 가지고 있다. '돈을 벌어야 한다'는 것이다. 그런데 돈을 번다는 것은 삶의 수단이 될 수는 있어도 본래적인 목적은 될 수 없다. 게다가 돈을 어느 정도 벌어야 만족할 수 있는가에 대한 기준이 정해져 있지 않기 때문에, 돈을 많이 번 사람들도 가진 돈에 만족하며 살기보다는 번 돈을 어떻게 굴려야 더 큰 돈을 벌 수 있을까를 고민하며 산다. 현대인의 삶이란 경제 활동을 하기 전에는 돈을 잘 벌 수 있는 사람이 되기 위해 노력하고, 경제 활동을 하고 나서부터는 돈을 많이 벌기 위해 그리고 그 돈을 잘 관리하기 위해 노력하는 삶이라 해도 과언이 아니다. 현대 사회가 현대인에게 요구하는 것은 한마디로 '인간 금고로 사는 것'이다. 평생을 돈을 벌고 모으고 관리하는 일에 바치는 삶

말이다. 그런데 문제는 현대인들이 돈을 벌면서도 충족감을 느끼지 못한다는 것이다. 돈을 못 버는 사람은 빈곤감에 소외를 느끼고, 돈을 버는 사람은 버는데도 충족되지 않는다는 느낌 때문에 소외를 느낀다.

인간 금고로 살아야 한다는 지상 명령은 가족 간의 소외까지 낳는다. 자녀는 자녀대로 경제적 뒷받침을 해 줄 수 있는 부모를 원하고, 부모는 부모대로 경제적 뒷받침을 할 수 있게 성장할 자녀를 기대한다. 부모는 자녀에게 얼마나 사랑하는지 말할 새도 없이 자녀의 학원비를 벌러 다녀야 하고, 자녀는 부모에게 얼마나 존경하는지 말할 새도 없이 공부와 일에 치여 산다. 자녀는 자녀대로 좋은 대학교에 진학하지 못하면 부모가 자신을 사랑하지 않게 될 것이라고 믿고, 부모는 부모대로 진학에 뒷받침이 되지 못하고 좋은 짝을 만나게 해 줄 만한 경제적 능력을 갖추지 못하면 자식 앞길을 막는 부모가 될 것이라 생각하며 괴로워한다. 돈 버는 데 도움이 되지 않는 가족이나 친구는 짐처럼 여겨지고, 돈 버는 데 도움이 되는 사람은 소위 '인맥 쌓기'의 주요 대상이 된다.

현대인들이 느끼는 소외는 이처럼 살기 위해 돈을 버는 것이 아니라 돈을 벌기 위해 살게 되는 현실에서 비롯된다. 사랑도 우정도 돈과 교환될 수 있을 것만 같은 사회에 살면서 사람들은 자연히 소외를 느낀다. 문제는 여기에 있다. 인간 금고가 될 것을 종용하는 사회의 요구를 지상 명령으로 받아들이고 또 그렇게 살면서도 그런 자신, 그러니까 인간 금고인 자신에게 만족하지 못한다는 점에 말이다. 늘 소외감을 느끼고 그 소외감은 공허감이나 고독감으로 드러난다. 현대인들이 일상생활에서 경험하는 이러한 심리적인 불안은 노동 사회의 구조로부터 발생하는 피할 수 없는 현상이라는 것이 전문가들의 진단이다.

인생 전체를 실업자가 되지 않기 위한 몸부림으로 채워야 하는 현대인들은 "내가 무엇을 하고 싶은가?"보다는 "내가 무엇을 해야 먹고살 수 있을까?"를 고민하며 산다. "이 사회 내에서 내가 내 역할을 찾을 수는 있을까?" 하는 불안 때문에 자신의 정체성조차 찾지 못한 채 방황한다. 내가 누구인가를 묻는, 인생의 가장 기초적인 물음조차 사치로 여기며 취업에 필요한 지식으로만 자신을 채워야 하는 상황이니 자신의 정체성을 찾을 수 없는 것은 어찌 보면 당연한 일이다.

현대인들은 자신이 어떤 물건을 사고 싶은지는 알지만, 자신이 어떤 사람이 되고 싶은지는 알지 못한다. 자신들이 느끼는 감정이 무엇인지는 제대로 알지 못하면서 뭔지 모를 막막한 공허감과 고독감을 이기기 위해 SNS를 하고 메시지를 보내고 전화를 한다. 공허감을 채우기 위해 소비하고 고독감을 떨치기 위해 만남을 갖는 것이다. 물론 그것들이 그렇게 채워지지 않는다는 사실을 스스로도 잘 알고 있다. 때로는 채워질 수 없다는 사실을 자각하지 않기 위해 남들이 몰두하는 일에 똑같이 몰두해 버리기도 한다. 그래도 공허감과 고독감에서 벗어나지 못해 아예 무감각하고 느낌이 없는 상태에 처하기도 한다. 심리학적으로 볼 때 무감각하거나 느낌이 없는 상태는 스스로 마음속에 있는 불안을 느끼지 않기 위해 방어하고 있는 상태와 같다. 불안을 감당할 수 없으니 불안을 느끼는 센서를 약화시키는 것이다.

소외된 채 살면서도 소외되어 있다는 사실조차 의식하지 못하는 것이 오늘날 현대인의 상황이다. 불안하고 고독하고 공허하지만 어떻게 해야 그 감각을 극복할 수 있는지는 알지 못한다. 공허감에 빠진 사람은 자신이 해결할 수 없는 문제의 실마리를 제3자가 제공해 주기를 바란다. 그럴 수 없는 경우라면 자기가 홀로 있지 않다는 위안이라도 얻고자 한다. 혼자 있기가 두려워 다른 사람과 더불어 있기를 바라게 되는 것이다. 텅 빈 마음을 다른 사람이나 물건으로 채우고 싶어하는 것이 현대인의 전반적인 특징이다. 하지만 또 다른 공허감에 시달리는 사람에게 기대서 자신의 공허감을 해소시키려는 시도는 성공할 수 없다. 공허한 각각의 인간은 자신의 텅 빈 내면 때문에 타인의 텅 빈 내면을 들여다보거나 돌볼 여유가 없기 때문이다. 내면에 공허를 안고 있는 사람은 사랑을 받으려고만 하지 사랑하는 방법은 알지 못한다. 때문에 사랑하는 데도 실패하고 만다.

공허감은 고독감도 동반한다. 그러나 공허, 불안과 달리 죽을 수밖에 없는 인간에게 고독감은 운명과도 같다. 인간은 고독감을 친구처럼 여기면서 자기 스스로를 대면할 수 있어야만 진정한 자신으로 존재할 수 있다. 고독감을 외면하려고만 애쓰면 고독감을 회피하는 데 너무 많은 에너지를 쓰게 되어 자신의 내적인 잠재력이나 삶의 방향에 대한 통찰력을 계발할 수 없게 된다.

실존과 소외의 극복

우리가 공허에 시달리는 근본적인 이유는 무엇일까? 온갖 것에 불안해하며 남들의 기준, 사회적 기준을 받아들이고 그 기준에 도달하기 위해 애쓰는 이유는 무엇일까? 여러 가지 이유가 있겠지만, 가장 근본적인 이유는 우리가 자기 자신으로 살지 못하고 있기 때문이다. 오롯이 자기 자신으로 살면 타인의 시선에 매이지 않을 수 있는데, 충분히 자신으로 살지 못하기 때문에 타인의 인정을 획득하는 일에 지나치게 종속되는 것이다. 내가 나로서 자신의 가능성을 충분히 발현하며 살면, 즉 자아실현을 하면 타인이 나에 대해 뭐라고 말하든 신경 쓰지 않을 수 있다. 그러나 자신의 내면이 자신을 승인하지 못하면 자신에 대한 타인의 평가에 지나치게 많은 신경을 쓰게 된다.

세상의 기준에 도달해도 충족감을 느끼지 못하는 이유는 모든 인간에게 '본래적으로 존재하고 싶은 욕구'가 있기 때문이다. 인간은 자기만의 고유한 삶을 살고 싶어하는 존재다. 다시 말해 타인의 기준을 좇는 삶으로는 자기 충족감을 느낄 수 없는 존재다. 하지만 그러한 자신을 인식하지 못하고 타인의 기준에 맞춘 삶을 살게 되기가 훨씬 쉬우며 그 때문에 문제가 생긴다. 인간은 늘 자신의 존재를 문제삼기 때문에 소외에 처하면 심각한 고통을 느끼게 된다. 바로 이 '자신의 존재를 문제 삼는 것'이 실존적 특성이다. 인간은 자신의 현재 존재 방식에 의문을 품고 새로운 존재 방식을 모색하면서 존재를 고양하고자 하고 그렇게 진정한 자기를 발견하고자 한다.

인간은 자기다운 일을 할 때 비로소 노동 소외도 겪지 않고 타인의 시선에 얽매이지도 않게 된다. 자기가 하고 싶고 또 자신의 가능성을 실현해 주는 일을 할 때는 피곤함을 별로 느끼지 않는 반면 타인이 시켜서 억지로 하는 일을 할 때는 간단한 일인데도 대단히 힘들어지는 것이 바로 이 때문이다. 어떤 일을 시간 가는 줄 모르고 하고, 하고 난 다음에는 성취감이 뿌듯하게 밀려온다면 그 일이야말로 자신의 가능성을 잘 실현시켜 주는 일이라고 생각하면 된다(그러나 어떤 일을 시간 가는 줄 모르고 했는데 일을 마친 후에는 공허감이 밀려온다면 그것은 중독 현상이다). 자신의 가능성을 충분히 발현하면서 사는 것을 '본래적으로 사는 것'이라고 한다. 인간은 자신의 본래적 가능성을 실현해야 소외를 느끼지 않을 수 있다.

본래적 가능성을 실현하기 위해서는 먼저 내가 누구인지를 알아야 한다. 그런데 이 '내가 누구인지를 알아 가는 과정'이 결코 쉽지 않다. 타인에 대해서는 객관적으로 인식할 수 있지만 자신에 대해서는 그럴 수 없는 것이 인간 존재의 한계이기 때문이다. 자신을 인식하려면 성찰의 노력을 상당히 많이 기울여야 한다. 그리고 성찰의 노력의 출발점이 되는 통찰은 인간 삶의 근본 조건에 대한 통찰이다. 인간 삶의 근본 조건, 곧 실제의 인간 존재가 처해 있는 현실적 조건을 '실존적 조건'이라고 한다. 인간이 처한 실존적 조건은 인간이 살아가는 과정이 곧 죽어 가는 과정이라는 것이다. 실존철학자 마르틴 하이데거Martin Heidegger는 인간을 "죽음에로 향해 있는 존재"라고 말한 바 있다. 인간은 실존적 조건에 대해 통찰하고 실존적 조건을 수용해야만 자신의 존재 전체를 성찰할 수 있는 힘을 갖는다. 죽음을 회피하고서는 타인의 시선에 얽매이는 마음에서 빠져나오기 어렵고 타인의 인정을 추구하게 되기 때문에 공허감과 고독감을 더욱 크게 느끼게 된다. 실존적 조건을 수용해야 한다는 사실을 인식하고 수용하려는 노력을 할 때, 비로소 있는 그대로의 자신을 만나는 여정을 시작하는 출발점에 선 것이라 할 수 있다.

자기 자신으로 살기 위해서는 실존적 조건을 수용하면서 "죽어 가는 과정인 인생을 어떻게 살고 싶은가?"를 스스로에게 끈질기게 물어야 한다. 그래야 자신은 어떤 사람이고, 어떻게 살고 싶은가에 대한 답을 얻어 가는 과정으로서의 인생을 살 수 있다. 삶을 이 물음에 대한 답을 구해 가는 과정으로 만드느냐, 이 물음을 회피하는 과정으로 만드느냐는 각자의 선택에 달려 있다. 그리고 이 물음에 대한 답을 구해 가는 과정으로 살면 실존적으로 사는 것이 되고, 이 물음을 회피하는 과정으로 살면 실존적으로 살지 못하는 것이 된다. 자신이 누구이고 어떤 삶을 살고자 하는가를 스스로 묻고 그 답을 찾으며 살아가다 보면 점점 그 답에 가까이 가게 되고, 그 물음을 회피하는 삶을 사는 경우보다 자기 자신을 더 많이 알게 된다. 나아가 보다 더 자기 자신으로 살게 된다.

실존철학자 칼 야스퍼스Karl Jaspers는 "인간은 알 수 없는 심연이며 밝혀지지 않은 근원을 가지고 있다"라고 했다. 인간은 아직 완결되지 않은, 되어 가고 있는 존재이기 때문에 자기 자신을 완전히 객체처럼 객관화해서 파악할 수 없다. 그러나 실존적으로 살고자 하는 인간, 즉 '죽을 인생'을 어떻게 살아야 하는지를 진지하게 물으면서 사는 사람은 무엇이 자신을 자기답게 하는지를 조금씩 알아 가게 되고, 그 과정에서 자기 자신을 만드는 마음속 진짜 힘의 원천(야스퍼스가 말하는 "밝혀지지 않은 근원")을 찾게 된다. 마음속 진짜 힘의 원천, 즉 실존적 근원의 소리에 따라 사는 경우를 두고 "본래적인 가능성을 펼치며 산다", "본래적으로 산다"라고 표현한다. 인간은 자신의 본래적인 가능성이 펼쳐지는 상황에서는 설명할 수 없는 뿌듯함을, 그 가능성이 차단되는 상황에서는 '이게 아닌데'하는 불안감을 느낀다.

삶이 실존적 근원의 소리에 따라 나아가고 있을 때는 경제적으로 어려워도 (그렇지 않은 경우에 비해) 그 어려움을 잘 참을 수 있다. 즉 본래적인 가능성을 펼치면서 살 때는 경제적 어려움으로 인한 고통을 상대적으로 덜 느끼게 된다. 자신의 삶 자체에 만족하게 되기 때문이다. 경제적인 것보다 더 중요한 삶의 의미가 충족되기 때문이다. 그러나 현대인들 대부분은 실존적 근원의 소리를 외면하며 사는 데 익숙해져 있다. 죽음에 대한 두려움 때문에 좀처럼 실존적 근원을 직면하지 않는 것이다. 실존적 근원의 소리를 외면하며 살다 보니, 가령 당장의 쾌감을 주는 상품을 구매할 수 있는 돈을 버는 일에만 집중하며 산다. 소비를 할 수 없는 상황에 처하면 공포를 느낀다. 이런 문제는 모두 본래적으로 살지 못해 생기는 현상이다. 본래적으로 살면 상품으로 자기를 치장하지 않는다. 무엇이 가장 중요한지, 어떤 때 자신이 '진짜 나'인지 알기 때문에 과시욕에 빠지지 않는 것이다.

인간은 설령 어려움이 있더라도 자신이 자신을 결정하는 삶을 살 때 행복할 수 있는 존재다. 타인이나 사회가 결정해 주는 삶을 살면서는 행복할 수 없다. 인간 금고로 살라는 세상의 명령에 따라 살면서는 궁극적인 행복을 얻을 수 없으며 실존적으로 살아야 행복하다. 죽음을 향해 가는 삶을 어떻게 살 것인지를 진지하게 고민할 때에야 비로소 타인의 말에 휘둘리지 않는, 자신이 자기 삶의 주인이 되는 삶, 즉 실존적인 삶을 살 수 있다.

앞에서 살펴보았다시피 현대인들에게 소외감을 안겨 주는 경제 현실은 내밀한 사적 영역인 연인, 부부, 가족 관계에도 영향을 미친다. 그런데 실존적 조건에 눈뜨면 이런 소외의 문제도 달리 볼 수 있게 된다. 실존적 물음을 던지지 않으며 사는 사람은 이런 경제 현실에서 어떻게 살아야 상층민으로 살 수 있을지를 고민하지만, 실존적 물음을 던지며 사는 사람은 인간의 소외를 불러일으키는 사회 문제 자체를 고민하며 산다. 내가 소외되지 않는 것만 중요하다고 생각하면 '사회·경제적으로 성공을 거두는 방법'이 인생의 화두가 되지만, 나뿐만 아니라 모두가 소외되고 있다는 사실을 통찰하면 '인간을 소외시키는 근본 현실의 문제'를 진지하게 고민한다.

실존적 근원의 소리에 따라 살면 자기 삶의 문제에만 매몰되지 않고 타인의 삶에도 눈을 돌릴 수 있게 된다. 나의 소외에만 집중하느냐, 아니면 타인의 소외에도 집중하느냐, 다시 말해 모두가 소외된다는 사실을 지각하고 그 조건을 어떻게 극복할 것인가를 고민하는 데까지 나아가느냐의 차이는 매우 크다. 실존적 조건을 수용하지 않으면 자신의 소외에만 집중할 가능성이 커지지만, 실존적 조건을 수용하면 자신만이 죽어 가는 것이 아니고 인간 모두가 그 위험에 처해 있다는 통찰에 이르게 돼 자신의 소외에만 집중하지 않게 될 가능성이 높아진다. 원래 인간이라는 존재는 타인과 관계를 맺으면서 자신이 존재한다는 것을 경험한다. 때문에 자기와 관계 맺는 타인이 전혀 없을 때는 자아가 상실되는 것 같은 느낌에 시달리게 된다. '나'라는 의식도 타인과의 관계 속에서 가질 수 있는 것이다.

삶의 의미는 자기 자신의 욕구를 실현하면서가 아니라 타인과 더불어 사는 데서 충족된다. 인간은 자신만을 위하는 삶에서는 의미를 느끼지 못하는 존재다. 타인과의 관계에서 오는 행복이 인간을 가장 행복하게 한다. 이것은 마치 밥을 먹으면 배가 부른 것처럼 그냥 인간이 그렇게 느끼게 되는, 인간에게 주어진 자연적 사실이다. 그래서 인간다움과 자기다움은 불가분의 관계에 있다. 인간답지 않으면서 자기다울 수는 없다. 인간다움과 자기다움은 동시적으로만 추구할 수 있다. 앞에서 말한 '본래적 가능성을 실현하며 산다'는 것은 결국 자기답게 산다는 것을 의미한다.

앞서 한 이야기를 다시 한 번 생각해 보자. 세상에는 지구 위 모든 사람들을 먹여 살릴 수 있는 농작물과 모두의 필요를 충족시켜 줄 수 있는 생산물이 있는데, 누군가는 너무 많은 물질에 마음이 뺏겨서 자기 자신으로 살 수 없고, 누군가는 너무 없어서 고통을 당한다. 이런 현실에서는 인간다움도 자기다움도 실현하기 어렵다. 실업의 문제, 비정규직의 문제 모두 '나만은 실업자가 되지 않으리라, 나만은 비정규직이 되지 않으리라'는 생각에만 매몰되어서는 해결할 수 없는 문제들이다. 실존적 조건을 수용하면서 자신의 소외에만 집중하지 않는 사람들이 연대를 통해 극복 방법을 고민하는 과정에서 해결할 수 있다.

나 자신은 '찾아 나가는 동시에 만들어 나가야 하는 그 무엇'이다. 실존적 자각을 통해 실존적 근원의 소리를 차분히 들을 수 있어야 한다. 그리고 그 소리에 따라 자기다운 것이 무엇인지 찾으며 살아야 한다. 자기답게 살자. 자기답게 산다는 것이 무엇인지 늘 찾으며 자기다움을 형성하며 살자. 또한 사회 구성원 모두가 인간답게 살 수 있는 토대를 마련하는 일이 나 자신을 자기답게 만드는 일과 무관하다는 생각에서 벗어나자. 사회 구성원 모두가 인간답게 살 수 있는 토대가 마련되지 않고서 그 사회에서 살아가는 개인이 자기답게 살기는 어렵다. 나 자신이 자기답게 사는 일과 사회 구성원이 인간답게 살 수 있는 토대를 구축하는 일은 동시에 진행되어야만 한다. 사회 구성원이 인간답게 살 수 있는 토대를 구축하는 일을 외면하면서 진정으로 자기답게 살 수는 없다. 소외되지 않고 존재 가치를 고양하면서 사는 것이 인간이 본래적으로 원하는 것이다. 그리고 이는 실존적으로 살면서 인간다움과 자기다움을 동시에 추구하는 것을 통해서만 가능하다.

생각해 볼 문제

1. 이른바 '사람값'은 정말 노동 수요와 노동 공급의 교차점에서 결정되어야만 하는 것일까? 희소성이 있는 노동은 지나치게 평가 절상되고, 희소성이 없는 노동은 지나치게 평가 절하되는 현상이 나타나고 있다. 인기 연예인은 희소성 때문에 일반 서민들의 연봉도 넘는 액수를 하루 만에 벌지만, 누구나 할 수 있는 계단 청소를 하는 사람은 생존을 보장받기에도 부족한 월급을 받고 있는 것이 현실이다. 하기 힘들고 보람을 느끼기 어려운 일을 하는 사람에게는 오히려 경제적 보상을 더 해 줘야 하는 것 아닐까? 이에 찬성하는가 반대하는가? 자신의 입장을 정립해 보자.

2. 지금의 경제 시스템은 누군가는 꼭 실업자가 되어야 유지되는 시스템이라는 데 문제가 있다. 한쪽에서는 과로사를 하고 한쪽에서는 실업 문제로 괴로워해야 하는 상황을 어떻게 해결하면 좋을지 논의해 보자.

3. 비정규직 확대가 사회적으로 어떤 결과를 초래할 것인지를 정리해 보고, 비정규직 노동자가 겪는 소외에 대해 생각해 보자. 그리고 비정규직의 비율이 높아질 수밖에 없는 경제 흐름을 바꾸려면 어떻게 해야 할지 논의해 보자.

4. 내가 개별적으로 겪는 소외와 내가 속한 세대가 공통으로 겪는 소외에는 각각 어떤 것들이 있을까? 내가 겪는 소외와 내가 속한 세대가 겪는 소외를 극복하기 위해서는 어떤 노력을 해야 하는지 논의해 보자.

5. 돈을 벌기 위해 사는 것이 아니라 살기 위해 돈을 버는 것이고, 일을 하기 위해 사는 것이 아니라 살기 위해 일을 하는 것인데, 현대인들의 삶은 본말이 전도된 경우가 많다. 돈을 벌기 위해 사는 것과 살기 위해 돈을 버는 것, 일을 하기 위해 사는 것과 살기 위해 일을 하는 것은 어떻게 다를까? 왜 돈을 벌기 위해 살아서는 안 되고, 일을 하기 위해 살아서는 안 되는지 논의해 보자. 현대에서 실존적으로 산다는 것은 어떤 모습일지 생각해 보자.

참고문헌

롤로 메이, 《자아를 잃어버린 현대인》, 백상창 옮김, 문예출판사, 2015.
박은미, 《진짜 나로 살 때 행복하다》, 소울메이트, 2013.
O. F. 볼노우, 《실존철학 입문》, 최동희 옮김, 간디서원, 2006.

장 베르트랑 아리스티드, 《가난한 휴머니즘》, 이두부 옮김, 이후, 2007.

우석훈·박권일, 《88만원 세대》, 레디앙, 2007.

이서규, 《삶과 실존철학》, 서광사, 2002.

장하준, 《나쁜 사마리아인들》, 이순희 옮김, 부키, 2007.

빅토르 E. 프랑클, 《삶의 의미를 찾아서》, 이희재 옮김, 출판트러스트, 2015.

프리츠 하이네만, 《실존철학》. 황문수 옮김, 문예출판사, 2009.

마크 허만, 〈브래스드 오프〉, 1996.

스티븐 달드리, 〈빌리 엘리어트〉, 2000.

국가와 민주주의에 관한 성찰

김성우

국가의 이중적 기능과 정치 체제의 분류

　미국의 진화생물학자 재러드 다이아몬드Jared Mason Diamond의 《총, 균, 쇠》에 따르면 중앙집권적으로 통치되는 모든 불평등 사회에는 공통적으로 존재하는 딜레마가 있다. 불평등 사회는 개인이 할 수 없는 대규모 토목 공사나 치수 사업을 성공적으로 해낼 수 있지만, 동시에 귀족이 평민을 착취하는 것을 허용하는 도둑 정치의 기능도 한다. 이것이 딜레마인 이유는 공공사업이라는 좋은 기능과 착취와 억압이라는 나쁜 기능이 서로 분리되지 않고 얽혀 있기 때문이다.

　역사적으로 보면, 20~30명 안팎으로 이루어진 유동적인 무리 band 사회나 이보다 더 큰 규모로 정착 생활을 하던 혈연 중심의 씨족 사회가 국가로 이행한 것은 본격적인 의미의 중앙집권적인 계급 불평등 사회의 출현이라고 볼 수 있다. 씨족 사회로부터 국가로의 진행은 수장首長 사회를 거쳤을 것이다. 수장 사회는 평등을 원리로 하는 씨족 사회와 달리, 국가와 마찬가지로 계급 분화와 권력의 독점이 시작된 사회로 알려져 있다.

　다이아몬드 역시 중앙집권적 불평등 사회가 무리 사회와 씨족 사회가 아닌 수장 사회에서 역사상 처음으로 출현했다고 보았다. 수장은 기본적으로 무력을 독점해 공공질서를 유지하고 개개인의 폭력을 억제해 구성원의 안전과 평화를 보장하는 방법으로 권력을 유지했다. 또한 정신적으로 수장의 권위를 강화하기 위해 일종의 종교 제도화를 시작했다. 그러면서 정치적 지도자 역할 외에 제사장 역할을 맡기도 했고 별도로 사제司祭를 두기도 했다. 또한 신전 건설과 같은 공공 토목 사업에도 많은 물자를 투자했다. 종교는 이렇게 착취, 즉 부의 이전을 정당화하는 역할을 했다.

여러 개의 수장 사회가 모이면 대大수장 사회가 출현한다. 그리고 대수장 사회 여러 개가 정복과 연합을 통해 합쳐지면 국가로 발전한다. 이런 대수장 사회를 동양에서는 '가家'라고 불렀고 그곳에서 대수장은 가부장이 되었으며 대수장이 사는 곳은 도시로 발전했다. 도시는 대규모 공공 토목 공사를 시행했고 정치적 지배자의 궁전을 지었다. 공물이나 조세를 통한 자본의 축적이 일어났으며 식량 생산자 이외의 인구가 집중되기도 했다.

국國은 여러 가家들의 결합체다. 그래서 국가國家라는 말이 탄생한 것이다. 국가는 단순한 결합체이기보다는 초월적인 원리(하늘의 피, 신의 뜻)의 도입 아래 하나가 된 결합체다. 고구려는 다섯 개의 대수장 사회, 즉 오가五加가 모여 이루어진 국가다. 국가에서 최고 대수장은 칸, 즉 왕이 되었고 국가의 기반이 닦이면 단순히 대수장 가운데 한 명이 아닌 초월적 존재가 되어 세습 체제를 형성했다. 나아가 전국을 통일적으로 다스리는 율령 체계를 반포했고 제도화된 종교를 공인했다.

국가에는 이렇게 세습적 정치 지도자인 왕이 존재했다. 왕은 권력과 정보를 독점했다. 그러면서 중앙의 통제가 광범위해졌고 경제 통제와 조세(재분배)의 범위가 넓어졌으며, 경제적 전문화가 심화되어 신분이 나뉘어졌다. 경제적 전문화와 공공 토목 공사로 더 많은 노동력이 필요해지자 노예제의 규모도 커졌고, 전쟁의 규모와 횟수도 늘어났다. 자연히 포로도 늘었다. 행정 단계 또한 복잡해지기 시작해 중앙 관료 집단이 형성되었으며 기능과 직급이 비약적으로 늘기 시작했다. 국가 내부의 갈등 해결은 법률 공포와 사법제도 및 경찰 등으로 공식화되었다(이는 문자가 생겨나 문자를 아는 사람들이 늘어 간 것과 비례한다). 표준화된 국교와 신전이 갖추어졌다. 초기 국가의 왕들은 대大제사장을 겸해 신정神政 정치를 펼쳤다. 고조선의 단군이 대표적인 예다.

초기 국가는 수장 사회 수준의 혈연 중심이 아니라 일종의 정치적 결사체의 결합으로 이루어졌다. 다시 말해 국가는 융합이나 정복으로 형성되었으며 여러 언어를 사용하는 여러 부족으로 구성됐다. 중앙 관료들도 혈연 관계에 있는 사람이 아닌 전문가로 훈련된 사람들로 충원됐다. 심지어 공화국이 등장해 정치 지도자의 세습이 좌절되기도 했다. 국가에서 제도화된 종교는 착취를 정당화하는 것 이외에도 친족 관계를 넘어 사람들의 유대 관계를 증진시켜, 서로 적대시하거나 죽이는 일을 저지시켰으며 종교를 위해 목숨까지 바칠 동기를 부여했다. 종교적인 애국심으로 무장된 전사들은 자살특공대 같은 극단적인 전투 행위를 벌였고 따라서 국가와 다른 사회가 충돌하면 국가가 이기기 마련이었다.

국가의 기원과 관련해서는 다음과 같은 질문이 관건이다. "여기저기 흩어져 있던 혈연 중심의 소규모 사회들이 친족이 아닌 이질적인 구성원들로 형성된 중앙집권적 대규모 사회를 어떻게 생성하게 되었을까?" 철학적으로 보면, 아리스토텔레스는 "인간은 정치적 존재며 국가는 자연스러운 상태"라고 말했다. 반면에 토머스 홉스Thomas Hobbes, 존 로크John Locke, 장 자크 루소Jean Jacques Rousseau와 같은 사회계약론자들은 '계약'이라는 기원을 거론했다. 하지만 두 가지 모두 자신의 현재 상태를 과거에 투사한 것이므로 역사적인 사실과는 거리가 멀다. 근대 사회계약론이 전제하는 홀로 고립된 개인들로 존재한다고 상정한 자연 상태는 이미 흄이 비판했듯이 근대적인 개인의 발명과 더불어 이 개념을 고대에 투영한 것에 불과하다. 한마디로 자연 상태는 역사적인 사실이 아니라 가설적인 허구다. 인간은 정치적 동물이라는 주장 역시 이미 국가가 성립되어 있는 역사적 상황을 반영한 것이다. 그러니 국가가 성립하기 이전에 이미 무리 사회나 씨족 사회 등이 있었다는 점을 고려한다면, 아리스토텔레스를 비롯한 여러 철학자들의 주장은 인간의 본성에 관한 형이상학적인 발언이 아니라 자기 시대의 역사적 상황에 관한 발언에 지나지 않는 것이었다.

고고학이나 역사학에서는 관개나 수력 관리, 즉 치수治水사업을 위해 대규모의 중앙집권적인 관료 체제가 필요했다는 이론을 볼 수 있다. 또한 지금은 거의 역사의 상식이 되어 버린 영국의 고고학자 비어 고든 차일드Vere Gordon Childe의 주장처럼 신석기혁명, 즉 농업혁명에 의해 잉여 생산물의 축적이 가능해졌고 이로 말미암아 계급 분화와 국가가 형성되었다는 학설도 있다. 하지만 일본의 비평가 가라타니 고진柄谷行人은 인간을 통치하는 기술인 국가기구, 상비군, 관료제, 문자와 통신 네트워크가 자연을 통치하는 기술(치수 기술)보다 역사적으로 선행해야 한다고 주장했다. 국가가 있어야 농업혁명이 가능하다는 뜻이다. 그의 주장대로라면 치수를 위해 국가가 생겼다는 설이나 신석기혁명론은 이런 점을 간과한 기술결정론에 가깝다.

한편 국가의 기원이라는 풀리지 않는 문제와는 별개로 국가에는 앞서 말한 대로 이중적인 기능이 있다. 먼저 긍정적인 기능은 무력을 독점하여 공공질서를 유지하고 구성원 간 사적 폭력을 억제해 안전과 평화를 보장하며 공공사업이나 재분배(복지) 정책을 통해 행복과 풍요를 가져다주는 것이다. 부정적인 기능은 권력의 독점과 계급 분화에 기반을 두고 수탈과 착취로 불평등을 심화하고 이에 대한 불만 세력을 지속적으로 억압하는 것이다.

이런 이중적인 기능 때문에 국가에 대해서는 다양한 스펙트럼의 견해가 존재한다. 플라톤Platōn의《국가》이후로는 "훌륭하고 바른 나라이자 정치 체제"인 "아름다운 국가kallipolis"를 추구하는 것이 정치철학의 주요 과제가 되었다. 플라톤은《정치가》에서 기존의 정치 체제politeia를 여섯 가지로 분류했다. 먼저 일인 지배, 소수 지배, 다수 지배에 따라 군주정monarchy, 과두정oligarchy, 민주정democracy으로 나누었다. 군주정은 법을 준수하는 왕정royalty과 법을 무시하는 참주정tyranny(전제정)으로 나뉜다. 과두정은 법치적인 귀족정aristocracy(최선자정)과 무법적인 금권정plutocracy으로 구분된다. 민주정은 법질서가 유지되는 민주정과 무법천지의 민주정(우민정)으로 갈라진다. 일인의 지배가 최선이자 최악이며, 소수의 지배는 차선이자 차악이다. 다수의 지배는 가장 덜 나쁘고 가장 덜 좋다. 그래서 플라톤은 일곱 번째 형태로 최선의 정체政體를 제시했다. 좋음의 이데아를 인식한 철학자, 즉 변증법가家만이 최선의 왕이며, 정치가라는 것이다. 철인왕(철학자인 왕)이 다스리는 정치 체제야말로 그가 말한 "아름다운 국가"에 해당한다.

이를 이어 받아 현대에서는 미국의 대표적인 비판적 지식인인 촘스키가 1970년 '미래와 국가'라는 강연에서 선진국이 취할 수 있는 네 가지 국가 형태를 제시했다. 자유민주주의(신자유주의), 복지국가 자본주의(사회민주주의), 국가사회주의, 리버테리언(아나키즘적인) 사회주의가 그것이다. 슬로베니아 출신 철학자이자 비평가인 슬라보예 지젝Slavoj zizek은 여기에 자유의 정치 체제(이성국가)를 덧붙였다.

현대의 다섯 가지 국가관

첫 번째로 애덤 스미스Adam Smith의 고전적 자유주의와 이를 철저하게 계승한 신자유주의의 국가관은 최소국가론이다. 일례로 오늘날 신자유주의 철학자의 대표 주자인 프리드리히 하이에크Friedrich Hayek의 스승, 루트비히 폰 미제스Ludwig Edler von Mises는《자유주의》에서 국가의 정치적 기능을 다음과 같이 말했다.

고전적 자유주의자들은 자유주의 이념의 실천과 관련해 생산수단의 사적 소유라는 기초 위에 개개인의 자유로운 선택을 보장해 주는 사회 질서 건설의 필요성을 역설했다. 그리고 그러한 사회 질서를 건설함에 있어서 경제적으로는 기업들의 자유로운 생산 활동을 보장하고 시장 기구를 통한 자원의 배분을 중시하는 자본주의제도와, 정치적으로는 국민의 기본 인권을 보장하는 입헌 대의정치 체제를 확립하는 것이 필요하다고 보았다.

신자유주의의 핵심 이념은 사적 소유권과 이러한 권리를 바탕으로 하는 개인의 자유로운 선택을 보장하는 시장 구조에 관한 신뢰다. 국가는 단지 이러한 시장 구조를 보호하는 장치라고 봐야 한다. 신자유주의자에게 국가는 경제 활동의 도구에 불과하다. 이러한 국가관은 자유민주주의 정치 체제로 실현된다. 자유민주주의에서 국가가 시장의 자유나 재산권을 보장하는 데 그치지 않고 민주적 규제나 복지 정책을 적극적으로 행한다면 이는 개인의 자유를 심각하게 침해하는 것이다. 이른바 '큰 정부'의 역할이란 그 도구적 역할에서 벗어난 월권에 해당한다.

다음으로 신자유주의적 최소국가론을 비판하며 적극적인 큰 정부를 옹호하는 복지국가론이 있다. 예를 들어 경제학자 장하준은 《그들이 말하지 않는 23가지》에서 다음과 같이 국가의 기능을 적극적으로 옹호한다.

정부는 풍요롭고 평등하며 안정적인 사회를 건설하는 데 더 큰 역할을 해야 한다. 정부가 가진 본질적인 한계, 그리고 그동안 정부의 역할을 약화시키기 위한 다양한 시도 등에도 불구하고 적어도 지금까지 고안된 제도 중에서는 민주주의 정부가 사회적으로 제기되는 여러 상충된 요구들을 조정하고, 더욱 중요하게는 사회 전체적으로 복지 수준을 향상시키는 가장 우수한 장치이다.

여기서 언급된 민주주의 정부는 복지자유주의 국가나 사회민주주의 국가 형태의 정부를 말한다. 이런 형태의 국가는 개인의 재산권보다 사회적 약자들의 생존권과 행복추구권과 같은 사회권을 우선시하므로 복지국가나 사회국가로 불린다.

그다음으로 국가사회주의와 무정부주의적 사회주의의 차이점을 이해하려면 마르크스의 관점부터 살펴보아야 한다. 카를 마르크스 Karl Heinrich Marx와 프리드리히 엥겔스Friedrich Engels는 《공산당 선언》에서 다음과 같은 이야기를 했다.

발전이 경과하면서 계급 차이들이 사라지고, 모든 생산이 연합된 개인(전국적인 연합체)의 수중에 집중되면 공공의 권력은 그 정치적 성격을 상실하게 될 것이다. 본래 정치권력이란 한 계급이 다른 계급을 억압하기 위해 조직한 폭력이다. (…) 계급과 계급 대립이 있었던 낡은 자본주의 사회의 자리에 각자의 자유로운 발전이 모두의 자유로운 발전의 조건이 되는 연합체가 들어선다.

마르크스는 계급 지배의 도구이자 착취의 근원인 기존의 국가형태를 폐지하고 새로운 연합체(코뮌) 건설을 추구했다. 이러한 견해는 '국가소멸론'이라고 알려져 있다. 토대에 해당하는 경제적인 계급 대립이 해소되면 상부구조에 속하는 국가가 자연스럽게 소멸한다고 보는 것이다.

하지만 가라타니 고진의 《세계사의 구조》에 의하면, 마르크스가 그의 주저인 《자본론》에서 국가에 관한 명확한 견해를 제시하지 않았기 때문에 그 이후의 마르크스주의자들은 비극적인 혼란을 겪게 된다. 이른바 역사유물론의 관점이 '네이션(국민이나 민족)=국가'의 능동적인 주체성을 무시한 채, 네이션=국가를 단지 관념적인 상부구조로 파악하는 경제결정론에 빠진다. 여기서 말하는 네이션=국가는 근대에 탄생한 국민국가nation-state다. 네이션은 우리나라와 같은 단일

민족만이 아니라 미국과 같은 다민족으로 이루어진 국민도 가리키는 말이다. 그래서 민족이나 국민이라고 특정해서 번역하기 어렵기 때문에 가라타니 고진은 네이션이라고 음역했다. 네이션=국가는 정치 형태이고 자본주의 체제는 경제 구조다. 자본주의라는 경제적인 토대가 정치라는 상부구조를 일방적으로 규정한다는 견해가 경제결정론이다. 실제로 경제결정론은 스탈린주의의 공식 이데올로기 중의 하나였다. 네이션=국가에 관한 잘못된 견해로 말미암아 마르크스주의 운동은 다양한 실패를 겪게 된다. 그중 대표적인 사례가 현실 사회주의 국가들이 취한 국가사회주의(스탈린주의) 형태다. 다른 한편으로는 마르크스주의에 대항하는 파시즘fascism(내셔널 사회주의)과 같은 내셔널리즘이 부상하게 되었다. 자본주의를 넘어서겠다는 현실 사회주의 운동이 결국은 네이션=국가를 해소하기는커녕 더 강화하는 결과를 낳는 역설에 직면하게 되었다.

그런데 문제는 이러한 세 가지 국가관이 현대에 와서는 모두 몰락과 위기에 봉착했다는 점이다. 우선 국가사회주의는 1980년대 말에 현실 사회주의 국가들이 몰락함으로써 대안으로서의 매력이 상실되었다. 그다음으로 사회주의와 체제 경쟁을 벌인 자유주의는 더욱 공세를 강화해서 경제적 세계화로 대표되는 신자유주의를 주창했지만, 2008년 미국 월가로부터 시작된 세계적 금융 위기와 심각한 양극화로 인해 위기에 직면하게 되었다. 그래서 신자유주의에 대한 대안으로 경제 민주화의 미명 아래 보편적 복지를 주장하는 복지국가 또는 사회국가에 대한 요구가 커지고 있다. 그러나 원래 복지국가나 사회국가가 이미 1970년대에 한계에 봉착한 까닭에 이것의 비효율성과 허약한 경제적인 기초를 비판하면서 신자유주의가 등장했던 역사적 사실을 잊어서는 안 된다. 폴란드 철학자 지그문트 바우만 Zygmunt Bauman은 《위기의 국가》에서 이런 정황을 정확히 짚어 냈다. 그가 보기에 복지국가를 비판하는 지식인들과 매스미디어에 의해 국가는 "대중들의 인식 속에서 보편적 복지의 가장 강력한 엔진에서 경제 발전을 가로막는 추악하고 기만적이고 짜증나는 걸림돌로 전락"했다.

이런 상황을 예견이라고 한 듯 네 번째로 노암 촘스키는 리버테리언libertarian◆ 사회주의를 대안으로 제시했다. 리버테리언 사회주의는 아래로부터의 민주적 조직화를 추구하는 아나키즘(무정부주의)과 평의회 코뮌주의(아우토노미아 공산주의)를 포함하는 말이다. 촘스키와 유사한 노선을 추구하는 가라타니 고진은 아나키즘이 지니는 부정적인 함의를 피하려고 마르크스의 용법을 따라 이를 '어소시에이션 association'이라고 부른다. 어소시에이션이란 스탈린식의 국가사회주의와는 달리 "각자의 자유로운 발전이 모두의 자유로운 발전의 조건이 되는 연합체"를 뜻한다.

이와 마찬가지로 동양에서도 장자가 추구하는 지덕지세至德之世의 정치는 한마디로 무치無治, 즉 무지배(아나키)다. 아나키anarchy는 부정어 아a와 지배를 뜻하는 아르키아archia의 합성어로 지배를 부정

◆　리버테리언은 원래 무정부주의자들의 용어였다. 그런데 노직과 같은 신자유주의 철학자들이 자신들의 입장을 옹호하기 위해 이 말을 차용했다. 리버테리언을 우리말로 번역할 때 이런 역사적인 연원을 고려하여 이 말이 신자유주의적인 재산권과 시장의 자유를 극단적으로 옹호하는 입장을 뜻하는 것이라고 판단한다면, 이를 '자유지상주의적'이라고 옮길 것이다. 반면에 이 말이 무정부주의적이고 지배 없는 자유를 옹호하는 것이라 판단한다면 이를 '무정부주의적'이라고 의역하거나 아예 번역하지 않고 '리버테리언'이라고 쓸 것이다. 이런 이유로 리버테리언을 무조건 '신자유주의적인 자유지상주의'라고 옮겨서는 안 된다.

한다는 의미를 지닌다. 반면에 민주주의democracy도 다수demos와 지배 kratia의 합성어로 여전히 지배의 틀에서 벗어나지 못한다. 민주주의와 아나키즘의 차이점은 실제로 그리스 아테네의 민주주의 사례에서 잘 드러난다. 아테네 민주주의는 제국주의적인 착취와 외국인, 여자, 노예에 대한 배제와 차별의 바탕 위에서만 가능한 것이었다.

그래서 현대의 아나키즘은 현 대의제 민주주의와 자유민주주의를 비판하며 분자혁명(질 들뢰즈Gilles Deleuze와 펠릭스 가타리Félix Guattari)이나 다중의 절대 민주주의(안토니오 네그리Antonio Negri와 마이클 하트Michael Hardt) 또는 어소시에이셔니즘(가라타니 고진)이나 무정부주의적 사회생태주의libertarian social ecology(머레이 북친Murray Bookchin) 및 무정부주의-생디칼리즘anarcho-syndicalism(촘스키) 등으로 전개되고 있다. 장자도 넓게 보면 이러한 무정부주의에 속한다고 할 수 있다. 다만 이러한 무정부주의와 겉모양만 유사한 변종이 있다. 극단적 자유방임을 주장하는 신자유주의neoliberalism(하이에크)나 자유지상주의libertarianism(로버트 노직Robert Nozick)는 진정한 아나키즘이 아니다. 이들은 여전히 재산권을 보호해 주는 최소 국가를 요구한다는 점에서 엄밀한 의미의 자유방임도 아니며 무정부주의도 아니다. 한마디로 장자나 촘스키 같은 아나키스트들이 보기에 신자유주의와 자유지상주의는 국가에 의한 재분배나 공익사업 등의 공공성을 배제하고 오로지 국가에 의한 안전과 안보만을 강조하면서 착취와 지배를 옹호한다. 이런 점에서 개인의 자유를 외치는 신자유주의가 공안 통치의 형태와 자연스럽게 결합될 수 있다.

그런데 지젝은 《시차적 관점》에서 아나키즘이라는 정치적 대안을 비판한다. 그가 보기에 촘스키와 가라타니 고진은 "인간의 의지와 자유가 외적으로 실현된 이념"이라고 본 헤겔의 이성국가관, 즉 자유의 체제로서의 국가관을 아예 배제하고 있다. '공적 시민의 연합'으로서 어소시에이션(아래부터의 운동)은 여전히 직접 민주주의의 직접성(헤겔식으로 표현하면 추상성)에서 벗어나지 못한다. 바뤼흐 스피노자 Baruch Spinoza에 기반을 둔 네그리와 하트의 절대 민주주의나 임마누엘 칸트Immanuel Kant에 기반을 둔 가라타니 고진의 어소시에이션이나 억압적인 국가 체제에서 벗어나려는 해방춤이기는 하지만 헤겔이 부르짖는 '자유의 체제'로의 전환이 결여되어 있다. 헤겔은 《법철학》에서 이 자유의 체제를 "이성국가"라고 불렀다. 국가는 그에게 구체적인 자유의 현실성으로서의 이성적인 것이다. 그래서 지젝은 국가에 관한 가능성과 불가능성의 경계를 다시 사유하고자 한다.

현대 자유 민주주의의 역설과 탈정치화의 문제

현재 우리나라와 미국을 비롯해 많은 국가들이 취하고 있는 정치 체제는 자유민주주의다. 이탈리아의 정치철학자인 노르베르토 보비오Norberto Bobbio의 《자유주의와 민주주의》에 따르면 자유민주주의의 역사적 기원은 다음과 같다. 원래 19세기 중엽까지만 해도 개인의 재산권과 시장의 자유를 중요하게 여기는 자유주의와 실질적인 평등을 중시하는 민주주의는 서로 갈등하고 대립했다. 역사적으로 오랜 기간에 걸쳐 양자는 격렬하게 투쟁해 왔다. 그런데 19세기에 차츰 실질적 평등이라는 이상이 형식적 권리의 평등한 투표권에 의한 절차적 이상으로 전환되면서 민주주의는 자유주의와 결합되었다.

민주주의의 정치적 형식화가 곧 자유민주주의의 탄생지인 것이다. 다시 말하면 민주주의는 자유 시장의 도구로 전락한 것이다. 이것이 현재 벌어지고 있는 "민주화 이후의 민주주의의 위기"(최장집의 동명 저서)의 본질이다. 시장으로 넘어간 권력을 이제는 정치가 통제하지 못한다는 뜻이다. 자유주의가 낳은 경제적인 문제와 사회적인 비극을 민주주의 정치가 해결하지 못한다는 말이다. 신자유주의 세계화의 시대에 정치와 국가에 대한 불신이 커져 가고 있다는 사실은 이런 민주주의의 위기, 국가의 위기를 잘 반영하고 있다.

민주주의의 위기를 넘어서 민주주의를 최악의 정치 체제로 보는 민주주의에 대한 증오가 존재한다. 프랑스의 정치철학자 자크 랑시에르Jacques Ranciere의《민주주의는 왜 증오의 대상인가》에 따르면 민주주의에 대한 혐오는 민주주의라는 말의 탄생 때부터 존재했다. 신분도 모르고 능력도 검증이 안 된 천민들의 정치라는 점에서 출신과 능력을 중시하는 자들과 신성한 법에 의지하고자 하는 자들에게는 이 말 자체가 욕이었다. 그런데 이 혐오 밑바닥에는 민주주의에 대한 두 가지 비판이 존재한다. 첫 번째 비판은 귀족과 학자 출신의 입법자들이 제시한 것으로 일종의 타협적인 성격을 띤다. 미국 헌법 초안자들은 민주주의의 한계와 균형을 잡기 위해 엘리트에 의한 통치와 소유권의 엄격한 보호를 헌법에 집어넣었다고 한다.

이러한 타협적 비판의 문제점은 이미 앞서 지적한 대로 민주주의의 형식화로의 귀결이다. 이는 곧 민주주의의 위기로 진행되며 민주주의에 대한 또 다른 비판으로 연결된다. 자본주의의 도구가 되어

버린 형식화된 제도로서의 민주주의라는 외형에는 투쟁만이 실질적 민주주의로 가는 길이 된다. 더 이상 법이나 국가의 제도 속에서는 실질적 민주주의는 실현되지 않는다.

이러한 민주주의에 대한 비판들에 맞서 랑시에르는 민주주의를 새롭게 정의한다. 그에게 민주주의는 국가 형태나 통치 형태를 가리키지 않고, 바람직한 통치의 그러그러한 원칙을 지지하리라고 예정된 환상적인 그림에 지나지 않는다. 민주적인 통치는 존재하지 않으며 실제로 존재하는 것은 과두제의 게임이다. 즉 다수에 대한 정부의 권력 행사는 언제나 소수에 의해 이루어지고 있다는 것이다.

하지만 인민의 권력은 분명히 이러한 과두제나 불평등한 국가와는 다르다. 민주주의가 의미하는 바는 이러한 인민의 권력이 사법-정치의 국가 형태를 초월하여 사유화에 반대하는 투쟁이자 공공 영역의 확대 과정인 것이다. 이는 신자유주의자가 주장하듯이 국가에 의한 사회의 식민화가 촉진된다는 뜻이 아니라 국가와 사회의 과두제적 지배의 기초가 되는 "공公과 사私의 분리"에 저항하는 투쟁을 말한다. 이는 열등하다고 여겨져 배제된 자들이 그 주체성을 자각하고 사회적 강자들의 전유물이 된 정치 공간과 사회 관계의 공공성을 이해하게 된다는 뜻이다. 결론적으로 여기서 민주주의는 국가 형태가 아니라 인민 권력(주권)으로 이해된다.

민주주의에 대한 증오나 이로 인한 정치 혐오로 인해 오늘날 시민들은 점점 더 탈정치화로 나아가고 있다. 탈정치화는 오늘날 정치적인 것의 대표적인 병리 증상이다. 랑시에르의 구분을 본받아 지젝은 정치적인 갈등의 고유한 논리(정치적인 계기)에 대한 일련의 도착증적인 부인否認, disavowal들을 다섯 가지로 분류한다.

첫째, **원형arche 정치**가 있다. 영국 철학자 알래스데어 매킨타이어 Alasdair MacIntyre나 미국 정치철학자 마이클 샌델Michael J. Sandel 같은 공동체주의자는 전통적인, 폐쇄되고 유기적으로 구조화된 동질적인 사회 공간을 제시하려고 시도한다. 이 공간은 정치적인 사건이 출현할 수 있는 틈을 주지 않는다. 신좌파적인 공화주의나 신보주의적인 공화주의 모두 이러한 원형 정치의 형태로서 타락 이전의 태고太古적인 공동체 형태에 대한 일종의 향수다.

둘째, **유사para 정치**가 있다. 절차 민주주의적인 사회계약론이 이러한 정치 형태를 잘 보여 준다. 전략적인 합리성을 강조하는 홉스적인 모델과 도덕성에 기초를 둔 보편적인 절차를 강조하는 위르겐 하버마스Jurgen Habermas 및 존 롤즈John Rawls 모델이 있다. 이는 정치를 소송 절차의 논리로 바꾸어 탈정치화하려는 시도다. 보편주의자는 정치적인 갈등을 받아들이지만 이를 대의제 공간 안에서 행정권의 자리를 일시적으로 차지하기 위한 이미 인정된 정당이나 기관들 사이의 경쟁으로 재구성한다. 이는 경쟁적인 소송 절차에 불과하며 고유한 의미의 정치로 폭발하지 못한다.

셋째, **메타meta 정치**가 있다. 경제가 정치의 메타다. 마르크스의 과학적 사회주의나 신자유주의의 과학적 경제학이 그 예다. 경제결정론을 주장하는 마르크스주의자나 공상적인 사회주의자는 정치적 갈등을 충분히 인정하지만 이는 그림자 극장에 불과하다. 여기서 사건들의 고유한 장소는 다른 장(경제적 과정)에 있다. '진정한' 정치의 궁극적인 목적은 정치가 스스로 사라지는 것이다. 이는 집단 의지의 합리적인 질서 안에서 사람에 대한 관리가 사물에 대한 관리로 변형되는 것을 가리킨다. 실제로 인간 행동을 효용 극대화라고 규정하는 신자유주의나 사회의 경제적인 토대에 의해 상부 구조를 결정하는 논리를 강조하는 마르크스주의는 모두 고유한 의미의 정치 차원을 무시한다. 이러한 무시의 결과는 억압된 정치적 차원이 다시 폭력적으로 귀환하는 스탈린주의나 파시즘과 같은 현상에서 잘 나타난다. 메타 정치의 관점에서 보면 현실 사회주의나 자유민주주의가 언제든 다시 전체주의로 돌변할 잠재성을 늘 지니고 있다는 뜻이다.

넷째로 가장 교묘하고 급진적인 버전의 거부인 **극단**ultra **정치**가 있다. 극단 정치는 랑시에르가 언급하지 않고 지젝이 만든 용어다. 이것은 나치즘Nazism과 파시즘 또는 미국의 네오콘neocons과 같은 극우 전쟁광의 테러리즘을 가리킨다. 이것은 정치의 직접적인 군사화를 통해 갈등을 극단화시킴으로써 이를 탈정치화하려는 시도다. 다시 말해 갈등을 우리와 우리의 적인 그들 사이의 전쟁으로 재구성한다. 여기에는 상징적인 갈등을 위한 공통적인 근거가 없고 지극히 자의적인 잣대가 제시될 뿐이다. 예를 들어 극우주의자는 계급투쟁이 아니라 계급전쟁 또는 인종전쟁이라고 선언한다. 모든 갈등과 투쟁을 전쟁이라는, 적에 대한 섬멸의 논리로 표현한다. 이는 극단 정치의 대표적인 증상이다.

그러나 이러한 다양한 정치의 부인조차도 지극히 정치적인 것이다. 그런데 이러한 정치를 억압하고 부인하지 않고 아예 정신병자처럼 거부foreclosure하는 형태가 있다. 그것이 마지막 다섯 번째 **탈**post **정치**다. 이는 정치를 기술관료적인 관리의 형태로 바꿈으로써 정치적인 갈등을 해소하려는 형태다. 탈정치에서는 권력을 향해 경쟁하는 상이한 정당들로 구현된 세계 이념들과 비전들 사이의 갈등이 계몽된 기술관료들(경제학자, 여론 조사 전문가 등)과 자유주의적인 다문화주의자들의 협조로 대체된다. 이해관계의 협상에 의한 타협이 보편적인 합의의 위장된 형태로 이루어진다. **탈정치는 낡은 이데올로기적 구분에서 벗어날 것을 요구한다.** 탈정치의 역설은 영국의 전 총리 토니 블레어의 좌파와 우파를 넘어서는 급진적인 중도라는 표현과 우리나라의 참여정부 시절에 언급된 좌파 신자유주의라는 말에서 잘 드러난다.

현대에서 혁명 정치는 가능한가?

국가가 갖는 이중적인 기능의 역설로 역사적으로 다양한 정치 체제가 나타났지만, 현대에 들어와서는 민주주의가 최선이거나 가장 현실적인 정치 체제로 제시되었다. 민주주의가 현대 국가 철학의 핵심 문제가 된 것이다. 자유민주주의에서도 이를 넘어서는 랑시에르적 자치적 민주주의에서도 화두는 민주주의다.

그런데 문성원 박사의 〈민주주의를 넘어서〉라는 논문을 보면 현재의 자유민주주의와 랑시에르적인 대안에 대한 비판이 다음과 같이 제시되어 있다.

자치의 이념은 민주주의의 전통과 정신에서 핵심적인 것이지만, 무근거의 자치를 주장하는 것은 자칫 유토피아적 구호에 그칠 위험이 있다. 랑시에르와 고병권의 민주주의론은 기존의 정치 질서를 넘어서는 자치를 옹호하지만, 이처럼 힘과 근거의 문제를 경시한다는 한계를 가진다. 다른 한편, 형식적 권리와 절차를 중시하는 자유주의도 정치적 힘의 근거 문제를 도외시할 경우 오히려 불균등한 힘의 배분을 통해 민중을 무력화하는 방식으로 작용할 수 있다. 포스트-민주주의의 문제의식은 대의 민주주의의 형식이 유지됨에도 이렇게 민중이 정치적 힘에서 멀어지는 현실에서 비롯한다. 이 논문은 민중과 힘의 결합 가능성을 정치 영역 내부에서만 찾을 수 없다고 보고 오늘날의 자본주의 경제 현실과 관련된 경제민주주의의 요구에 주목한다.

이처럼 정치와 경제는 서로 연관성이 있다. 경제로 정치를 환원하는 논리나 이에 반대하여 정치의 자율성만을 강조하는 논리는 그 편벽됨이 심하다. 원래 국가 권력은 부의 수탈 및 재분배 문제와 분리될 수 없다. 그런데 현대의 보수적인 국가 형태인 자유민주주의는 형식적인 권리와 절차를 강조하다가 특히 경제적 힘의 불균등을 배제하는 오류를 범한다. 이로 인해 민주주의에 대한 실망감이 커져 아예 탈정치화의 물결이 거세지고 있다.

이에 반해, 현재의 진보적인 정치는 주로 다문화주의를 강조하는 급진 민주주의에 바탕을 둔 "인정과 정체성의 정치학"으로 환원되어 다양한 세력의 레인보우 연합Rainbow Coalition을 강조한다. 아니면 협동조합 운동을 지지하며 자치공동체(어소시에이션)를 강조하는 무정부주의 입장은 경제결정론을 비판하다가 정치 내적인 논리만을 강조하게 된다. 이렇게 급진 민주주의와 아나키즘 모두 정치 논리에만 함몰되어 마르크스적인 정치경제학 비판이 부재하다는 것이 근본 문제점이다.

정치 체제의 문제와 경제 체제의 문제는 분리될 수 없다. 정치 논리만으로 경제 문제를 해결할 수 없으며 경제 논리만으로는 권력 문제를 해결할 없다. 마르크스적인 정치경제학 비판과 헤겔적인 국가학의 결합이 요구된다. 역사적으로 일어난 레닌적인 결합은 스탈린주의라는 괴물을 낳고 말았다. 하지만 블라디미르 레닌Vladimir Il'ich Lenin이 던진 고민이 여전히 유효할 수 있다. 세계적 차원의 민주주의 실현은 인민 주권이나 권력만의 문제가 아니라 국가 형태와 분리될 수 없다. 다시 말해서 이윤 증식을 목적으로 하는 자본주의 체제의 지양과 자유의 실현으로서의 국가 체제는 분리될 수 없다는 뜻이다. 착취 없는 경제와 지배 없는 정치의 결합은 가능한가 아니면 불가능한가? 현재 불가능하다면 우리는 가능과 불가능의 경계를 다시 성찰해야 하지 않을까? 이를 위해서는 다시 국가의 문제를 성찰해야 한다.

생각해 볼 문제

1. 국가의 이중적인 기능이란 무엇인가? 이와 관련해서 철학자들이 다양한 정치 체제나 국가 형태에 관한 성찰을 하는 이유를 논하라.
2. 플라톤의 정치 체제 분류를 소개하고 각각의 문제점을 분석해 보라. 또한 플라톤이 민주정을 비판하고 철인왕 정치 체제를 아름다운 국가로 본 이유를 설명해 보라.
3. 고전적 자유주의와 신자유주의의 최소국가론의 특징을 쓰고 그 문제점을 분석하라.
4. 복지국가나 사회국가의 특징을 쓰고 그 문제점을 분석하라.
5. 현실 사회주의가 등장한 역사적 맥락을 분석하고 국가사회주의의 기원을 논하라.
6. 아나키즘의 특징과 대표적 유형을 쓰고, 그 문제점을 분석하라.
7. 오늘날 민주주의의 위기가 등장한 이유와 탈정치가 난무하는 이유를 분석하라.
8. 정치 시스템과 경제 시스템이 분리되어 고찰될 수 없는 이유를 논하라.

참고문헌

가라타니 고진, 《세계공화국으로》, 조영일 옮김, 도서출판b, 2007.
가라타니 고진, 《트랜스크리틱》, 이신철 옮김, 도서출판b, 2013.
가라티니 고진, 《세계사의 구조》, 조영일 옮김, 도서출판b, 2012.
김성우, 《권력의 기원을 찾는다 로크의 정부론》, 삼성출판사, 2006.
안토니오 네그리, 《네그리의 제국 강의》, 서창현 옮김, 갈무리, 2010.
드니 로베르·베로니카 자라쇼비치·노엄 촘스키, 《촘스키, 누가 무엇으로 세상을 지배하는가》, 강주헌 옮김, 시대의창, 2013.
칼 마르크스·프리드리히 엥겔스, 《마르크스 엥겔스 저작선》, 김재기 옮김, 거름, 1988.
문성원, 〈민주주의를 넘어서〉, 《시대와 철학》 제23권 3호, 한국철학사상연구회, 2012.
밀턴 프리드만, 《자본주의와 자유》, 최종표 옮김, 형설출판사, 1994.
알랭 바디우 외, 《레닌 재장전》, 이현우·이재원·한보희 옮김, 마티, 2010.
선우현, 《절대 권력을 희망한다 홉스의 리바이어던》, 삼성출판사, 2007.
조르주 아감벤 외, 《민주주의는 죽었는가?》, 김상운·양창렬·홍철기 옮김, 난장, 2010.
이매뉴얼 월러스틴, 《자유주의 이후》, 강문구 옮김, 당대, 1996.
재러드 다이아몬드, 《총, 균, 쇠》, 김진준 옮김, 문학사상사, 2005.

지그문트 바우만 외,《위기의 국가》, 안규남 옮김, 동녘, 2014.

슬라보예 지젝,《까다로운 주체》, 이성민 옮김, 도서출판b, 2005.

슬라보예 지젝,《시차적 관점》, 김서영 옮김, 마티, 2009.

인디고 연구소,《불가능한 것의 가능성》, 궁리, 2012.

블라디미르 일리치 울리야노프 레닌·슬라보예 지젝,《지젝이 만난 레닌》, 정영목 옮김, 교양인, 2008.

플라톤,《국가·정체》, 박종현 옮김, 서광사, 2005.

게오르그 빌헬름 프리드리히 헤겔,《법철학》, 임석진 옮김, 한길사, 2008.

자본주의적 상품 생산과 소비

이순웅

소비의 의미

소비란 일반적으로 욕망을 충족시키기 위해 돈·물건·시간·노력 등을 소모하는 행위를 말한다. 이때 소비는 다른 생산을 낳는 것이 될 수도 있고 무엇인가를 소진시켜 없애는 것이 될 수도 있다. 생산을 '낳는다'는 것은 이윤을 실현할 뿐만 아니라 고용이나 재투자를 이루어지게 한다는 의미다. 경제가 어려울 때면 부자들의 과소비가 비난의 대상이 되기도 하는데, 한편에서는 "그래야 경제가 돌아간다"라는 조심스러운 변호의 목소리가 들려오기도 한다. 부자들의 소비가 생산을 낳는다는 점을 강조하는 이들의 주장이다.

하지만 수억 원에서 수십억 원까지 하는 외제차나 고가의 명품 소비가 낳는 생산 효과는 상당히 제한적이라는 점을 명심해야 한다. 그런 소비는 대부분 부자들의 심리만 만족시켜 주고 끝나 버리고 만다. 부자들은 대체로 '나는 너희들과 다르다'는 것을 보여 주기 위해 소비할 뿐이다. 물론 그들의 말처럼 값싼 차보다는 비싼 차가 좀 더 안전할지 모른다. 하지만 수억 원짜리 자동차가 수천만 원짜리 자동차보다 열 배로 안전하지는 않을 것이며 천만 원짜리 자동차보다 수십 배 안전한 것도 아닐 것이다.

수십억 원은 못 돼도 수억 원 정도의 차를 '한 번 질러 볼까?' 고민하는 '고액 연봉자'들도 있다. 그리고 몇몇은 실행에 옮기기도 한다. 그러면 '드디어 나도 부자의 대열에 합류한 것 같다'는 느낌이 들기도 하지만 이내 매달 나갈 할부금 생각에 괜한 호기를 부린 것 같다는 후회감에 빠져든다. 자신을 중류층이라 생각하는 사람들은 이렇게 이른바 명품을 가끔씩 소비하며 스스로를 위로한다. 일반 서민들은 운동화 값이 10만 원만 넘어도, 이걸 자식에게 사 주어야 할지 말아야 할지 고민하는데 말이다. 대중 매체는 끊임없이 남과 달라지라고, 소비를 통해 너도 이 대열에 합류하라고 그들을 충동질한다.

상품 생산과 노동

　서구 사회에서 중세 시대가 종말을 고하고 새로운 근대 사회가 열릴 무렵, 시대를 이끌던 사상가들 대부분은 노동을 소중하고 귀한 것으로 여겼다. 노동이 소유권을 결정짓는 핵심 요소로 떠올랐기 때문이다. 근대 사회에서 소유권의 기초는 '신분'에서 '노동'으로 바뀌었다. 근대 경제학을 이끌었던 애덤 스미스나 데이비드 리카도David Ricardo 같은 경제학자들은 '가치를 낳는 것은 노동'이라고 여기며 노동가치설을 확립하기도 했다.

　많은 근대 사상가들은 전통적인 신분 질서를 무너뜨린 신흥 부르주아지들의 이해관계를 대변하기도 했다. 그들이 강조한 것은 '개인'이었는데, 이때 개인이란 그 누구의 소유물이 아닌 개인, 다시 말해 '자신의 주인이 바로 자기 자신인 개인'이다. 로크는 "만약 내가 주인 없는 들판이나 산에서 사과를 따면 그 사과는 내 것이다. 내가 내 것인 내 몸을 움직여서 얻은 것이기 때문이다"라고 이야기했다.

오늘날의 관점에서는 대단히 상식적인 이야기지만 당시에는 강조하고 주장해야 하는 이야기였다. 이런 점에서 보면 개인주의도 갈등과 투쟁의 산물이라는 것을 알 수 있다.

중세 시대만 하더라도 농노들은 개인이기보다는 공동체의 일원이었기 때문에 거주 이전에 제한을 받았으며 토지도 마음대로 처분할 수 없었다. 그들은 토지를 소유property한 것이 아니라 점유possession하고 있을 뿐이었다. 토지를 비롯한 재산을 마음껏 지배 · 처분 · 판매하기 위해서는 자연법에 기초한 소유권의 확립이 전제되어야 했는데, 이러한 소유권을 확립한 주요 세력이 바로 신흥 부르주아지들이다. 개인들은 이에 더불어 노동을 소유권의 기초로 내세웠다. "그것이 내 것인 이유는 내가 그것에 나의 노동을 투여했기 때문이다." 이것이 그들이 유일하게 할 수 있는 주장이었다. 과거에는 신분이 소유권 여부를 결정했으나 이제는 노동이 소유권을 결정한다는 것이다.

론 하워드 감독의 영화 〈파 앤드 어웨이Far And Away〉는 자본주의 발달사에서 소유권의 의미가 무엇인지를 잘 보여 준 작품이다. 영화의 배경은 19세기 말, 흔히 '미국 서부 개척 시대'라 불리는 때다. 소작농 출신인 주인공은 넓디넓은 땅 미국에서 소위 '땅따먹기' 게임에 참여한다. 사람들이 구름처럼 모여 있고 출발 신호가 울리면 말을 타고 열심히 달려가 구획이 정해져 있는 땅 한 곳에 자기 깃발을 꽂는 것이 게임의 규칙이다. 그러면 그 땅이 자기 땅이 된다. 깃발을 꽂는 것이 그 땅에 자신의 노동을 투여하겠다는 약속이기 때문이다. 그렇게 하는 한 그 땅이 자기 땅이라는 것은 국가가 보장해 준다. 소유권 개념이 없었던 원주민의 관점에서 보면 이해되지 않는 모습이었겠지만, 이는 이후 전 세계의 운명을 좌지우지하는 나라가 된 미국 역사

론 하워드 감독의 1992년 영화 〈파 앤드 어웨이〉의 포스터.

의 한 단면이다.

근데 사상가 가운데 한 명이었던 마르크스는 여타의 사상가들처럼 노동가치설을 받아들이면서도, 노동에 철학적 의미를 부여했다. 그에 따르면 인간이 인간으로 될 수 있었던 이유는 노동을 했기 때문이다. 노동은 동물과 인간을 구별짓는 결정적 요소다. 인간은 노동을 통해 자연의 제약에서 벗어나 자연을 지배하고 이용할 수 있게 됐다. 노동이란 자연을 변형·가공해서 인간의 것으로 만드는 활동이며, 이러한 활동을 통해 인간은 자기 목적을 실현한다. 그런데 때로는 동물들도 자연을 변형·가공하는 것처럼 보일 때가 있다. 가령 침팬지는 나뭇가지를 다듬어 흰개미를 잡는 낚싯대를 만들고 돌을 이용해 딱딱한 열매의 껍질을 깐다. 이런 모습은 언뜻 자연을 변형·가공해 자기 욕망을 충족시키는 과정처럼 보인다. 하지만 그럼에도 침팬지의 활동이 인간의 활동과 다른 것은, 침팬지들은 오로지 자연 속에 있는 것만 가공·사용할 수 있는 반면 인간은 자연 속에 없는 것을 생각해 내고 그 '없는 것'을 '실제 있는 것'으로 만들어 사용할 수 있기 때문이다. 이것이 동물과는 다른 인간만의 고유한 활동이며 동물의 활동을 노동이라 부를 수 없는 이유다.

한편 마르크스의 관점에는 인간 중심주의가 내재되어 있다. 따라서 오늘날 생태주의자들은 마르크스의 자연관에 문제가 많다고 본다. 그는 자연을 투쟁과 정복의 대상으로 보았으며 노동의 개념 역시 이런 자연관을 토대로 형성했다. 그렇지만 그의 자연관은 근대 서구인들이 가지고 있었던 일반적인 관점이었고, 이러한 관점은 서구 사회가 기독교 문화권 내에 있었다는 점과 무관하지 않다. 마르크스는 종교, 특히 기독교에 대해 대체로 비판적 관점을 취했지만, 그 역시 서구인이었기 때문에 자연을 인간과 대립시키면서 인간 중심으로 자연을 보는 기독교 문화에서 자유롭지 않았다.

그런데 이 모든 것을 제쳐 두고 우리가 그의 관점에서 특히 주목해 보아야 하는 것은 그가 노동하는 인간의 '소외'에 주목했다는 점이다. 여타의 근대 사상가들에게 노동이 소중하고 귀했던 이유는 노동이 소유권이 기초가 되는 것이었기 때문이다. 그리고 그들의 이런 생각이 바로 근대 사회의 토대를 확립했다. 이때 소유권이란 무언가를 마음껏 지배하고 처분할 수 있는 권리, 다른 말로 '상품화할 수 있는 권리'다. 근대 사상가들 대부분은 이 '상품화'에 별다른 문제 제기를 하지 않았다. 하지만 마르크스는 상품화를 가리켜 인간을 소외시키는 근본 원인이라고 지적했다. 노동하는 인간, 즉 노동자가 소외되는 근본 원인이 그가 상품으로 전락한 데 있다고 이야기한 것이다. 상품으로 전락했기에 인간의 노동은 본래의 의미를 상실하고 수

량화·계량화할 수 있는 노동력이라는 단위로 환산되었으며, 노동자가 받는 임금은 노동의 대가가 아니라 노동력의 대가가 되었다는 것이 그의 주장이었다. 마르크스는 자본주의를 인간을 포함한 모든 것이 상품화된 사회, 다시 말해 상품 물신성이 지배하는 사회라고 이야기했다.

상품이란 화폐(돈)와 교환할 수 있는 것이다. 돈과 교환할 수 없는 것은 상품이 아니다. 어려운 말로 다시 정리해 말하면, 모든 상품은 교환 가치를 가지고 있다. 그런데 어떤 물건은 상품일 수도 있고 상품이 아닐 수도 있다. 과일 가게에 있는 흠집 있는 과일이 예가 될 수 있을 것이다. 그런 과일은 먹을 수는 있지만 팔리지는 않을 수 있다. 만약 상품으로 삼을 수 없다면 과일 가게 주인에게 그것은 쓰레기와 다름없다. 팔 수는 없어도 먹을 수는 있다며 누군가에게 공짜로 주어서는 안 된다. 그 행위가 그 사람의 소비를 가로막을 것이기 때문이다. 지구의 다른 한편 어딘가에서 먹을 것이 없어 굶어 죽어 가는 사람이 있더라도 팔리지 않는 농산물은 버려야 한다는 것이 자본주의 사회의 냉정한 법칙이다.

상품이 자본주의 사회를 전일적으로 지배하자 화폐는 모든 상품의 교환 척도가 되었다. 주부의 노동이 임금을 받아 오는 남편의 사회적 노동보다 무가치한 것으로 여겨지는 이유는 그것이 상품을 만들어 내는 노동이 아니기 때문이다. 다시 말하면 사용 가치를 만들어 내는 주부의 노동은 상품을 만들어 내는 노동, 교환 가치를 실현하는 노동이 아니기 때문에 자본주의 사회에서 저평가된다. 자본주의 사회에서는 상품으로 실현되지 않는 노동은 대접받지 못하며, 노동 의지가 있더라도 노동력을 팔지 못하는 사람은 무가치한 인간이 된다. 열심히 공부하고 기술을 연마하고 자기를 계발하는 이유는 더 높은 임금과 수입을 얻기 위해서, 나의 노동력을 고가의 상품으로 만들고 나의 가격을 높이기 위해서다. 이처럼 인간을 물건·상품·돈으로 취급하는 사물화 현상을 보며 이후 많은 사상가들이 자본주의 사회를 비판적으로 보게 되었다.

욕망의 지속성과 다양성

인간이 노동하는 이유는 어떤 욕망이 있기 때문이며, 욕망이 있다는 것은 무엇인가가 없다는 뜻이다. 가령 먹고 싶다는 것은 위장이 비었다는 의미다. 욕망과 없음(결핍)은 한 단어다. 보통 '필요'라고 번역하는 '니드need'라는 영어 단어는 '결핍'이라는 뜻도 가지고 있다. 결핍되어 있으니까 필요한 것이다. 생물학적 욕구를 의미하는 니드와 달리 심리·문화적 '욕망'을 의미하는 '디자이어desire' 역시 마찬가지로 결핍이라는 의미를 가지고 있다. 다만 니드는 외부의 자극이 없어도 느낄 수 있는 결핍인 반면, 디자이어는 외부의 어떤 자극 때문에 촉발되는 결핍이다. 새로운 자극 없이는 느끼지 못하는 결핍인 것이다. 가령 배가 고파서 무엇인가를 먹어야겠다는 것이 욕구, 즉 니드라면 텔레비전 광고를 보고 좀 더 맛있는 걸 먹어야겠다는 것은 욕망, 즉 디자이어라 할 수 있다.

자기 내부에서 만들어지는 욕구든 외부에서 오는 욕망이든 그

이면에는 무엇인가 없다는 전제가 있고, 그 없는 것을 있는 것으로 만들려는 것이 인간의 자연스러운 삶이다. 없는 것 없이 모든 것이 다 있다면 필요한 것도 없고 욕망도 없을 것이다. 무엇인가 없다는 생각에 도달했기 때문에 욕구 그리고 욕망이 생겨나는 것이다. 동물은 무언가 없다는 생각을 할 수 없으며 때문에 인간과 다르게 행동한다.

욕망은 지속성과 다양성을 띤다. 식욕이나 성욕은 한계가 있지만 순환적이다. 아무리 배가 고프더라도 먹을 수 있는 양에는 한계가 있고 성욕도 채우면 곧 수그러든다. 그러나 시간이 지나면 또 먹고 싶어지고 성욕도 다시 생긴다. 건강한 보통 사람이라면 이러한 욕망의 사슬을 벗어날 수 없을 것이다. 이런 점에서 욕망은 끊임없이 되풀이되는 '지속성을 띤다'고 할 수 있다.

더불어 욕망은 나날이 다양해지기도 한다. 미처 예상하지 못했던 욕망들이 어느덧 자꾸자꾸 생겨나는 것이다. 새로운 욕망이 생기는 것은 아침을 먹으며 '점심때가 되면 또 점심이 먹고 싶어지겠지? 그땐 뭘 먹을까?'와 같은 생각을 하는 것과는 조금 다르다. 가령 내가 아는 누군가가(그것도 나보다 그리 잘난 것도 없는 것 같은 어떤 사람이) 나에게 없는 좋은 물건을 산 것을 보고 내 마음 속에 미처 예상하지도 못했던 소유욕이 생기는 것, 그 욕망에 사로잡혀 어찌할 바를 모르는 상태에 이르게 되는 것이 새로운 욕망에 사로잡히는 것이다. 이런 사람이 없어도 우리는 종종 식재료만 사러 간 마트에서 구경하며 본 물건들에 흘려 원래 사려던 것보다 훨씬 더 많은 상품을 구매하는 경험을 하곤 한다. 이런 경우를 흔히 충동구매라고 하는데 이 역시 예상하지 못했던 자기 욕망을 충족시키는 행위며, 내 욕망의 상당 부분은 외부에서 온다는 것을 확인할 수 있는 지점이다.

영화, 텔레비전, 컴퓨터 등 새로운 매체들은 끊임없이 진화를 거듭하며 새로운 욕망을 만들어 내고 있다. 광고는 일상생활 곳곳에 침투해 있다. 젊고 잘생긴 남녀들은 '너도 이것을 사면 나처럼 될 수 있다'면서 끊임없이 우리 욕망을 자극한다. 없던 욕망이 생긴다. 더욱이 조금 전에 채웠던 욕망은 곧 낡은 것이 될 정도로 욕망의 진화 속도는 빠르다. 오늘날 인간의 삶을 지배하고 있는 것은 바로 이 '다양성을 띠면서 지속되는 욕망'이다. 그리고 매체들이 다양한 욕망을 만들어 내면 낼수록 인간들 사이의 갈등이나 상대적 박탈감은 더 커진다. 욕망이 외부에서 온다는 말은 매체가 우리 욕망을 자극한다는 뜻도 될 수 있지만, 욕망이란 다른 사람과 자신을 비교하거나 자신을 차별화하려고 할 때 생기는 것이라는 의미도 될 수 있다.

프랑스의 경제학자 장 바티스트 세Jean Baptiste Say는 "공급이 수요를 창조한다"라고 주장했다. 마르크스는 세의 이 법칙을 받아들이지 않았다. 1930년대 대공황 시절에는 영국의 경제학자 존 메이너드 케인스John Maynard Keynes도 이 법칙을 비판했다. 그렇지만 광고가 끊임없이 새로운 수요를 만들어 내는 현상에서도 알 수 있듯이, 이 법칙은 오늘날 현대적 의미로 다시 살아나고 있다. 만약 정말 공급이 수요를 창조한다면 욕망은 늘 외부에서 올 것이고, 주체적 소비도 불가능할 것 같아 보인다. 때문에 미래 사회를 낙관하기는 상당히 어렵다. 하지만 마르크스는 소비가 생산을 촉진한다는 사실을 부정하지 않았고, 인간의 욕망 충족과 관련해서는 미래 사회를 낙관적으로 전망했다. 그는 1875년 《고타 강령 비판Kritik des Gothaer Programms》에서 사회주의는 "능력에 따라 일하고 일한 만큼 분배받는" 사회며, 공산주의는 "능력에 따라 일하고 필요에 따라 분배받는" 사회라고 설명해, 자본주의를 극복한 사회주의 사회와 공산주의 사회를 구분했다.

마르크스의 노동 개념에서도 드러나는 것이지만 그에게는 생산력주의자productivist의 면모가 있다. 그는 자본주의 사회를 비판하고 극복하려 했지만, 자동화·기계화 등으로 인해 자본주의 사회에서도 생산력은 발전할 것이라 전망했다. 다만 생산은 사회적 성격을 띠는데 소유는 사적으로 편재되어 있어 일정한 시점에 이르면 생산력 발전에 한계가 생길 것이며, 혁명의 시대를 거치면서 생산 수단을 사회화하는 사회주의 사회에 이르게 되면 그 사회 역시 "능력에 따라 일하고 일한 만큼 분배받는" 사회가 되리라고 전망했다. 그의 사회주의 개념을 보면 자본주의 사회는 "능력에 따라 일하고 일한 만큼 분배받는" 사회도 되지 못한다. 사회주의 사회가 되어야 비로소 사회의 생산력이 비약적으로 발전한다. 어찌됐든 인간의 욕망은 일단 생산력 발전을 통해서 충족시킬 수 있게 된다.

그러나 인간의 욕망 충족과 관련한 마르크스의 낙관적인 전망은 생산력의 발전에서 비롯된다기보다는 욕망의 다양성을 인정하고 그것을 충족시킬 수 있다고 본 데서 기인한 것으로 보인다. 사실 마르크스도 서로 다른 욕망을 인정하고 있는 셈이다. "능력에 따라 일한다"는 말에는 다양성과 차이가 들어 있다. 사람마다 능력이 다를 수 있기 때문이다. 욕망과 관련해서는 공산주의 개념이 사회주의 개념보다 시사하는 바가 더 크다. "필요에 따라 분배 받는다"라고 말하기 때문이다. 사실 필요에 따라 분배받으려면 생산력의 비약적 발전보다는 생산의 다양성이 전제되어야 한다. 역시 사람마다 필요가 다를 수 있기 때문이다.

하지만 마르크스는 인간의 욕망이 얼마나 다양할지에 대해서는 충분히 예상하지 못했다고 할 수 있다. 물론 자본주의 사회가 지금처럼 지속될 거라는 사실을 그가 예상하지 못했기 때문에 이는 당연한 일인지도 모른다. 욕망의 다양성과 관련해서는 마르크스 역시 '시대의 아들'이었다는 점을 감안하고 생각을 해야 할 것 같다. 다만 마르크스가 욕망의 다양성에 관해서 충분히 예상하지 못했다 하더라도, 서로 다른 욕망을 충족시키는 것을 인간이 기꺼이 인정할 수 있을 거라고 예상한 것에 그의 시사점이 있다.

마르크스가 꿈꾸었던 사회상은 공산주의다. 그가 말하는 사회주의는 공산주의로 가는 하나의 과도기적 사회이지 공산주의와 다른 독립적인 생산 양식이 아니다. 그렇기 때문에 사회주의와 공산주의를 일종의 단계론적인 진화 과정으로 이해하면 안 된다. 그리고 마르크스가 말하는 공산주의를 집단주의와 같은 것으로 오해하는 경우도 많은데, 이러한 오해의 진원지는 그가 아니라 20세기 소비에트 연방의 정치가 이오시프 스탈린Iosif Vissarionovich Stalin에게 있다. 마르크스의 관심은 집단이 아니라 개인에 있었다. 필요에 따라 분배받는다고 하는 공산주의 원리는 개인에 따라 필요가 다를 수 있다는 것을 암시한다. 생산력의 발전이나 생산의 다양성은 더 높은 이윤을 추구하려는 부르주아의 사적 욕망을 채우는 데 기여하는 것이 아니라, 개인의 다양한 욕망을 충족시키는 데 기여해야 한다는 것이 마르크스의 기본적인 생각이다. 그렇기 때문에 그가 말하는 공산주의 사회는 개인의 자유로운 욕망들의 연합체라고 할 수 있다. 마르크스는 이러한 욕망들이 호혜적으로 교환되고 인정될 수 있는 사회구조를 만들어 보려고 했던 것이다. 오늘날 한국의 진보주의자들은 '공산주의'라는 말

대신에 '코뮤니즘communism'이란 용어를 쓰는데, 여기에는 마르크스에 대한 오해와 편견을 불식시키려는 의도가 들어 있다고 할 수 있다.

욕망은 자연스럽게 형성되는 것이다. 욕망의 형성을 피하기는 어렵다. 다만 욕망의 지속성과 다양성이 인간의 삶을 풍요롭게 하는 요소로 작용하게 하려면 그러한 욕망을 비교나 차별화의 수단으로 이용할 것이 아니라 인간의 전인적 가치를 실현하는 것으로 보아야 할 것이다.

정체성과 소비

정체성identity이란 '나는 나'라고 하는 의식이나 자각을 의미한다. 자부심 또는 자존심이라고 해도 좋다. 자아가 확립된 이후에는 개인에게 매우 중요한 문제로 부각되며 정체성이 없으면 견디기 힘들다. 정체성은 '과거의 나', ' 현재의 나', ' 타인에게 인정받는 나'가 미래에도 지속될 거란 확신이 있을 때 확보된다. 이렇게 보면 정체성이란 내가 나를 평가하고 인정할 때 형성되는 것이지만, 다른 한편으로는 타인과 관계를 맺고 그들로부터 인정받을 때 형성되는 것이기도 하다는 점을 알 수 있다. 그렇기 때문에 헤겔의 인정투쟁 이론은 여전히 유효하다. 헤겔에 따르면 인간들 사이의 모든 갈등은 인정받고자 하는 욕망에서 비롯되며, 자기 정체성은 인정받고자 하는 욕망이 충족될 때 확립된다.

그런데 인정받음으로써 정체성을 확립하는 과정을 가만히 보면 여기에는 차이와 같음의 원리가 작용한다는 것을 알 수 있다. '나는 너와 다르다'와 '나는 너와 같다'는 생각이 정체성을 확립시키는 것이다. 예를 들면 이른바 명품을 소유하거나 특정한 유명 상품을 구매하면 그 상품을 소유한 사람들과 나는 같으며, 그 상품을 소유하지 않은 사람들과 나는 다르다는 의식이 작용한다. 맘에 드는 옷을 사 입었는데 어떤 어리보기가 자기와 똑같은 옷을 입고 있다면, 그 옷은 곧장 쓰레기통으로 직행할 것이다. 나는 어리보기와 다르며 어리보기가 아닌 사람들과 같다는 생각이 작용하기 때문이다. 이렇듯 정체성을 확립하는 데는 차이와 같음의 원리가 동전의 양면처럼 작용한다.

마르크스는 자본주의 사회의 상품 물신성을 비판하기 위해 사용 가치와 교환 가치라는 분석 도구를 이용했고 둘 가운데 사용 가치를 우위에 두었다. 자본가에게 노동자는 교환 가치를 낳는 존재며 저렴하게 '구매'하면 더 좋은 교환 가치를 지닌 존재가 된다. 이러한 가운데 노동자가 만들어 내는 사용 가치는 무시되며, 가치가 노동에서 나온다는 사실도 드러나지 않고 잉여 가치는 착취된다. 자본가들은 끊임없는 이윤 추구를 위해 노동자들을 도구로만 활용한다. 이것은 자본가가 노동자를 진정으로 인정하는 것이 아니다. 진정한 인정은 서로가 서로를 동등한 주체로 인정할 때 생긴다. 마르크스의 관점에 따르면 소외된 노동을 하는 노동자들이 진정한 자기 정체성을 확보하려면 자신이 자본가들에게 하나의 상품일 뿐이라는 사실을 자각해야 한다. 설사 노동자가 자본가나 부자들의 일부 소비 행태를 따라 한다 하더라도 그것은 허상을 좇는 일이며 단지 그들을 흉내 낸 것일 뿐이다. 자신이 착취당하고 있음을 깨닫고 이를 극복하기 위해 노력할 때 진정한 노사 관계가 드러나고 자기 정체성을 확보할 수 있는 길도 열린다.

마르크스가 자본주의를 분석하는 도구로 사용 가치와 교환 가치를 제시하고 사용 가치에 우위를 두었다면, 장 보드리야르Jean Baudrillard는 소비의 대상이 기호sign로 바뀐 점에 주목하고 교환 가치에 우위를 두는 관점을 제시했다. 마르크스가 사용 가치에 우위에 두었다는 것은 인간의 가치를 드러내는 것은 교환 가치가 아니라 사용 가치여야 한다는 의미다. 반면에 보드리야르가 교환 가치에 우위를 두었다는 것은 사용 가치가 아니라 교환 가치가 현대 사회를 사실상 지배하고 있다는 의미다. 따라서 '우위'에 관한 마르크스와 보드리야르의 관점은 일종의 도덕 판단과 사실 판단 같은 것이다. 다시 말하면 마르크스의 관점은 도덕 판단, 보드리야르의 관점은 사실 판단의 맥락에서 이해해야 한다는 것이다. 교환 가치가 현실을 지배하고 있다고 하는 사실 판단에 관한 한, 마르크스와 보드리야르는 이견을 보이는 것이 아니다. 다만 마르크스가 교환 가치를 비판한 것에는 대안을 제시해 보려는 의도가 있었고, 보드리야르가 교환 가치를 중시한 것에는 대안 제시보다 현실을 드러내고 고발하려는 의도가 있었다고 할 수 있다.

마르크스가 자본주의적 생산 과정에서 나타나는 노동의 소외, 상품화에 주목했다면 보드리야르는 끊임없이 소비를 부추기는 오늘날의 현실에 주목했다. 1970년 저서 《소비의 사회》에서 보드리야르는 생산과 소비는 하나라고 말했다. "생산과 소비는 생산력과 생산력의 통제를 확대재생산하는 측면에서 보면 전체적으로 하나이고 동일한 논리적 과정이다." 그리고 그는 언어학 용어인 기표signifier와 기의 signified를 각각 교환 가치와 사용 가치에 상응하는 것으로 보고 1972 년 《기호의 정치경제학 비판을 위하여》에서 "사용 가치와 기의는 교환 가치와 기표의 알리바이에 불과할 뿐이며 (…) 사용 가치 체계는 교환 가치 체계에 의해서 생산된다"라고 설명했다. 물론 마르크스도 소비가 생산을 촉진한다는 측면에서 생산과 소비는 하나라고 말했다. 자본주의를 분석해 보려는 사람들에게 이것은 하나의 상식이다. 마르크스와 구별되는 보드리야르의 의도는 소비의 위력, 교환 가치의 전면화를 보여 주고자 한 것이었다. 보드리야르는 마르크스가 미처 예견하지 못한 소비의 다양성과 위력을 보여 주었다.

　한편 마르크스가 소비의 대상을 사물로 보았다면 보드리야르는 그것을 기호로 보았다. 또한 마르크스가 욕망의 문제를 물질적 측면에서 보았다면 보드리야르는 그것을 심리·문화적 측면에서 보았다고 할 수 있다. 마르크스가 보기에 정체성은 실재reality를 자각함으로써 확보할 수 있다. 다시 말하면 교환 가치가 사회에 만연하다는 것, 인간 역시 상품으로서 생산 과정에 참여할 뿐이라는 사실을 깨닫고 이러한 상황을 전복하려 할 때 정체성을 확보할 수 있는 길이 열린다. 그런데 보드리야르에 따르면 현대 사회는 소비의 사회, 그것도 사물이 아니라 기호를 소비하는 사회다. 예를 들면 사람들은 신발이 아니라 신발에 표시되어 있는 특정 상표를 소비한다. 마르크스가 미처 생각하지 못한 것이 바로 이 점이다. 마르크스에게 상표는 상품에 붙어 있는 꼬리표에 지나지 않는다. 그렇지만 보드리야르에게 상표는 내가 다른 사람과 다르다는 것을 보여 줄 수 있는 핵심 징표다. 그렇다면 마르크스적 의미에서 정체성을 확보하는 일이 그리 만만치 않음을 알 수 있다. 왜냐하면 사물이 아닌 기호가 현실적인 위력을 발휘함으로써 마르크스적 의미에서의 실재, 즉 착취의 실체가 잘 드러나지 않게 되기 때문이다.

그러나 사물을 소비하든 기호를 소비하든, 소비가 정체성을 확보할 수 있는 하나의 방법이라면 진정한 정체성은 서로 다른 소비를 인정할 때 비로소 확보될 것이다. 같은 것을 소비하려는 행위에는 그것을 소비하지 않거나 소비하지 못하는 사람들에 대한 배제가 깔려있다. 이것은 정체성을 안정적으로 확보할 수 있는 길이 아니다. 이러한 생각 속에는 차별화 전략이 있다. 차별은 배제나 억압의 다른 말이다. 명품 소유로 스스로를 위로하는 나에게는 그것을 소유하지 않은 사람에 대한 차별이 숨어 있다. 차별은 갈등과 투쟁을 낳고 정체성의 위기를 초래한다. 따라서 '나는 너와 다르다' 또는 '나는 너와 같다'에서 정체성을 확보하려고 할 것이 아니라, '나와 다른 것을 소비하는 너를 인정한다'에서 정체성을 확보하려고 해야 할 것이다. 인간의 욕망은 다양하기 때문에 다른 사람에게는 나와 다른 필요, 그리고 결핍이 있을 수 있다. 어차피 정체성이란 다른 사람과의 관계 속에서 형성되는 것이고, 다른 사람에게 인정받지 못하는 정체성이란 늘 흔들리게 되어 있다.

기호의 소비와 실재의 문제

보드리야르가 《소비의 사회》에서 강조한 것은 오늘날 사람들은 필요와 결핍 때문에 소비하는 것이 아니라 차이를 드러내기 위해 소비한다는 것이었다. 이때 그 차이를 드러내는 것은 사물이 아니라 기호다. 물론 그의 이러한 생각은 끊임없이 기호를 양산하면서 차이를 드러내라고 충동질하는 대중 매체를 주목한 데서 나온 것이다. 그런데 사실 이러한 생각 속에는 냉소주의와 회의주의가 깔려 있다. "주체적으로 소비한다고 착각하지 말라. 네가 소비하도록 부추기는 구조가 있다. 실재를 알고 있다고 자신하지 말라. 실재와 실재가 아닌 것은 명확하게 구분되지 않는다." 이런 이면이 존재하는 것이다. 보드리야르는 《소비의 사회》, 《기호의 정치경제학 비판》을 쓴 지 약 10년 후인 1981년에 《시뮬라크르와 시뮬라시옹》이라는 책을 쓰면서 포스트모더니스트로서의 면모를 본격적으로 드러내기 시작했다.

포스트모더니스트들이 대개 그렇듯이 보드리야르의 사상 속에는 일반적으로 깨닫지 못하고 있었던 사실을 일깨워 주는 통쾌함이 있다. 그의 말대로 욕망은 외부에서 오는 것 같다. 또한 사람들은 사물보다는 기호를 선호하고, 소비 역시 차이를 드러내기 위한 것 같다. 그렇지만 여전히 어떤 대안을 제시하려고 하는 모더니즘의 끈을 놓지 않거나 제3세계의 정체성에 관해 고민하는 사람에게는 그가 목마른 부분을 남겨 놓은 것이 사실이다. 보드리야르 같은 포스트모더니스트들에게는 뚜렷한 대안을 제시하거나 정체성을 확보하려는 노력이 경계해야 할 일이고 부질없는 일이기 때문이다. 소비 사회에 대한 그의 언급은 교환 가치의 전면화, 그리고 그 실상에 대한 고발을 거의 넘어서지 않는다.

보드리야르가 말하는 기호는 실재가 아니기 때문에 마르크스적 의미에서의 자각은 더욱 어렵게 느껴질 수 있다. 왜냐하면 진실과 허위의 구별이 모호해지기 때문이다. 교환 가치와 기표가 사용 가치와 기의보다 우위에 있다는 것은 진짜와 가짜의 구별이 모호해지고 진짜 같은 가짜, 가짜 같은 진짜가 인간의 욕망을 지배하고 있다는 것이기도 하다. 무엇이 실재이고 무엇이 실재가 아닌지를 잘 모르면 실재에 접근하기 어려울 뿐만 아니라 정체성을 확보하기도, 정체성이 무엇인지 규정하기도 어렵다. 나아가 어떤 기호를 소비하는 것은 나의 정체성을 확보하는 길이 아니라 나의 진짜 모습(실재)을 잠시 잊게 하는 마취제일 수도 있다.

보드리야르가 폭로하는 욕망의 구조에 통쾌해할 수는 있지만 "그래서 어떻게 해야 하는데?"라는 의문이 남지 않는 것은 아니다. 물론 포스트모더니스트는 이러한 질문에 분명하게 대답하기를 꺼린다. 그 역시 기호의 소비가 차별화 전략으로 나타난다는 점을 말하고 있지만 모두에게 공감을 얻을 수 있는 뚜렷한 대안을 제시하지는 않는다. 선진 자본주의국에게 이윤을 착취당하는 제3세계의 관점에서 보면 보드리야르의 주장은 그다지 현실성 있게 다가오지 않을 수 있다. 욕망을 부추기는 대중 매체를 접할 수 없는 사람들과 생물학적 필요조차도 충족시키지 못하는 사람들을 고려해야 하기 때문이다. 그들에게 보드리야르의 이야기는 '남의 이야기'일 뿐이다. 가령 석유가 바닥을 드러낸다는 이야기가 나오면 식량을 기름으로 전용轉用하자는 대안을 내는 이들이 있지만, 자급 기반을 잃은 국가의 저소득 계층에게 그런 이야기는 그저 굶주림의 연장일뿐일 수 있다. 따라서 보드리야르가 말하는 소비의 사회는 인류가 처해 있는 다양한 현실을 반영한 것이라기보다는 생물학적 필요나 결핍에서 완전히 자유로운 선진 자본주의국의 현실을 반영한 것이라 할 수 있다.

확실히 우리 주변을 보면 기호가 위력을 발휘하는 것 같다. 그렇지만 기호가 위력을 발휘한다고 해서 착취의 실체가 없는 것은 아니다. 그것이 잘 보이지 않을 뿐이다. 상품 물신성을 비판하면서 욕망의 대상을 사물로 본 마르크스의 견해는 여전히 유효한 측면이 있다. 1969년 미국의 방송국 CBS는 시청률이 가장 높은 프로그램들을 일시에 폐지시켰다. 그 프로그램들의 시청자는 주로 소득이 낮은 계층인 노인층 및 농촌 지역 사람들이었는데, 이 부류의 시청자들은 광고되는 상품을 살 수 있는 구매력이 낮아 광고주들에게 환영받지 못할 뿐만 아니라 방송국의 이미지에도 부정적인 영향을 미칠 것으로 생각되었다. 프로그램과 이미지를 지배하는 이들은 여전히 자본가며 대중 매체의 소유자다.

그리고 텔레비전은 하드웨어-소프트웨어 순으로 만들어졌다는 점을 잊어서는 안 된다. 즉 지금은 그렇지 않지만 초기에는 전자 산업이 미국의 방송사들을 소유하고 있었고, 방송 프로그램(소프트웨어)들은 텔레비전 수신기(하드웨어)를 팔기 위해 제작되었다. 오늘날 일본의 전자 업체들이 미국 할리우드에 진출해 영화사를 매입하는 것도 그들이 생산하는 영상 매체의 하드웨어를 판매하기 위한 전략의 일부다.

사이버 시대를 맞으면서 보드리야르가 말하는 기호·이미지·현실을 대체한 시뮬라시옹simulation, 실재보다 더 실재 같은 하이퍼리얼리티hyperreality는 학자들에게 더욱더 많이 인용되고 있다. 그렇지만 이러한 것들은 인간의 욕망을 가상적으로 채워 주는 마취제일 뿐만 아니라 실재를 가리는 이데올로기일 수도 있다는 점을 놓쳐서는 안 된다.

생각해 볼 문제

1. 상품화란 무엇인가? 인간은 상품화에서 벗어날 수 있는가?
2. 노동의 본래적 의미를 회복하려면 어떤 조건이 전제되어야 하는가?
3. 서로 다른 욕망은 반드시 충돌을 일으키는가?
4. 소비는 정체성과 어떤 관계를 맺고 있는가?
5. 기호는 허구인가 실재인가?

참고문헌

강준만, 《대중문화의 겉과 속 Ⅰ》, 인물과사상사, 1999.

카를 마르크스, 《경제학 –철학수고》, 강유원 옮김, 이론과실천, 2006.

칼 마르크스, 《정치경제학 비판을 위하여》, 김호균 옮김, 중원문화, 2012.

장 보드리야르, 《소비의 사회》, 이상률 옮김, 문예출판사, 1992

장 보드리야르, 《기호의 정치경제학 비판》, 이규현 옮김, 문학과지성사, 1998.

장 보드리야르, 《시뮬라시옹》, 하태환 옮김, 민음사, 1992.

론 하워드, 〈파 앤드 어웨이〉, 1992.

| 대중문화 |

대중문화와 진정성 찾기

현남숙

대중문화에 관한 여러 정의들

대중문화란 무엇일까? 대중이 즐기는 문화? 대중이 형성하는 문화? 무언가 생소하거나 생소하지는 않더라도 한마디로 설명하기 어려운 대상이 있을 때, 그 대상의 정체성을 규명하고자 한다면 그것의 다른 이름을 살펴보는 것이 큰 도움이 된다. 대중문화는 우리말로는 '대중문화' 한 단어로 일컫지만, 영어로는 매스 컬쳐mass culture(대량 문화), 포크 컬쳐folk culture(민중 문화), 파퓰러 컬쳐popular culture(통속 문화) 등 다양한 이름으로 부를 수 있다. 대중문화의 성격을 규정하려는 숱한 노력의 결과로 만들어진 이름들일 것이다. 어쩐지 대중문화와 관련된 논의가 생각보다 훨씬 복잡한 지형을 갖고 있을 거라는 사실을 예고하는 지표처럼 보이기도 한다.

먼저 대량 문화라는 이름부터 살펴보자. 대중문화는 대량으로 생산되고 유통된다는 맥락에서 대량 문화로 이해되기도 한다. 이러한 관점은 대중문화를 대량 생산되는 상품의 일종으로 보는 시각에서 유래한다. 이 관점에서 보면 대중문화의 출발 지점은 대중 매체가 발달하기 시작한 때에 있다. 캐나다의 미디어 학자 매클루언은 매체의 역사를 연구하면서 대중 매체의 시작을 1500년대 인쇄 매체의 등장에서 찾았다. 그의 연구에 따르면 신문, 팸플릿, 통속 소설과 같이 대중 매체에 의해 대량 복제된 문화가 대중문화의 시초다. 대중 매체의 발달로 무한 복제가 가능해지고 문화의 생산 비용이 낮아짐에 따라 과거에 고가의 예술품 대접을 받던 책이나 그림 사본이 누구나 향유할 수 있는 문화가 되었고 그것이 곧 대중문화를 형성하게 되었다는 것이다. 이런 현상은 매체의 발달로 갈수록 더 가속화되고 있다. 오늘날 할리우드와 MTV가 생산하는 영화와 음악은 전 세계 대중의 눈과 귀를 하나로 묶고 있다. 이처럼 대중문화를 대량 문화로 설명하는 논리는 대중문화를 우리 삶의 일부로 만든 생산 구조를 잘 해명해 준다. 책이나 영화는 대량 생산되지 않았다면 범속성을 갖지 못했을 것이다.

하지만 이렇게 대중문화를 대량 생산된 문화로만 정의하면 자본의 논리에 종속되기를 거부하면서 대중에게 영향을 끼치는, 즉 거대 자본의 힘을 빌리지 않고 독립적으로 나름의 문화를 생산해 나가는 인디 문화의 존재를 포함할 수 없게 된다. 대중문화는 대개 대량 생산 시스템 속에서 작동하지만 그 내부에는 시장의 작동에 저항하는 비주류의 움직임도 존재한다. 정리하자면, 대중문화를 대중 매체에 의해 가능해진 대량 문화로 이해하는 시각은 대중문화의 생산 시스템은 잘 보여 주지만 그것에 대한 저항의 가능성까지는 포함하지 못하는 한계를 갖는다.

두 번째로 대중문화는 상류층과 대비되는 중하위 집단의 문화를 의미하는 민중 문화로 이해되기도 한다. 계급 사회가 존재한 이래, 통치를 받는 계층인 민중은 언제나 존재해 왔고, 이 민중의 문화가 곧 대중문화라는 것이 이 관점의 이야기다. 고대의 노예, 중세의 농노, 근대의 노동자 집단, 현대의 주변화된 집단이 각 시대의 민중에 해당하고 그들이 향유하는 문화가 민중 문화, 즉 대중문화다. 이러한 접근에 따르면 대중문화의 시초는 민중의 역사만큼이나 한참을 거슬러 올라가야 찾을 수 있다. 민중을 위한 작품이 존재한 이래부터 대중문화가 존재했다고 보아야 하니 말이다. 가령 기원전 200년경 활동한 고대 로마의 대중 극작가 플라우투스Plautus의 대중적 연극도 대중문화에 포함된다.

이러한 접근은 대중문화의 주체를 자본이 아닌 민중으로 상정한다는 점에서 심정적 호소력을 갖는다. 하지만 '대중'을 역사 내내 존재해 온 '민중'과 등치시켜 버리는 것이기 때문에 대중문화가 출현하는 특정한 역사적 조건을 감안하지는 못하게 된다. '대중'은 신분을 떠나 모든 사람이 형식적으로나마 대등하다는 평등 이념이 배태胚胎된 근대의 산물이므로 근대와 분리해 논의할 수 없다. 누구나 법 앞에 평등하다는 근대의 관념이 없었다면 대중이라는 관념은 존재하지 않았을 것이고, 누구나 접근 가능한 대중문화도 존재할 수 없었을 것이다. 따라서 대중문화를 민중 문화로 보는 관점은 대중문화가 갖는 근대적 특성, 즉 대중의 출현에 따른 문화라는 배경을 담아내지 못하는 한계를 갖는다.

마지막으로 대중문화를 많은 사람들이 좋아하는 통속 문화로 보는 관점을 살펴보자. 통속 문화의 통속성이란 '많은 사람들이 좋아한다'는 의미다. 그리고 이러한 쾌快의 보편성을 가진 문화는 신분이나 계층을 넘어 누구나 향유할 수 있는 문화적 시민권을 전제로 한 근대의 등장과 분리하여 생각할 수 없다. 근대는 인쇄 매체로 대표되는 대중 매체의 출현으로 누구나 문화에 접근 가능한 물리적 조건을 확보했을뿐더러 문화를 즐길 최소한의 조건인 대중의 읽고 쓰는 능력도 획득한 시기다. 따라서 누구나 좋아하는 문화로서의 통속 문화는 '누구나'의 범위를 한정하면, 언제나 존재해 왔지만 근대 이후에 출현한 광범한 계층을 수용자로 하는 문화를 지칭하기에 적합하다.

대중문화를 통속 문화로 정의하는 것은 그 출발을 근대로 잡는다는 점에서 얼핏 보기에 대중문화를 대량 문화로 정의하는 것과 동일하게 보일 수 있다. 하지만 모든 대량 문화가 통속 문화인 것은 아니고, 역으로 모든 통속 문화가 대량 문화인 것도 아니다. 음반 시장에서 종종 볼 수 있듯 대량으로 제작된 음반이지만 대중의 취향을 만족시키는 데는 실패하는 경우도 있고, '크라잉 넛'처럼 대학가의 작은 클럽에서 공연을 하지만 대중의 사랑을 듬뿍 받는 경우도 있다. 이러한 맥락을 고려할 때 대중문화를 통속 문화로 정의하게 되면 대량 문화나 민중 문화로 정의할 때 놓치는 지점들을 포괄할 수 있는 이점이 있다. 신분이나 계층을 넘어선 좀 더 광범위한 집단의 문화를 지칭하면서도, 대량 문화라고 한정했을 때 놓치게 되는 대량 생산 시스템에 저항하는 문화의 생산을 포함할 수 있기 때문이다.

물론 통속 문화는 고급문화와 대비되어 그 가치를 의심받기도 한다. 대중문화의 통속성popularity은 소위 '고급문화'가 갖는 심오한 주제와 예술적 창작을 중시하는 진지성sincerity과 달리 깊이가 얕고 감각적이며 재미만 추구한다는 비판을 받는다. 실제로 대중문화의 많은 부분은 확실히 흥미 위주의 내용들로 채워져 있다. 텔레비전 드라마 중에는 작품성보다는 선정성으로 승부를 보려는 것들이 적지 않고, 대중음악도 한 장르가 유행하면 너도나도 그와 유사한 장르를 재생산한다. 하지만 간과하면 안 될 것이 통속 문화라고 해서 다 저급한 것은 아니라는 점이다. 영국 출신의 밴드 비틀즈처럼 의미 있는 가사와 문화 전체를 흔들 만한 새로운 사운드로 대중의 사랑을 받은 뮤지션들이 적지 않다. 통속 문화는 고급문화와 다른 것이지 저급한 것이 아니다. 중요한 것은 많은 사람들이 좋아하는 문화가 각 개인들에게는 어떤 의미를 갖는가 하는 점이다.

대중문화를 많은 사람들이 좋아하는 문화라고 정의할 때, 그 좋아함의 원천은 무엇일까? 왜 우리는 영화나 드라마를 보고 음악을 듣고 소설을 읽고 만화를 볼까? 단지 시간을 때우기 위해서가 아니라 적극적으로 찾아보고 듣고 읽는 거라면, 우리는 언제 누군가의 팬이 되고 마니아가 되는 걸까? 많은 사람들이 이와 같은 문화적 체험을 원하는 심리적 바탕에는 무엇이 놓여 있을까? 이어지는 글을 통해 이 질문들의 답을 찾아가 보자.

대중문화 안에서 나를 찾기

2003년 한국의 록 그룹 '크래쉬'는 신해철이 작사·작곡한 〈니가 진짜로 원하는 게 머야〉라는 노래를 다음과 같이 리메이크해 발표했다. 스스로 삶의 주인이 되고자 하는 우리의 보편적 심경을 잘 반영한 곡이었는데, 당시로서는 가사가 꽤 파격적이었다.

무엇을 원하는지 사는 대로 사네
무엇을 원하는지 가는 대로 사네
무엇을 원하는지 그냥 되는 대로 사네
니가 진짜로 원하는 게 뭐야
네 인생 전부를 걸어 보고 싶은 그런

니가 정말 진짜로 원하고 네 전부를 걸어 보고 싶은 그런

니가 진짜로 원하는 게 뭐야

그 나이를 처먹도록 그걸 하나 몰라

이거 아니면 죽음 정말 이거 아니면 끝장 진짜

네 전부를 걸어 보고 싶은 그런

니가 진짜로 원하는 게 뭐야

우리 모두는 스스로 자기 삶의 주인이기를 원한다. 누가 나를 대신하는 삶이나 누군가가 대신 정해 준 목적에 따르는 삶은 원하지 않는다. 이런 '자기답고자 함'을 한 단어로는 '진정성authenticity'이라고 표현할 수 있는데, 이 단어의 어원을 분석해 보면 '스스로 자신self을 정립한다place'는 의미를 도출해 낼 수 있다. 자신의 내면에서 생성한 삶의 방식으로 자신의 본연성이나 독자성을 추구하는 것, 다시 말해 자신만의 삶의 방식을 갖는다는 의미다. 진정성은 어느 시대에나 중요한 가치였지만 근대 이후에 더욱 중요하게 부각되었다. 고대에는 신분 질서에 기반을 둔 공동체 안에서 추구되었고, 중세에는 종교 안에서 지향되었다면, 근대에 와서는 그 토대가 어떤 외부의 것에도 의존하지 않고 전적으로 자신의 내면에서 유래하는 것으로 간주되었다. 때문에 근대 이후의 문화에서는 개인의 삶의 가치를 스스로 정립하고 그에 따라 사는 것이 더욱 중요해졌다.

　　진정성 개념의 호소력은 자아의 핵심 질문인 '어떻게 살아야 하는가'에 대한 관심에서 비롯되는데, 루소는 이런 자신을 찾고자 하는 의식을 '실존의 느낌'이라 표현한 바 있다. 이 실존의 느낌은 작가가 작품을 만들듯 스스로 자신의 삶을 만들어 갈 때 획득할 수 있으며,

자신을 표현하고자 하는 욕구를 수반한다. 우리가 진정성 있게 살고자 할 때 그것은 삶의 태도로도 내재화되지만 문화적 표현으로도 드러난다. 근대인의 후예인 현대인들은 자기다움을 중시하는 만큼 자신을 표현하는 일에도 관심을 갖는다. 내가 정립한 가치, 나의 삶, 나의 개성은 머릿속에만 존재하는 것이 아니라 창작이나 소비를 통해 나의 스타일로 표현된다. 직접 글을 쓰든 누군가의 글을 읽든 그 행위는 자신의 삶을 스스로 만들어 가고자 하는 개성의 요구에 기반을 두고 있다.

대중은 대중문화를 자신의 진정성을 실현하는 매체 혹은 자기표현의 수단으로 활용한다. 한 편의 노래는 평생의 동반자이자 기억을 불러내는 실마리가 되고, 한 편의 영화는 타인의 삶을 통해 자신의 삶을 돌아보는 계기가 되며, 한 권의 책은 일생을 같이하는 좋은 안내자가 된다. 대중문화가 제공하는 수많은 내러티브는 사람들의 삶에서 중핵이 되는 문제들과 공명한다. 대중문화는 그 시대의 아픈 삶의 단편들을 건드리고 대중은 그 이야기의 한 끝에 자신의 이야기를 엮는다.

대중문화를 통한 진정성 추구는 왜 사람들이 자신이 좋아하는 영화를 보기 위해 주말 황금 시간을 보내는지, 자신이 좋아하는 노래를 통화연결음으로 설정해 전화 건 사람들에게 들려주는지를 설명하는 단서가 된다. 또한 왜 어른이 되어서도 자신이 좋아하는 가수의 팬임을 자랑스럽게 이야기하는지, 같은 장르의 영화를 좋아하는 사람들이 모여 이야기를 나누는 동호회 활동을 하는지도 알게 해 준다. 진정성을 찾고자 하는 열망이 우리로 하여금 삶 속에 대중문화를 들여오게 하는 것이다.

하지만 문제는 대중문화가 생산되는 구조 안에 진정성 실현을 방해하는 국면이 존재한다는 점이다.

대중문화의 기만적 국면들

대중문화의 기만적 국면, 즉 진정성의 실현을 방해하는 국면으로는 첫째, 대중문화의 **미학적 단순성**을 찾을 수 있다. 소위 고급문화와 비교했을 때 대중문화는 단순성을 특징으로 한다. 클래식과 팝, 회화와 영화, 고전 소설과 탐정·공상 과학·무협 소설, 오페라와 뮤지컬은 각각 후자가 전자보다 형식이 단순하고 이해하기 쉬우며 대체로 감상 시간도 짧다. 일례로 마르셀 프루스트Marcel Proust의 《잃어버린 시간을 찾아서》는 별다른 이야기가 아닌데도 한 줄 한 줄 읽어 나가기 벅차지만, 무협지는 경험한 일이 아닌데도 술술 잘 넘어간다. 또한 좀 극단적인 사례지만, 리하르트 바그너Wilhelm Richard Wagner의 오페라 〈니벨룽겐의 반지〉는 라인의 황금·발퀴레·지그프리트·신들의 황혼 4부작으로 구성되어 있어 감상하는 데 4일(하루에 한 부씩), 무려 15시간이 필요하지만 영화 보기는 2시간 남짓이면 끝난다.

이러한 단순성은 대중문화의 일반적 특성이지만, 그 정도가 심각해지면 대중의 문화적 감식력을 낮추는 결과를 초래한다는 문제점을 갖는다. 대중에게는 과거 귀족과 달리 문화를 작정하고 즐기거나 복잡한 문화적 규약을 익힐 여유 시간이 없다. 따라서 그들이 즐기는 문화에는 형식의 단순화와 감상 시간의 단축 및 의미의 통속화가 수반된다. 하지만 지나친 단순함은 소재의 다양성과 주제적 깊이를 동반할 수 없으며, 때문에 대중의 공감을 얻어낼 수 없다. 일례로 드라마는 시작하면서 벌써 끝을 예측할 수 있을 만큼 단순한데다 이야기가 필요한 지점마저 볼거리로 대치代置되어 있다. 영화는 어디선가 본 듯한 기시감을 주며 호기심을 반감시키고, 음악은 서로 연관 없는 모티프들을 귀에 익숙하게 연결시킨다. 이 같은 상황에서 대중은 별 대안이 없어 대중문화를 소비하기는 하지만 그 끝에서 왠지 모를 공허감을 느낀다. 독일의 사회철학자 테오도르 아도르노Theodor Wiesengrund Adorno는 이러한 대중문화의 단순화를 대중의 '심미적 야만화'라고 불렀다. 심미적 야만화란 대중문화가 우리의 미적 감각을 타락시킨다는 것이다. 좋은 것을 느끼고 들을 수 있는 미적 감식력을 무시한 채 쉽고 편한 것으로만 자신을 이끌다 보면 결국 문화적 능력이 허약해진다.

미적으로 가치 있는 문화란 무엇일까? 대중문화 안에서의 미적 추구가 과연 가능할까? 미적 감상 능력을 의미하는 미적 감식력을 갖는 문화는 문화 생산자의 독창성과 수용자의 개성을 보장하는 문화일 것이다. 그런 문화를 가능하게 하려면 대중문화 안에서도 소재의 발굴, 형식의 창안, 스타일의 변화가 일어나야 하고 그것을 통해 대중의 미적 감각을 자극할 수 있어야 한다. 즉 대중문화가 새로운 시도들을 게을리하지 않을 때 대중문화를 통한 진정성 실현에 기여할 수 있을 것이다.

다음으로 대중문화를 통한 진정성의 실현을 방해하는 두 번째 국면은 대중문화의 **상업적 동질화**에서 찾을 수 있다. 동질화란 차이가 있어야 할 것들을 어느 하나로 통일시켜 같게 만드는 것을 의미한다. 이때 동질화의 대상은 장르, 스타일, 형식, 내러티브 등 그 층위가 다양하다. 우리가 드라마에 식상해하는 것은 늘 그 이야기가 그 이야기여서 새로운 재미를 느끼지 못하기 때문이다. 대중문화의 동질화는 작품 자체의 동질화에 그치는 것이 아니라 그 작품을 보고 듣는 수용자 취향의 동질화를 가져온다. 수용자들은 각자 고유한 취향을 가진 존재들인데 대중문화가 제공하는 유사한 패턴은 그들의 취향을 같게 만들어 몰개성화한다.

대중문화의 상업적 동질화 과정은 미디어 학자 벤 바그디키언 Ben Bagdikian의 '동질화 가설'에서 잘 드러난다. 이 가설에 따르면 소유권이 집중될수록 생산자는 더 동질적인 미디어 상품을 생산하게 되고, 소수의 손에 미디어가 집중되면 그 상품은 한결같이 다양하지 못하게 된다. 소유권 집중과 수평적 통합의 결과 미디어 기업 간의 경쟁이 없어지면 불가피하게 동질적인 미디어 상품만이 생산된다는 것이다. 생산자는 모험을 피하고 시장에서 검증된 것만을 재생산하려할 것이다. 그런데 이렇게 생산된 대중문화는 대중이 선택한 문화가아니라 시장의 기획에 의해 강요된 문화다.

일례로 국내 음반 시장에서는 소위 주류를 차지하는 몇몇 음반회사들이 전체 매출액의 대부분을 차지한다. 거대 제작사와 다른 제작 방식을 가진 독립 제작사인 인디레이블이 존재하지만 그들의 음악이 대중에게 전달되는 통로는 협소하다. 그 결과 몇몇 특정한 음반사만이 시장을 독점하고 중소형 음반사들은 사라지는 것을 볼 수 있다. 또한 수많은 멀티플렉스들이 생겼지만 그곳에서 평균 상영되는 영화 수는 한 주기 당 10편 내외다. 멀티플렉스의 등장으로 양적 빈곤에서는 벗어났지만 질적 빈곤은 계속되는 실정인 것이다. 이렇게 대중문화 배급·유통의 획일화와 독점화는 문화적 환경을 동질적으로 만들어 대중의 진정성 실현을 방해한다.

물론 대중문화의 유형화는 대중문화가 대량 생산 구조의 산물인 한 어느 정도는 불가피하다. 18세기에 활동한 음악가 볼프강 아마데우스 모차르트Wolfgang Amadeus Mozart는 자신이 속한 궁정의 취향만 고려해 곡을 만들면 되었지만, 오늘날 대중음악의 생산자들은 불특정한 대중을 상대로 음악을 만들어야 한다. 따라서 어쩔 수 없이 대중의 평균적 취향을 고려하게 된다. 하지만 그러한 구조에 휩쓸려 새로운 시도들을 아예 포기하고 기존의 성공한 방식만 따르게 되면 그로 인한 동질화 정도는 더 심각해질 것이다. 문화는 개인의 것이 아니므로 유형화가 불가피하다. 하지만 유형화의 정도가 심각하면 문제가 된다. 대중문화 안에 다양성이 존재하여 대중이 선택할 여지를 열어 둘 때 대중의 진정성 실현에 기여할 수 있을 것이다.

마지막으로 대중문화 안에서 진정성 실현을 방해하는 세 번째 원인으로는 **정치적 이데올로기화**를 들 수 있다. 이데올로기는 허위면서 '진리'의 자리를 차지한 관념을 말한다. 성, 인종, 계층, 국가를 둘러싼 그 시대의 대표 관념이 이데올로기인지 아닌지는 그 관념이 약자를 배제하는지 그렇지 않은지의 여부로 알 수 있다. 대부분의 대중문화 콘텐츠들은 '중산층-백인(우리의 경우 한국인)-이성애자-자국'의 관점에서 그려진다. 이는 타자보다는 나를, 소수보다는 다수를, 광고를 보고 상품을 소비할 능력이 없는 계층보다는 그런 능력이 있는 계층의 입장을 반영한 것이다. 문제는 이 기준에 따라 묘사한 내용이 세계를 공정하게 반영하지는 못한다는 점이다. 심각한 경우 소수 집단

제2차 세계대전 시기에 미국의 마블코믹스 사에서 만든 영화 캐릭터 '캡틴 아메리카'.
성조기를 온몸에 두른 듯한 이미지를 형상화해 마치 미국 그 자체가 영웅인 것 같은 느낌을
강하게 인식시킨다.

에 관한 선입견을 주조해 차별을 심화시키는 기제로 작용하기도 하는데, 대중문화가 만들어 낸 이러한 오인은 차별의 또 다른 양상으로 해당 집단의 진정성 있는 삶을 방해한다.

대중문화의 이데올로기 종속은 과거처럼 공공연히 일어나지는 않지만 지금도 부지불식간에 이루어지고 있다. 할리우드의 영화에 자주 등장하는 '영웅'은 주로 미군이나 미국 대통령이고, 이유도 없이 비행기를 납치하거나 테러를 일삼는 극악무도한 인물들은 대체로 미국의 타자他者로 그려진다. 비행기 납치나 테러는 나쁘지만 그들이 어떤 이유로 그런 일을 저질렀는지나 그렇게 하기까지의 과정은 영화에 나오지 않는다. 이러한 영화들 중에는 펜타곤Pentagon◆의 지원을 받은 것들도 있다. 전쟁이나 테러를 소재로 한 영화를 제작할 때

◆　미국의 국방부를 달리 이르는 말. 청사가 오각형으로 생겼다고 해서 붙은 이름이다.

미군의 장비 대여는 엄청난 스폰서가 된다. 이에 펜타곤은 군의 지원을 받으려는 영화감독들을 향해 창구를 열어 줘 스폰서를 받는 작품의 대본에 개입해 미국 중심의 가치를 관철시킨다. 〈탑건〉, 〈진주만〉, 〈윈드토커〉 등의 영화는 스폰서를 찾던 할리우드와 미국적 가치를 홍보하고자 하는 펜타곤Pentagon이 '윈윈'한 협상의 산물이다.

대중문화의 생산자가 자신의 정치적 '올바름'을 표현하면 안 된다는 것이 아니다. 다원주의 시대에는 누구나 자신의 정치적 입장을 표현할 수 있다. 문제는 대중문화가 여러 목소리가 경합하고 논쟁할 수 있는 공정한 장이 되지 못하고, 다수나 강자의 목소리를 일방적으로 전달하는 불균등한 장이 되고 있다는 점이다. 소수 집단은 다수 집단에 비해 자신의 정치적 올바름을 표현할 기회를 갖지 못하고, 따라서 이러한 비대칭성은 약자에 처한 집단의 진정성 실현을 방해한다. 이러한 문제를 해결하려면 대중문화가 하나의 가치가 아닌 여러 가치들이 논쟁하는 소통의 공간이 되어야 한다. 그래야 대중이 문화를 통해 자신의 진정성을 표현하는 매체로 기능할 수 있을 것이다.

대중문화 안에 존재하는 반문화

대중문화의 미학적 단순화, 상업적 동질화, 정치적 이데올로기화는 대중문화를 통한 진정성의 실현을 방해하는 요인들로 작용한다. 대중문화의 미학적 단순화 경향은 대중의 심미적 야만 상태를 초래하고, 상업적 동질화 경향은 그것을 향유하는 대중의 몰개성화를 초래하며, 정치적 이데올로기화는 소수 집단의 정체성을 오인시켜 공정한 자기표현의 기회를 막는다. 이러한 국면들은 대중문화의 주체인 대중이 문화를 통해 진정성을 실현하는 데 걸림돌이 되어 왔다. 하지만 놓치면 안 되는 것은 대중문화는 하나의 단일한 실체가 아니어서 그 안에 반작용, 즉 대중문화를 더 풍부하게 하고 개성화하며 사회 비판적으로 발전시키려는 노력들을 함께 가지고 있다는 점이다.

철학자 안토니오 그람시Antonio Gramsci는 문화가 정치·경제적 지배 구조에서 자유로울 수는 없지만, 그에 저항하는 힘을 가지는 '지배와 저항의 접점'으로 존재함에 주목한 바 있다. 문화를 헤게모니 관계로 보는 관점이란, 문화를 사회의 지배 가치를 전달하고 대항 가치를 도전케 하는 '가치 대립의 격전지'로 파악하는 것이다. 즉 문화를 어떤 의도들과 반대들 사이의 '타협된' 혼합물이나 저항과 합병의 힘들 사이를 움직이는 저울의 추와 같이 보는 것이다. 이런 관점으로 문화에 접근하면 앞서 살펴본 진정성을 막는 문제 상황에서 새로운 저항적 실천의 계기를 찾을 수 있다. 이 관점에 따르면 대중문화는 시장의 법칙이나 이데올로기적 가치를 일방적으로 통용시키는 지배 문화dominant culture이거나 혹은 그에 반대하는 반문화counter culture이기만 한 것이 아니라, 이 둘의 계기를 다 갖고 있는 미학적·사회적 실천의 장이다.

문화에 관한 그람시의 주장은 영국과 미국의 신그람시주의neo-Gramscianism로 이어졌다. 신그람시주의는 그람시의 문화론을 대중문화와 일상 문화의 분석에 적용하여 자본과 이데올로기의 지배하에서도 새로운 문화를 생산해 내는 저항적 역동성에 주목한다. 실제로 대중문화 중에는 문화의 시장화에 반대하는 인디 문화와 지배 이데 올로기에 저항하는 반문화가 존재한다. 이제까지 대중문화를 새롭게 전개해 온 것은 대중문화 내부의 '게릴라적인' 반문화가 있었기에 가능했다고 보는 것이 신그람시주의자들의 입장이다.

대중문화는 미학적으로 조잡한 것에 불과한 B급 문화를 의미하는 키치kitsch, 대중의 취향을 동질화시키는 몰개성적인 기제, 이미 깨진 화병을 붙이듯 문제 있는 사회를 봉합하는 '사회적 접착제'이기만 한 것이 아니다. 이러한 부정적 측면들 이외에도 자기 성찰을 통해 소위 고급 예술과 구별되는 대중문화만의 스타일을 만들어 내기도 하고, 대중문화의 각 장에서 새로운 영상이나 사운드 혹은 내러티브를 실험하기도 하며, 주류 집단의 가치에 저항하는 대안적 미래를 그려 보는 상상의 장으로도 존재한다.

대중문화가 반문화가 된 사례는 68혁명◆의 정신을 반영하는 1969년 미국에서 열렸던 '우드스톡 록 페스티벌'에서 찾을 수 있다. 우드스톡 록 페스티벌은 사랑과 평화를 슬로건으로 내세우고 기존 질서에 저항했다. 이 시기의 주역인 밥 딜런Bob Dylan의 노래 〈Blowin' in the wind(바람만이 아는 대답)〉에는 다음과 같은 구절이 나온다.

전쟁의 포화가 얼마나 많이 휩쓸고 나서야 세상에 영원한 평화가 찾아올까요.

◆　1968년 5월 프랑스에서 학생과 노동자들이 일으킨 사회변혁운동으로 5월혁명이라고도 한다. 1968년 3월 미국 베트남 침공에 항의해 '아메리칸 익스프레스'의 파리 사무실을 습격한 대학생 여덟 명이 체포되자 그해 5월 이들의 석방을 요구하는 학생들의 대규모 항의시위가 이어지면서 발생했다.

얼마나 많은 세월이 흘러야 사람들이 진정한 자유를 얻을 수 있을까요.
얼마나 많은 사람이 희생되어야 무고한 사람들이 너무 많이 죽었음을 깨달을까요.

당시의 냉전 구도와 베트남 전쟁으로 노골화된 신제국주의적 세계 질서에 반대하는 내용을 담은 가사며, 새로운 상상력과 감수성으로 대중의 진정성을 표현하고자 한 노래였다.

물론 현실적으로는 중심 문화가 주도권을 갖고 주변 문화는 그렇지 못한 경우가 대부분이다. 어느 시대나 지배적 가치 규범에 따르는 보수적인 문화가 그 시대를 표면적으로는 대표하기 때문이다. 같은 맥락에서 대중문화 안의 반문화는 사회의 격변기에는 존재감 있게 드러나지만 대부분의 시기에는 주류 문화의 물밑에 존재한다. 하지만 전체적으로 볼 때 대중문화 안의 반문화는 언제나 존재해 왔고, 그 안에서 비판과 저항의 계기를 포착했다. 대중문화를 이처럼 역동적으로 이해하면 대중의 진정성 있는 문화적 실천의 지평들을 발견하는 일이 가능해진다.

진정성 실현을 위한 실천들

대중문화의 상업적 환경과 지배적 이데올로기의 밀물에서 대중은 어떻게 썰물을 만들어 낼 수 있을까? 이는 전면적 거부와 같은 방식보다는 자본주의적 소비문화와 사회의 지배적 가치가 존재하는 핵심부에서 변화를 일으키는 방식으로 이룰 수 있다. 배 밖에서 새로운 배를 만들기보다는 배 안에서 고장 난 부분을 수리해 가는 협상적 방식으로 드러낼 수 있다는 것이다. 하지만 대중문화 안에서 대중이 어떻게 심미적 야만화, 상업적 동질화, 정치적 이데올로기화를 넘어 새로운 차원을 열어젖힐 수 있다는 것인가?

이러한 문제 상황에서 대중의 문화적 실천 방향은 '땜질'에 비유해 설명할 수 있다. 땜질은 문화인류학자 클로드 레비 스트로스Claude Levi Strauss가 《야생의 사고》에서 원시인들이 자신을 표현하는 방식을 지칭해 사용한 '브리콜라주bricolage'라는 단어를 번역한 말이다. 땜질은 무에서 유를 창조하는 예술가의 작업과 달리 도구와 재료의 한계 안에서 새로운 것을 만드는 작업이다. 사용할 수 있는 재료가 한정적인 상황에 놓여 있어 한정된 재료로 표현할 수밖에 없지만 그 안에서 새로운 조합들을 만들어 내는 것이다. 무전제 상태에서 계획을 세우고 만들어 가는 것이 아니라 주어진 조건 아래서 계획을 수정해 가며 만든다. 종전의 파손된 부품이나 만들다 남은 찌꺼기를 가지고 본래 모습을 재생시키는가 하면 맥락을 달리하는 새 것을 만들기도 한다.

레비 스트로스가 파악한 원시 사회의 땜질은 대중이 대중문화 안에서 실천해 볼 수 있는 '개입'의 차원을 보여 준다. 대중문화는 제작과 유통에 드는 비용이 상당하므로 대중이 직접 생산하여 향유하기는 힘들다. 대량 생산이라는 문화 환경은 피할 수 없으므로, 대량 생산된 문화 상품의 소비로 자신을 표현할 수밖에 없는 것이다. 이러한 구조에서는 영화를 제작하는 일만이 생산이 아니라 특정 영화를 선택하는 일도 일종의 '생산'이다. 대중이 자신을 표현하는 데 쓸 재료가 대량 생산이라는 문화 산업의 조건으로 주어지고 대중은 그것들을 이런저런 방식으로 구성해 대중문화를 변화시킬 수 있는 여지를 갖는 것이다.

대중은 대체로 전적으로 문화 생산자가 되기는 힘들지만 전체의 계열을 바꿔 나가는 '땜장이'는 될 수 있다. 원시 사회의 '예술가'인 땜장이가 그랬듯 대중문화 수용자인 대중도 '도구와 재료의 한계 안에서 새로운 것을 만들어 내는 것'은 시도해 볼 수 있는 것이다. 일례로 문화이론가 딕 헵디지Dick Hebdige는 펑크족들이 기존의 문화적 맥락에서 소통되던 아이템들을 기묘하게 병치시켜 만든 음악과 의상으로 그들의 분노를 표방한다고 보았다. 대중문화가 자본과 가치 면에서 지배 문화와 반문화의 접합점에 서 있다면, 대중은 기존의 가치에 대한 비판적 독해와 새로운 조합을 통해 대중문화가 지배 문화의 도구가 되는 것을 막을 수 있다는 것이다.

대중문화 안에서 진정성을 실현하고자 하는 시도, 즉 자신을 찾고 자신에게 맞는 문화를 향유하고 그 문화를 통해 자신을 표현하고자 하는 시도들은 대중문화를 비평하고 선택하고 생산하는 차원에서 가능하다. 먼저 '비평'의 차원에서 살펴보면, 대중은 작품에 대한 비판적 수용으로 진정성을 실현할 수 있다. 문화 비평은 비평가들의 전유물이 아니라 대중의 것이기도 하다. 대중은 블로그에 영화 혹은 책의 리뷰를 실어 작품에 대한 감상과 의견을 제시할 수 있고, 또 다른 대중은 그것을 읽고 작품을 선택하는 데 참고할 수 있다. 이러한 관객의 비평 능력은 대중이 작품을 스펀지처럼 수용하는 소극적 존재가 아니라 비평의 식견을 가진 존재일 수 있음을 보여 준다.

또한 대중문화를 시장에서 '선택'할 때도 대중의 적극적 개입이 이루어진다. 대중은 대체로 문화를 직접 만들지는 못해도 선택할 수 있는 자율성은 갖는다. 이 영향력은 블록버스터 영화이지만 시장에서 실패하고 소규모 영화이지만 성공하는 경우에 잘 드러난다. 아무리 투자를 많이 한 작품이라도 작품성이 떨어지면 관객이 외면하고, 홍보가 미미해도 좋은 작품은 관객이 그 진가를 인정해 주는 경우가 있다. 뮤지컬 〈헤드윅〉의 경우는 열렬한 팬들이 중복 관람한 덕분에 장기 흥행에 성공했고, 독립영화인 〈워낭소리〉는 마케팅 비용이 3,000만 원에 불과했지만 시사회에 다녀간 관객들의 평점과 리뷰에 힘입어 수많은 관객이 관람했다.

나아가 구매한 문화 콘텐츠를 그대로 소비하지 않고 '생산'하는 경우도 있다. 이는 대중문화의 대량 생산에 정면으로 도전하는 행위로, 부분적으로 변조하는 것에서부터 전체를 생산하는 것까지 다양한 형태로 행해진다. 옷을 사서 그대로 입지 않고 리폼을 하거나 아예 새로 만들듯이, 대중문화를 대중이 스스로 생산하는 것이다. 이는 인터넷 공간에서 주로 볼 수 있는데 영화나 텔레비전 프로그램 및 뮤직 비디오 등을 편집하거나 아예 직접 생산하는 활동이 그 사례다. UCC를 유포하는 등 대중이 스스로 작품을 생산하고 소통하는 방식으로 대중문화의 생산에 참여하는 것이다. 대량 생산 시대에 역행한 듯 보이는 이런 시도들은 대중이 대중문화의 수용자이기만 한 것이 아니라, 비유적이 아닌 온전한 의미에서 생산자가 될 수 있음을 보여 준다.

대중문화는 근대 이후 문화를 대표하는 대중의 일상이 되었다. 대중문화는 문화의 전면에 나타난 초기의 우려처럼 '대중을 기만하는 문화 산업'으로만 전락한 것이 아니라, 그 내부에 다양한 대항적 실천들을 포함하는 좀 더 복합적인 장으로 자리매김해 나가고 있다. 대중문화가 대중 기만의 장이 아닌 대중의 삶을 대변하고 나아가 표현하는 장이 되려면 대중의 능동적 참여가 중요하다. 대중의 능동적 참여야말로 대중문화가 갖는 여러 한계들을 반문화를 통해 극복해 나가는 추동력이기 때문이다.

생각해 볼 문제

1. 대중은 대중문화의 주체인가?
2. 대중문화를 통해 개인은 자신의 진정성을 실현할 수 있는가?
3. 대중문화가 획일화되면 미학적으로 왜 문제가 되는가?
4. 대중문화가 대중의 순응을 조장하면 사회적으로 왜 문제가 되는가?
5. 상업 문화 안에서도 미학적으로 사회 변화를 추구하는 작품의 생산이 가능한가?
6. 한국의 대중문화 안에 등장한 반문화들의 사례로는 어떤 것들이 있는가?
7. 대중문화를 주체적으로 향유하기 위한 실천 사례로는 어떤 것들이 있는가?

참고문헌

박성봉, 《대중예술의 미학》, 동연, 1995.
존 스토리, 《문화연구와 문화이론》, 박이소 옮김, 현실문화, 1999.
테오도르 아도르노·막스 호르크하이머, 《계몽의 변증법》, 김유동 옮김, 문학과지성사, 2001.
레이먼드 윌리엄스, 《문학과 문화이론》, 박만준 옮김, 경문사, 2003.
이동연, 《문화 부족의 사회》, 책세상, 2005.
사이먼 프리스·윌 스트로·존 스트리트, 《케임브리지 대중음악의 이해》, 장호연 옮김, 한나래, 2005.
딕 헵디지, 《하위문화》, 이동연 옮김, 현실문화, 1998.
이충렬, 〈워낭소리〉, 2009.
존 카메론 미첼, 〈헤드윅〉, 2002.

| 환경과 문명 |

환경과 기술 문명

박영균

웰빙과 환경 친화적 삶

'웰빙녀'는 미생물 번식을 억제하는 '웰빙 냉장고'를 열어 천연 미네랄 암반수를 꺼내 마시며 하루를 연다. 욕조에 에센셜 오일 몇 방울을 떨어뜨리고 은은한 향기를 맡으며 샤워를 한 뒤 식탁에 앉는다. 유기농 채소에 올리브 오일을 바른 빵을 곁들인 '웰빙 푸드'로 아침을 가볍게 끝낸다. 후식으로 천연 주스를 마시고 느긋하게 화장대 앞에 앉는다. 얼마 전 구입한 리코펜 화장품을 옆으로 슬쩍 밀친 뒤, 넥타 화장품으로 정성 들여 화장을 한다. 피부 세포 생성을 도와 준다는 리코펜보다 아침 꽃에서 채취한 꽃 성분이 함유된 넥타가 피부 영양과 산화 방지에 좋다고 해서 새로 산 화장품이다.

화장을 마친 웰빙녀는 한방 찻집에서 친구들을 만나 교외로 드라이브를 떠난다. 5월의 신록은 눈부시게 아름답고 공기는 달착지근하다. 유유히 흐르는 강물을 바라보니 마음이 느긋해지면서 머리가 한결 개운해진다. 돌아오는 승용차 안에서 그녀는 "지난 봄 필리핀 '웰빙 여행' 때 릴랙싱 마사지를 받아 보니 온몸의 긴장이 풀리며 너무 좋더라"며 은근히 자랑을 늘어놓는다.

웰빙녀는 강남에서도 이름난 명상 수련원에 들어선다. 편안한 자세로 앉아 심호흡을 한 뒤 눈을 감고 명상에 잠긴다. 마음을 비우려 하지만 잡다한 상념들이 실타래처럼 얽히고 꼬인다. 헬스나 스파를 하자는 친구들의 권유를 뿌리치고 귀가를 서둘

렀다.

　평수를 넓혀 이사한 새 아파트는 '웰빙 스타일'로 리모델링했다. 소파에 기대어 손목 보호 기능성 마우스로 음이온이 나오는 텔레비전을 켜고 각종 '웰빙 상품'을 선전하는 홈쇼핑에 시선을 고정시킨다. 피로가 나른하게 밀려온다.

　2004년 어느 기업의 〈CEO Report〉에 실린 글로, 조금 극단적이기는 하지만 소위 '웰빙 바람'과 함께 나타난 '웰빙적 삶'의 단면을 보여 주는 기사다. 웰빙well-being이란 말 그대로 '잘 사는 것'이다. 잘 살기 위해서는 우리 몸이 가진 원초적인 자연 상태, 즉 자연 친화적인 몸의 생태적 기능을 유지해야 한다. 그러나 오늘날 우리 몸은 현대 문명의 복잡함과 신속함, 반자연적인 기술 문명 속에서 혹사당하고 있다. 웰빙은 이런 현대 문명의 기계적이고 반자연적인 삶에 대한 일종의 저항을 표현한다. 그리고 이런 저항은 천연 미네랄 암반수, 유기농 식품, 화장품, 한방 찻집, 명상 수련원, 음이온이 나오는 텔레비전 등과 같은 자연 친화적이고 생명 친화적 상품에 대한 욕망으로 나타나고 있다.

　그러나 과연 이 같은 삶이 자연 친화적이고 생명 친화적인 삶이라고 할 수 있을까? 물론 잘 살기 위한 개인적인 노력, 잘 살려는 인간의 욕망을 탓할 수는 없다. 그러나 이런 노력들 속에는 무언가 공허하거나 사람들을 당혹케 하는 것이 있다. 그것은 웰빙녀의 삶이 개인적으로는 행복한 삶일지라도 사회 전체적으로 보면 현대 문명의 기술적 폐해와 생태적 파괴를 해결할 수 있는 삶처럼 보이지 않기 때문이다. 웰빙녀는 분명히 현대 문명의 폐해들과 반자연적인 삶이 가져온 위험과 공포를 알고 있다. 그래서 최대한 자연적인 정수들로 자신의 삶을 꾸리려고 하며 최대한 자연 친화적인 삶을 살려고 애쓰는 것이다.

그러나 문제는 이와 같은 개인 차원의 웰빙과 행복 추구가 사회 전체, 지구 전체로 볼 때는 더 많은 환경 파괴와 에너지 소비를 가져올 뿐만 아니라, 현대 기술 문명의 자연 파괴적이고 에너지 착취적인 성격을 강화한다는 점이다. 인간 또한 자연 진화의 산물이기 때문에 자연을 벗어나 살 수 없고 자연에서 생명적 힘을 획득해야 한다. 따라서 현대 문명은 자연을 이용 가능한 대상으로 설정하고 인간의 생존과 목적을 위해 그 힘을 착취해 왔다. 웰빙녀의 삶은 이런 자연의 힘을 극대화하고자 하는 현대 문명의 연속성 위에 존재한다. 바로 여기에 이 문제의 진정한 위험과 공포가 있다. 그렇다면 왜 사람들은 이런 삶을 환경 친화적 삶이라고 오해하게 되었을까?

오늘날 사람들은 환경 문제에 직접적으로 대면하지 않는다. 그저 일상적으로 주어진 기술적인 혜택과 풍요를 아무런 문제의식 없이 받아들이며 살아갈 뿐이다. 그러다 문득 그것이 일상을 위협하는 공포스러운 이슈의 대상이 되었을 때 비로소 환경 문제를 인지한다. 그러나 그 또한 그때 뿐이다. 일상은 여전히 현대의 과학 기술 문명 속에 깊숙이 잠겨 있다. 지구의 종말, 또는 환경오염 같은 자기 생명에 대한 위협을 느낄 때만 임기응변적 대응을 하고 자기 편의적으로 환경과 자연에 관심을 보일 뿐이다.

게다가 사람들의 일상은 너무나 개인주의적 쾌락과 향락에 젖어 있다. 소비는 그들의 일상적 삶을 만든다. 지젝은 이런 소비적 삶을 영원히 충족될 수 없는, 결국은 무無일 수밖에 없는 '잉여-주이상스$_{plus-de-jouir,\ surplus-jouissance}$'라는 개념으로 특정했다. '잉여-주이상스'
의 향락을 포기하지 않는 이상 오늘날 환경 문제를 해결할 수 있는
길은 없다.

　하지만 사람들은 이 욕망을 포기하지 않으며 그러기 위해 다양
한 방식의 변명들 또는 환경 문제에 대한 오해들을 생산한다. 가령
앞의 사례가 보여 주듯이 환경 문제가 지구적인 문제며 개인의 삶을
벗어나 있다는 점을 보지 않거나 애써 감추려 한다. 친환경적 삶은
결코 개인의 안위와 안락 또는 개인 차원의 환경 친화적 삶을 의미하
지 않는다. 나와 가까운 주변의 일이 아니라 지구 저편에 있는 나라
들에서 일어나는 문제며 전 지구적 문제다. 따라서 결코 개인주의적
인 자세를 견지해서는 획득할 수 없고 지구 공동체라는 전체성과 이
땅은 우리 후손에게 물려주어야 할 환경이라는 역사성을 가질 때 사
유될 수 있는 삶이다.

　또한 웰빙녀의 삶이 보여 주듯이 환경 문제와 빈곤 문제는 분리
할 수 없다. 웰빙녀가 환경 친화적 삶을 누릴 수 있는 것은 그녀가 기
본적으로 그것을 향유할 수 있는 부를 소유하고 있기 때문이다. 지구
상에 살고 있는 대부분의 사람들에게 이런 삶은 불가능하다. 그럼에
도 자본은 이 문제에 눈감고 환경 문제에 대한 공포나 위협을 상품
생산을 위한 기제로 활용하며 지구 전체 차원에서 빈곤 문제를 재생
산한다. 오늘날 선진국들은 다양한 환경 상품들을 개발하고 고가에
팔아 부자들의 성채를 장식하고 있다. 반면 가난한 나라들은 그들의
환경을 자연 친화적으로 바꿀 수 있는 돈조차 가지고 있지 못하다.
심지어 환경 유해 산업들이 제1세계에서 제3세계 빈국으로 이전되고
있어 빈국들이 쓰레기 처리장이 되어 가고 있는 실정이다.

현대 미국의 기술철학자 랭던 위너Langdon Winner는 기술을 '제2의 자연'이라 했고 비슷한 시기 미국에서 최초로 기술철학서를 출간한 돈 아이디Don Ihde 역시 현대인을 '기술적 이브'라고 정의했다. 이렇듯 현대의 삶에서 삶의 배경을 이루는 것은 자연이 아니라 기술-기계다. 사람들은 이런 기술-기계가 주는 편리와 이득을 결코 포기하지 않으려고 한다. 기술-기계는 이미 사람들의 삶을 가능하게 하는 조건이자 삶의 일부다. 환경은 이런 사람들에게 양면적 선택을 요구한다. 환경-생태를 위해 일정 정도 현대 기술 문명이 제공하는 편리와 이득을 포기해 달라고 말이다. 그러나 사람들은 그런 편리와 이득을 포기할 수 없다. 그러면서 환경 문제가 오늘날의 거대한 과학 기술을 만들어 온 현대 문명 그 자체의 문제라는 사실 역시 보지 않으려 한다.

기후 변화와 화석 에너지 문명

오늘날 전 지구적 차원의 환경 문제를 가장 잘 보여 주는 것은 '지구 온난화와 기후 변화'다. 국제연합UN은 1995년 이후 매년 당사국 총회COP에서 기후 변화와 관련된 회의를 개최하고 있다. 1997년 12월 일본 교토에서 열린 제3차 당사국 총회에서는 선진 38개국(당시 우리나라는 포함되지 않았다)이 2008년부터 2012년까지 온실가스 배출량을 1990년 수준보다 평균 5.2퍼센트 감축해야 한다는 '교토 의정서'를 체결했고, 2007년 12월 인도네시아 발리에서 열린 제13차 당사국 총회에서는 1988년 국제연합 총회 결의에 따라 설치된 '기후 변화에 관한 정부 간 패널IPCC'과 그 성과로 얻어진 1992년 '리우 환경 협약'에 근거해, 선진국은 물론 개발도상국까지 온실가스 감축에 참여해야 한다는 '발리 로드맵'을 채택했다. 2015년 12월 프랑스 파리에서 열린 제21차 당사국 총회는 2020년 만료 예정인 '코펜하겐 협정'을 대체하기 위해 개최되었는데, 코펜하겐 협정은 2009년 덴마크 코펜하겐에서 열린 제15차 당사국 총회 때 논의된 것으로 지구 평균 기온 상승폭을 산업화 이전 대비 섭씨 2도 내로 제한한다는 등의 내용을 담고 있었다.

지구 온난화는 지구의 온도를 상승시켜 기후 변화를 일으키는데, 기후 변화는 지구 생태계에 치명적인 결과를 낳는다. 온실 가스에 의한 지구 평균 기온의 상승은 이상 기후뿐만 아니라 해수면의 상승과 저지대의 침수, 극지대나 히말라야 산맥 등 결빙 지역의 해빙과 사막의 확대, 오존층 파괴에 따른 자외선 노출과 이에 따른 곡물 수확량의 감소와 각종 질병의 발생 등을 초래한다. 많은 학자들은 현재의 상태로 온실 가스를 내뿜는다면 100년 후 지구 평균 기온은 최대 섭씨 5.8도까지 상승할 것이며 해수면은 1미터까지 올라갈 것이라고 경고하고 있다. 결코 먼 이야기가 아니다. 오늘날 뉴스에서 보도되는 엘니뇨와 라니뇨 등에 의한 각종 이상 기후 현상과 남태평양의 섬나라 투발루의 침수와 이주, 북극 지역의 급속한 해빙, 가까운 몽골과 중국 지역의 사막화와 이에 따른 황사 현상 등에서 그 사례를 확인할 수 있다.

그런데도 기후 협약은 순조롭게 이루어지지 않고 있다. 기후 변

지구 최초의 지구 온난화 난민 국가 투발루의 모습. 전문가들은 앞으로 50년 안에 투발루가 완전히 바닷속으로 잠길 것이라고 예측한다.

화는 일국이 해결할 수 없는 전 지구적 문제이기 때문에 여러 나라가 함께 모여 회의를 하는 것인데 그 과정에 많은 난관이 도사리고 있는 것이다. 이제까지 이루어진 기후 변화 협약 가운데 사람들의 입에 가장 많이 오르내린 '교토 의정서'를 예로 살펴보자. 교토 의정서는 온실 가스 배출에 실질적인 역사적 책임을 가지고 있는 선진국(38개국)들에게만 온실 가스 배출량을 제1차 공약 기간(2008~2012년) 동안 1990년도 배출량 대비 평균 5.2퍼센트 감축할 것을 요구하였다. 그러나 의무 이행 대상국 선정 등의 과정에서 거듭 난항을 겪었고 전 세계 온실 가스 전체 배출량의 30퍼센트를 내놓는 미국은 2001년 발효를 거부하고 기후 협약에서 탈퇴하였다.

왜 사태가 이렇게 심각한데도 각국의 의견 조율이 어려운 것일까? 사람들은 주로 기후 협약에 미온적인 미국이나 오스트레일리아, 또는 중국 같은 개발도상국들의 이기심을 비난한다. 그러나 문제는 그렇게 단순하지 않다. 문제의 심각성은 바로 현대 문명이 (선진국이든 개발도상국이든 간에 모두) 석유와 석탄 같은 '화석 에너지'를 기반으로 하는 문명이라는 점에 있다. 온실 가스 감축 문제는 곧 그 나라의 경제적인 문제와 직결된다. 다시 말해 그 나라의 경제 개발이나 경제 성장에 일정한 제약을 가하는 것이라는 말이다. 특히 이제 막 본격적인 발전을 도모하고 있는 개발도상국들은 산업 개발을 포기할 수 없다. 그래서 그들보다 먼저 산업 개발을 수행한 선진국이 더 많은 책임을 져야 한다고 주장한다. 반면 선진국은 개발도상국이 현재 수행하고 있는 개발이 지구 온난화를 더 악화시키는 주범이라며 그들에게 책임을 물으려 한다. 책임 떠넘기기가 지속되고 있는 것이다.

　게다가 '엑손-모빌' 같은 세계 최대의 석유 화학 기업은 화석 연료가 기후 변화를 유발한다는 견해를 반론할 근거를 연구비 지원 등을 통해서 대대적으로 조성하고 있다. 여기에 '기후 변화 자연 발생설'을 주장하는 다양한 견해들까지 가세하는 등 문제를 덮으려는 시도가 다양하게 행해지고 있다. 기후 변화 자연 발생설은 과거 지구에는 절반이 빙하였던 적도 있었으며 시베리아나 몽골 지역에 공룡, 매머드가 살 정도로 더웠던 시기도 있었다면서 지구 기온은 원래 변동이 심하다고 주장하는 이들의 이야기다. 태양의 활동이 너무 활발해 지구 기온이 상승하는 것이라는 근거를 내세워 온실 가스가 현재의 기온 상승과 무관하거나 극히 관계가 적다고 주장하는 이들도 있다.

　그러나 이런 대부분의 논의에는 적절한 근거가 없다. 예를 들어

전 세계의 개미가 내뿜는 메탄이 인간이 내뿜는 온실가스보다 많다고 주장하는 사람들이 있는데, 이것은 셀룰로오스를 먹어 메탄가스를 내뿜는다는 일부 흰개미들의 이야기를 마치 전체 개미들의 이야기처럼 확대하여 말한 것일 뿐이다. 태양의 활동 때문이라는 견해도 사실이 아니다. 기후학자들 대부분은 태양의 활동이 현재의 기온 상승에 미친 영향은 약 30퍼센트 정도 뿐이고 70퍼센트는 인간의 활동에 의한 것이라고 주장한다. 실제로 지난 150년 동안 이산화탄소 농도(280ppm→370ppm)와 지구 평균 기온(섭씨 0.6도 상승)이 지속적으로 상승했는데 이것은 역사상 유례를 찾아볼 수 없는 현상이다.

따라서 온실 가스 배출량 억제에 대한 국제적 협력을 만들어 내는 일은 매우 중요하고도 긴급한 문제다. 교토 의정서는 이를 위한 매우 실용적인 제안을 담고 있었다. 교토 의정서에서 제안한 '신축성 있는 교토메커니즘(공동 이행 제도, 청정 개발 체제, 배출권 거래 제도)'은 선진국과 개발도상국 사이의 이해관계를 조정하고 상호 개발 이득을 취하는 방향에서 온실 가스를 감축할 수 있는 제안이었다. 그러나 근본적인 해결책은 아니었다. 게다가 선진국과 후진국 사이에 존재하는 경제적인 양극화 문제와 환경 양극화 문제를 더욱 악화시킬 여지를 갖고 있었다.

예를 들어 '공동 이행 제도'는 선진국과 후진국 간의 온실 가스 배출량 거래를 허용하는데 이를 이용해 선진국은 후진국에 돈을 주고 온실 가스 배출량을 살 수 있다. 또한 '청정 개발 체제'를 통하면 선진국은 후진국에 투자하여 온실 가스 감축을 돕고 그 감축량으로 자국의 감축 의무를 대체할 수도 있다. 그렇게 된다면 온실 가스의 전체 배출량은 현 상태를 유지하게 될 뿐만 아니라 선진국은 환경 오염 산업들을 후진국에 이전시켜 후진국을 환경 오염국으로 만들 수도 있다. 실례로 멕시코는 북미 자유 무역 협정NAFTA을 맺은 이후 급속히 '환경 오염국'으로 변모했다. 캐나다와 미국의 환경 유해 산업들이 멕시코로 이전되었기 때문이다. 더불어 환경 유해 산업이 이전되면서 이전에는 마실 수 있었던 강물이 발을 씻을 수도 없는 폐수덩어리가 되었다. 가난한 사람들은 이제 물 부족에까지 시달린다. 멕시코의 가난한 사람들은 빈곤과 더불어 환경 파괴라는 이중의 빈곤상태에 빠져들게 되었다.

지구 온난화와 기후 변화는 단순히 지구적 협력에 의한 온실 가스 감축만으로 해결할 수 있는 문제가 아니다. 현대 문명 전체 차원에서의 '에너지 체계의 근본적 전환'이 필요하다. 특히 이 전환은 오늘날 화석 연료의 핵심을 구성하는 석유 자원이 대략 10년이나 20년 후에는 수급 부족 현상에 직면할 것이라는 전망과 관련하여 더욱 긴급하게 요구된다. 석유 발견이 1960년대 최대치에 도달한 이후 현재는 그것의 10분의 1 정도로 떨어졌다는 사실을 감안한다면 앞으로 추출 가능한 석유총량은 2조2,000억 배럴 정도일 것이다. 4조 배럴 이상으로 추정하는 국제 에너지 기구의 추산은 명백히 과장된 것이라고 할 수 있다.

끊임없는 석유 쟁탈전을 불러 온 이 서구 문명의 에너지 체계를 바꾸지 않고서는 현재의 문제를 해결할 수 없다. 오랜 세월동안 유지해 온 화석 연료를 착취하여 그것을 '소비'하는 생산 체제가 아니라 지구의 생태적인 순환 메커니즘 안에서 에너지를 '활용'하는 방식으로의 전환이 필요하다는 의미다. 풍력·수력·조력·태양 에너지 등은 지구 생태계의 순환성 안에서 발생하는 에너지로, 지구의 자정 능력과 생태적 순환계를 파괴하지 않는다. 반면 석유 같은 화석 에너지는 오랜 진화의 산물로 고도로 농축된 에너지며 고갈될 수밖에 없는 에너지다. 게다가 거기에서 나오는 부산물은 지구의 생태적 메커니즘을 파괴한다. 생태 친화적인 '대안적 에너지 시스템'의 구축을 향한 '전면적인 방향 전환'이 시급히 필요한 때다.

생명 공학과 생명의 파괴

현대 문명은 고高에너지를 자연으로부터 착취하는 문명일 뿐만 아니라 자연의 생명을 인간의 이기적 탐욕을 위해 사용하는 문명이다. 생명 공학은 한때 우리나라에서도 배아줄기세포를 연구한 황우석이 국가 과학자로 존경받으면서 '황우석 신드롬'을 만들어 냈던 것처럼 오늘날 가장 각광받는 산업 분야다. 2000년 당시 미국 대통령이었던 빌 클린턴Bill Clinton과 영국 총리였던 토니 블레어Tony Blair는 인공위성까지 동원한 화려한 쇼와 더불어 게놈 지도의 초안을 발표하면서 "인류사에서 가장 중요한 사건 중 하나"가 일어났다고 선언했다. 사람들은 '인간 게놈 프로젝트'가 인류가 오랫동안 풀지 못했던 생명의 신비를 밝혀내고 결코 정복할 수 없는 절대적 공포인 죽음에서 벗어날 수 있게 해 줄 것이라는 착각에 빠져들었다. 그러나 생명 공학의 발전은 결코 자연에 대한 완전한 지배도, 인간의 영생도 가져다 줄 수 없었다. 오히려 현대 기술이 지닌 '산업적·상업적 성격'과 '정치화'의 결과로, 인간과 자연을 포함하는 생명 전체에 대한 착취를 강화했을 뿐이다.

이론적으로 생명 공학의 출발점을 이룬 것은 1953년 미국의 생물학자 제임스 왓슨James Dewey Watson과 영국의 생물학자 프란시스 크릭Francis Harry Compton Crick이 DNA의 이중 나선 구조를 밝혀내면서부터였다. 그리고 1972년 제너럴 일렉트릭 사 소속의 과학자 아난다 모한 차크라바티Ananda Mohan Chakrabarty가 기름띠를 분해할 수 있는 '슈도모나스'라는 세균의 균주를 개발하여 특허를 신청한 이래로 생명 공학 기술은 황금알을 낳는 거위가 되었다. 최초의 생명 공학 회사는 1976년에 설립되었다. 재조합 DNA 기술을 처음으로 개발한 허버트 보이어Herbert W. Boyer가 벤처 사업가 로버트 스완슨Robert Swanson과 손을 잡고 '제넨테크'라는 회사를 설립한 것이다. 인간 게놈 프로젝트는 이런 생명 과학 기술의 상업화와 탈냉전 이후의 정치적 이해관계가 맞물리면서 이루어졌다.

인간 게놈 프로젝트는 1985년 산타크루스 캘리포니아대학교에서 열린 회의를 거쳐 정부와 주요 생명 과학자들의 주도로 국제적 컨소시엄을 구성하고 1990년 10월 1일 공식적으로 출범하였다. 이것은 미국 내부적으로 보면 원자폭탄을 만들었던 맨해튼 프로젝트, 미소 간 경쟁의 산물이었던 아폴로 계획과 나사NASA의 건립, 탈냉전 체제 이후의 SDI-MD 체제의 구축과 맞물려 있다. 따라서 출범 이전부터 하버드대학교의 버나드 데이비스Bernard Davis와 그의 동료들은 '거대 과학화', '과학의 정치화', '특정분야에 대한 집중과 다른 분야의 소외' 등 비판 구호를 외치며 프로젝트를 반대하는 논의를 전개하였다. 그럼에도 이 프로젝트가 화려한 스포트라이트를 받으면서 진행될 수 있었던 것은 현대 과학의 특성 때문이다.

사람들은 흔히 이런 문제들을 그 일에 참여하는 과학자들이나 정치적 목적으로 사용하는 일군의 정부 관계자들의 문제로 치부하는 경향이 있다. 그러나 이것은 현대 문명의 토대를 제공하고 있는 현대 과학 기술의 특징을 보지 못한 단견일 뿐이다. 현대 기술은 개인적인 창의와 숙련에 의존하는 과거 기술과 근본적으로 다르며, 과학과 기술이 밀접하게 결합된 '과학 기술scientific technology'이다. 따라서 연구 또한 개인의 능력이나 창의성에 의존하는 것이 아니라 각종 실험 도구와 관찰 기구들, 그리고 그것을 다루는 다양한 전공의 연구자들이 조직되어 있는 거대한 실험실 안에서 이루어진다. 문제는 바로 이런 거대 과학이 이를 조직할 수 있는 거대한 자금을 필요로 한다는 점이다. 따라서 현대 기술들은 필연적으로 정치적이거나 경제적인 집단과 밀접한 관계를 맺게 되며 이른바 '국가-자본-과학자'가 결합된 '과학 기술 동맹'을 형성하게 된다.

우리나라의 '황우석 신드롬'도 이런 과정을 통해서 형성되었다. 노무현 정부의 생명 산업BT: biotechnology 육성 정책과 의료 산업화 정책은 황우석의 줄기세포 연구와 밀접한 관련을 맺고 있었다. 노무현 정부는 병원의 영리 법인화와 민간 의료 보험의 도입을 골자로 하여 의료 산업화 정책을 추진하였다. 이것은 황우석의 배아줄기세포 연구를 기업 육성과 이윤 추구를 지향하는 상업적 목적으로 바꾸어 놓은 것으로, 이와 같은 과학 기술 동맹은 전 세계 차원에서의 줄기세포 연구자들을 조직한 '세계 줄기세포 허브'라는 국제적인 과학 기술 동맹으로 발전하였다. 생명 공학의 발전은 결코 모든 인간의 삶을 위한 것이 아니다. 오히려 돈 있는 사람들만을 위한 것이며 돈을 벌기 위한 수단으로 존재하는 것이다. 생명 공학의 발전은 의료의 불평등, 건강의 불평등을 강화할 뿐이다.

이것은 오늘날 빈부 격차에 따른 비만도의 차이와 성인병의 증가, 환경 호르몬에 의한 다양한 신종 질병 등의 확산에서도 나타나는 바다. 일반적으로 사람들은 생명 공학이 모든 인간의 생명을 살릴 수 있는 소중한 기술이라고 생각한다. 그러나 이 기술은 오히려 인간의 생명을 파괴하는 절대적인 '위험'이 되어 가고 있다. 대표적인 것이 'GMOgenetically modified organism'와 'LMOliving modified organism'다. 이것은 모두 "한 생물의 DNA에서 유용한 정보를 나타내는 부분을 떼어 내 다른 생물의 DNA에 삽입함으로써 목적하는 새로운 물질이나 품종을 생산하는 기술", 즉 재조합 DNA 기술을 식품-의료 산업에 응용한 것이다.

그런데 현대 과학이 만들어 낸 재조합 DNA 기술은 '판도라의 상자'가 될 가능성이 높다. 그리고 이에 대한 위험성은 이미 이 기술이 탄생한 시점부터 제기되어 왔다. 재조합 DNA 기술을 연구한 과학자들은, 첫째 DNA를 접합할 때 사용되는 바이러스에 인간이 감염될 수 있으며, 둘째 신종 DNA가 생태계로 방출되었을 때 그 위험 정도를 상상할 수 없고, 셋째 이 기술이 사회에 어떤 영향을 줄지 알 수 없다고 비판하면서 연구의 위험성을 경고했다. 기술의 사회·윤리적 위해성 여부가 밝혀질 때까지 우리 스스로 연구 중지를 선언하자는 제안을 했고 이에 따라 미국의 국립 과학 아카데미가 재조합 DNA 기술의 잠재적 위험을 연구하는 '연구 패널'을 구성했다. 당시 패널의 장이었던 폴 버그Paul Berg는 '버그 서한'을 작성해 재조합 DNA 기술의 잠재적 위험도에 따라 개발 과정에서 행해지는 실험들을 세 가지 유형으로 분류하고 과학자들의 주의 깊은 판단에 따라 (위험한 실험에는) '자발적인 유예voluntary deferring'를 선언하자는 내용을 명시했다.

그럼에도 차세대 성장 동력으로 주목받던 생명 산업은 과학 기술 동맹을 구축하고 재조합 DNA 기술을 열광적으로 추진했다. 거대 생명 산업체와 연구에 참여한 생명 공학자들은 재조합 DNA 기술이 난치병이나 불치병 같은 인간의 병을 치료할 수 있으며 인류의 식량난을 해결할 수 있고 인체에 유해하다는 과학적 증거가 없다는 점을 들어 자신들이 진행하는 연구의 정당성을 주장했다. 그러나 이런 주장은 사실상 다국적 제약 회사와 농업 회사 같은 생명 산업체들의 이해를 대변할 뿐이었다. 다국적 제약 회사들은 생명 특허와 유전자 검사, 자질 함양 유전자 조작 등 유전자의 상품화를 통한 독점적 이득을 노리고 있었으며 몬샌토, 노바티스, 듀퐁 등 다국적 농업 회사들은 형질 전환동물의 복제와 '터미네이터 기술terminator technology' 등을 통한 대량생산과 독점 이윤을 노리고 있었다. 실제로 이런 생명 산업들은 식량 문제를 해결할 수 없을 뿐만 아니라 오히려 생물의 다양성을 훼손하며 자연생태계 자체를 파괴할 여지를 가지고 있었다.

생명 산업체는 기본적으로 이윤을 목적으로 하기 때문에 싼 가격에 대량 생산된 특정 농산물을 독점함으로써 독점 이윤을 취하고자 한다. 예를 들어 당시 미국의 몬샌토사는 '라운드업Round-Up 제초제'와 동시에 라운드업 제초제에도 살아남을 수 있는 유전자 조작된 '라운드업 레디Roundup Ready 콩 종자'를 개발하여 전 세계 농가에 유포하려는 계획을 가지고 있었다. 그 계획이 성공한다면 라운드업 제초제를 한 번이라도 사용한 농가는 계속해서 그 종자만을 써야 하게 된다. 게다가 일부 생명 산업체들은 이미 한 번 사용한 종자를 통해 수확한 종자는 스스로 자살하게 하는 유전자 조작을 가한 터미네이터 기술을 통해 독점적인 이윤을 확보하려고까지 했다. 따라서 이 종자를 한 번이라도 사용한 나라는 계속해서 그 종자를 수입하는 '예속국'이 될 수밖에 없다. 이에 제러미 리프킨Jeremy Rifkin은 생명 공학이 "가난한 사람들에 대한 부자들의 쿠데타"라고 비판했으며, 그외 다른 사람들도 유전자 변형 농산물은 식량난의 해결이 아니라 '식량의 무기화'라고 비판했다.

생명 산업의 폐해는 여기서도 멈추지 않았다. 인간의 생명에까지 치명적인 위협을 가했다. 생명 산업체들은 위험이 입증된 바가 없다고 하지만 그들이 만든 물질은 모두 신종 물질이며, 신종 병을 유발할 여지를 가지고 있다. 실제로 1989년 미국에서는 일명 '트립토판 사건'이 발생했다. 트립토판은 식품 첨가제로 사용되는 아미노산의 일종인데, 과학자들은 미생물에 트립토판 유전자를 삽입하여 대량의 트립토판을 얻었다. 그런데 이 트립토판을 먹은 사람들 중 36명이 사망하고 1만여 명의 환자가 발생한 사건이 터졌다. 그런데도 유전자 조작된 트립토판과 이 질병 사이의 과학적인 인과관계가 입증되지 않아 제대로된 해결책을 마련하지 못했다.

이 모든 문제는 자본의 이해관계에 의해 움직이는 과학 기술 동맹과 현대 과학 기술 문명의 패러다임 자체를 바꾸지 않고서는 해결할 수 없다. 현대 문명의 물질적 토대는 자연과 인간의 생명을 착취하는 패러다임 위에서 움직이고 있다. 오늘날 자본은 자연을 사유화하고 나아가 그것을 이윤의 독점적 원천으로 바꾸고 있다. 각국에서 진행되고 있는 물(水) 사유화 역시 자본-기술-정치권력의 동맹을 통해서 이루어지고 있다. 공동체적인 나눔과 사람들의 상호 협력 위에 구축되는 사회적인 삶은 철저히 배제되고 있다. 이 움직임은 단지 인간을 자본의 이익을 위한 도구로 만드는 데서 멈추지 않을 것이다. 자연을 지배하려는 욕망, 자본과 결합된 과학 기술의 테크노피아적 광기는 자연을 사유화하는 과정을 통해서 모든 생명의 공통적 대지인 지구라는 삶의 터전을 스스로 파괴하게 하는 데까지 이를 것이다. 여기에 오늘날 현대 문명의 진정한 위험이 있다.

현대 기술 문명의 반존재론적 성격과 민주주의적 통제

하이데거는 1962년에 펴낸 《기술과 전향》에서 현대 기술의 특징을 특정한 방식으로 존재를 개방하는 '게슈텔gestell(틀 박음)'이라고 규정하면서, "자연 과학의 표상 방식은 자연을 계산 가능한 힘의 연관으로 추적하는 방식 안에서 특정한 틀로 몰아세운다"라고 비판하였다. 이것은 곧 근대 문명의 본질을 존재론적으로 드러내 보여 준 것이다. 하이데거가 보기에 현대 기술 문명은 결코 존재의 의미를 묻는 존재 안에 거주하는 것이 아니었다. 오히려 자기 존재의 의미와 가치를 상실한, 타락한 일상인의 삶을 부추기는, 자아의 상실이라는 진정한 위험을 낳는 문명이었다. 웰빙녀의 삶은 이런 위험 속에 거주한다.

현대 기술 문명의 반존재론적 성격은 그것이 세계의 중심이자 주인을 인간으로 보는 '인간 중심주의'에 의해 강화된다는 점에서 역설적이다. 현대 문명은 인간의 이성적 사고 능력과 인간의 자연 지배적 힘을 믿는다. 그것이 현대 문명의 거대한 부와 과학 기술의 발전을 가져왔다. 그러나 역설적이게도 현대 문명은 인간을 도구화하고 부품화할 뿐만 아니라 자연을 부품, 조작 가능한 대상으로 바꿔 인간뿐만 아니라 지구의 생존까지 파괴하고 있다. 따라서 현대 문명에서 환경 문제는 단순한 환경 파괴나 쓰레기 증가 현상에 대한 대처의 문제로만 볼 것이 아니다. 본질적으로 새로운 가치의 전환, 패러다임의 전환을 요구하는 문제로 봐야 한다.

이런 측면에서 생태주의는 인간 자신의 가치 전환을 촉구하는 동시에 인간의 근본적인 한계, 즉 인간은 자연 안에서 존재할 수밖에 없으며 사회적 존재이기 이전에 자연적 존재라는 한계를 깨닫고 반성하게 하는 큰 성찰의 계기가 될 수 있다. 그러나 생태주의는 과학 기술이 다른 한편으로 여전히 진리를 드러내는 탈은폐의 한 방식이라는 점을 보지 않은 채, 신비주의를 강화하고 사회적 빈곤의 문제를 배제하면서 개인주의적이고 무정부주의적인 삶을 마치 진정한 생태적 삶인 것처럼 보이게 하는 측면을 가지고 있다.

따라서 환경 문제 앞에서 우리가 해야 할 일은 생태주의냐 기술주의냐의 양자택일적 선택의 기로에 서는 것이 아니라, 현대 과학 기술의 본질적인 특성인 과학 기술 동맹의 속성을 파악하고 이에 대항할 수 있는 새로운 삶의 방식, 즉 새로운 기술적 패러다임의 전환을 모색하는 것이다. 찬贊기술pro-technic이나 반反기술anti-technic 사이에서 고민하는 것은 오히려 환경 문제에 대한 망각을 낳을 뿐이다. 선택되어야 할 것은 새로운 과학 기술의 패러다임적 전환을 통한 '생태적인 기술, 생명 친화적 기술'을 개발하는 것이다.

그러나 기술이냐 생태냐의 도식들은 언제나 기술결정론적인 관점에 빠져든다. 따라서 여기에 기술결정론이 아니라 사회결정론의 관점에서 대안적 기술 패러다임을 만들어 가는 과정이 추가 되어야 한다. 앞서 잠깐 언급했던 미국의 철학자 아이디가 말했듯이 기술은 다른 사회 요인들을 결정하는 실체가 아니라 '경향적 초점' 또는 '경향적인 변수'다. 기술의 기획과 채용, 활용은 사회적 과정을 통해 이루어진다. 오늘날 현대 기술의 공포는 그것이 과학 기술 동맹이 활용하는 정치-사회-문화-매체를 통해서 확대 재생산된다는 점에 있다.

기술은 중립적인 것이 아니라 오히려 정치적이며 '계급 편향적'이다. 따라서 환경 문제는 사회 구조적 문제를 가지고 있다. 브룬트란트위원회가 지적했듯이 "불평등은 지구에서 가장 중대한 '환경' 문제다. 동시에 가장 중대한 '개발' 문제이기도 하다." 따라서 기술의 기획과 채용에 대한 민주주의적 통제, 사회적 통제가 모색되어야 한다. 이것은 전 세계적 차원에서도 동일하게 적용되어야 할 관점이다. 남북문제와 환경 문제를 둘러싼 선진국과 개발도상국의 대립도 이런 관점 없이는 해결이 불가능하다. 하루 속히 환경 문제를 또 다른 자본의 이득 취득의 장으로 바꾸거나 자국의 이해를 위한 정치적 도구로 바꾸는 메커니즘을 통제하는 '지구 차원에서의 사회 운동'과 이런 사회적 힘에 의해 '거버넌스'를 창출하는 과정이 필요하다.

생각해 볼 문제

1. 오늘날 웰빙의 여러 형태들에 대해 이야기하고 그것이 지닌 문제가 무엇인지에 대해 이야기해 보자. 웰빙의 형태들은 어떤 모습으로 나타나고 있으며, 자본은 이것을 어떻게 사용하는가? 또한 지구의 종말을 대비하면서 산 속으로 들어가 사는 사람들의 삶이나 소규모 공동체의 삶이 과연 생태적인 삶의 대안이 될 수 있는지에 대해서도 이야기해 보자.
2. 오늘날 환경 문제의 근원적인 문제가 어디에서 유발되는지 현대 문명과 관련하여 이야기해 보자. 환경 문제를 유발하는 여러 사회·정치·경제·문화적 요소들을 찾아보고 이런 사회적 요소들이 어떻게 환경 문제를 낳게 되었는지에 대해 이야기해 보자.
3. 우리 주변에 있는 다양한 유전자 변형 식품들에 대해 조사해 보고, 이와 같은 유전자 변형 식품이나 생명체들이 어떤 문제를 유발할 수 있는지 이야기해 보자. 특히 집단적인 발병이나 문제를 낳았던 다양한 유전자 농산물이나 동물체들을 조사해 보고 이에 대해 토론해 보자.
4. 오늘날 우리 삶에서 화석 에너지에 의존하고 있는 것들을 찾아보고 그것들이 어떤 문제를 유발하는지 토론해 보자. 그리고 그에 대한 대안적 시스템이 될 수 있는 것들을 조사해 보자.
5. 현대의 기술 문명이 지닌 진정한 위험이 무엇인지 토론해 보고 이를 제어하기 위한 정치·경제·문화적 요소와 민주주의적 통제 방식에 대해 논의해 보자.

참고문헌

폴 맥가, 《녹색은 적색이다》, 조성만 옮김, 책갈피, 2007.
울리히 벡, 《지구화의 길》, 조만영 옮김, 거름, 2000.
데이비드 아널드, 《인간과 환경의 문명사》, 서미석 옮김, 한길사, 2006.
돈 아이디, 《기술철학》, 김성동 옮김, 철학과현실사, 1998.
월드워치연구소, 《탄소 경제의 혁명》, 생태사회연구소 옮김, 도요새, 2008.
이진아, 《지구에서 일어나고 있는 일들》, 책장, 2008.
이필렬, 《생태적 삶을 찾아서》, 한국방송통신대학교, 2011.

정혜진, 《착한 도시가 지구를 살린다》, 녹색평론사, 2007.

마르틴 하이데거, 《기술과 전향》, 이기상 옮김, 서광사, 1993.

헬레나 노르베리-호지, 《오래된 미래》, 양희승 옮김, 중앙북스, 2007.

앤드류 니콜, 〈가타카〉, 1997.

존 프랑켄하이머, 〈닥터 모로의 DNA〉, 1996.

미야자키 하야오·코마츠바라 카즈오, 〈바람 계곡의 나우시카〉, 1984.

데이비스 구겐하임, 〈불편한 진실〉, 2006.

마이크 니콜스, 〈실크우드〉, 1983.

마이클 베이, 〈아일랜드〉, 2005.

스티븐 소더버그, 〈에린 브로코비치〉, 2000.

미야자키 하야오, 〈모노노케 히메〉, 1997.

롤랜드 에머리히, 〈투모로우〉, 2004.

| 노동과 자연 |

인간, 노동 그리고 자연

강경표

존 헨리 이야기

존 헨리라는 흑인 노동자 이야기를 들어 보았는가? 나에게는 영화 속 한 장면으로 남아 있지만, 누군가에게는 그래픽 노블 트랜스포머 시리즈의 《강철의 혼》 이야기로 기억되어 있을지 모른다. 전설이라는 것이 다 그렇듯 알맹이를 빼고는 시대에 맞게 조금씩 변하기 마련이니 말이다.

미국 내 철도 부설 사업이 한창이던 19세기 후반, 무려 2미터가 넘는 망치를 들고 터널 뚫는 일을 하던 존 헨리라는 아주 힘 센 흑인 노동자가 있었다. 그가 살던 시대는 산업혁명의 영향으로 증기기관이 인간의 일자리를 대체하기 시작하던 시기였고, 존은 인간의 일자리를 위협하는 기계에 맞서 증기기관과 터널 뚫는 경주를 하게 됐다. 어려운 경기였고 부침도 있었지만 결국 승리를 거뒀다. 하지만 완전히 탈진해 이내 죽고 만다.

전설 속에만 있는 이야기가 아니다. 1811년부터 1817년까지 영국에서는 기계에게 일자리를 빼앗긴 노동자들이 기계를 파괴하는 러다이트 운동Luddite Movement을 벌였다. 산업혁명이 한창 진행 중이던 시기였기 때문에, 직물공업 분야에도 기계가 보급되기 시작했다. 또한 전쟁의 영향으로 나라가 경제 불황에 빠지면서 실업자가 증가하고 물가 상승이 일어나기도 했다. 이로 인해 노동자들의 삶은 피폐해졌으며, 일자리를 빼앗은 기계가 그 원인으로 지목됐다. 곧 러다이트 운동이 확산되었다.

인간에게 노동이란 무엇인가? 노동은 인간과 동물을 구분 짓는 근거로 사용되기도 하고 현대에 들어와서는 자기실현의 도구로 표현되기도 하지만, 사실 노동은 노예가 담당하는 그 무엇이면서 동시에 아주 힘든 무엇이다. 이는 노동의 어원으로도 충분히 설명된다. 노동이라는 의미의 그리스어 '포노스ponos'는 원래 '슬픔', '고역'을 의미하고, 라틴어 '라보르labor' 또한 '고역'을 의미한다. 히브리어 '아보다흐avodah'는 노예라는 의미의 '에베드eved'와 같은 어원을 지니며, 독일어 '아르베이트arbeit'는 '고생', '역경'을 의미한다. 프랑스어 '트라베일travail'은 '트리팔리움tripalium'이 어원인데 트리팔리움은 2세기 로마의 고문 도구였다. 재미있는 이야기 중 하나는 '히로뽕' 또는 '필로폰'이라고 불리는 각성제 성분인 메스암페타민methamphetamine에도 노동이라는 단어의 어원이 들어 있다는 점이다. '필로폰philopon'은 '필로스philo' 즉, 사랑하다와 '포노스ponos'의 합성어로 '노동을 사랑하게 하는 약'이라는 뜻을 지닌다. 1941년 대일본제약주식회사에서 '히로뽕ヒロポン'이란 상품명을 붙였으며 제2차 세계대전 중 강제징용 노동자와 가미가제 특공대 등에게 투약되었다.

아직도 노동으로 규정된 인간이 숭고하고 성스럽게 느껴지는가? 노동에서 즐거움을 찾고 의미를 찾는 것이 우리를 더욱 노동에 종속된 인간으로 만드는 미사여구에 불과하다는 생각을 해 본 적은 없는가? 인간이 노동을 해야 하는 것이 우리에게 주어진 소명이 아니라 생존을 위한 그 무엇이라면 어떨까?

동물과 다른 차이를 내세우기보다 다시 동물로 돌아가 우리 자신을 규정하는 작업으로 들어가 보자. 거기에 우리의 삶을 재규정하는 무엇이 있을 수 있다.

우리는 진화하는 동물일 뿐

빅뱅부터 시작하는 우주 진화론이 궁금하다면 '빅 히스토리big history' 계열의 책을 골라 읽기를 바란다. 다소 불친절하게 느껴질 수도 있겠지만 여기서는 인간의 진화만을 이야기하겠다. 창조론과 진화론이 대립하거나 양립하는 가설이라고 믿는 사람도 있겠지만 현대 생물학자 대부분은 진화론을 유일한 과학적 가설로 간주한다는 사실도 덧붙여 둔다.

과거부터 인간은 스스로를 흔히 호모 사피엔스Homo sapiens라고 불렀는데, 이 말은 '슬기로운 사람'이라는 뜻의 라틴어다. 물론 이는 18세기의 생물학자 카를 폰 린네Carl von Linne가 만든 학명이지만, 스스로를 슬기롭다고 이야기하는 다소 뻔뻔한 존재는 아마 인간밖에 없을 것이다. 현생 인류Homo sapiens sapiens는 스스로를 호모 사피엔스의 아종으로 분류하고 더 슬기로운 존재로 묘사하기도 했다. 이런 분류가 가능했던 이유는 우리가 인간의 진화를 '직립 보행'과 '두뇌 용량'이라는 틀에서 바라보고 있기 때문이다. 예전의 학자들은 두뇌의 변화가 우리를 두 발로 걷게 했다고 믿었다. 그러나 실제로는 직립 보행이 두뇌의 변화를 가져왔다. 물론 불의 사용과 먹거리의 변화도 인간 진화에서 빼놓을 수 없는 부분이다.

우리는 250만 년 전 동부 아프리카에 살았던 오스트랄로피테쿠스에서 진화했으며, 오스트랄로피테쿠스는 약 600만 년 전 인간과 침팬지의 공통 조상에서 분기했다. 우리 조상은 약 160만 년 전 고향인 동부 아프리카를 떠나 북부 아프리카, 유럽, 아시아 지역에 정착했고 우리는 그들을 호모 에렉투스Homo erectus라고 부른다. 한때 우리는 각 지역에 분포한 호모 에렉투스들의 화석 증거를 기준으로 각각의 인종Human race이 진화했다는 '다지역 기원설'을 신봉하기도 했고 이를 근거로 인종 차별의 논리를 만들어 내기도 했다.

호모 사피엔스 이달투Homo sapiens idaltu는 1997년 에티오피아에서 발견된 현생 인류의 조상인 호모 사피엔스의 유골 가운데 가장 오래된 유골이자, 인류가 아프리카에서 기원했다는 결정적인 증거다. 현생 인류는 아프리카를 떠나 중동, 유럽, 아시아, 오세아니아, 아메리카로 이동하면서 모습이 조금씩 변했지만, 그 변이가 새로운 종으로 분화될 만큼 크지는 않았다. 각각의 대륙 환경에 적응하면서 나타난 작은 변화에 불과했다.

그들은 지구를 유랑하면서 특정한 기후와 환경을 만났고 정착한 장소에 따라 다른 음식을 먹었다. 밀을 먹다가 쌀을 먹게 되었고, 익힌 고기를 먹을 수 없는 조건에서는 날고기를 먹었다. 그렇게 생존을 위한 순간의 선택들이 모여 지금 우리를 만들었다. 그렇기 때문에 인류의 역사는 특정한 목적을 향해 있지 않다. 지금도 단지 살아남기 위해 발버둥 치고 있을 뿐이다.

하지만 진화 과정에서 우리가 얻은 또 다른 능력은 우리가 세계를 인과론적으로 사유하도록 만들었다. 원인과 결과를 알아내고 그것을 기억하는 능력은 마치 우리를 세계가 인과론적, 목적론적으로 설계되어 있다는 착각에 빠지도록 만들었다. 노동을 자아실현을 위한 무엇으로 착각하도록 만들었으며, 과학은 우리 사회를 유토피아로 이끌고 고된 노동을 줄여 줄 것이라고 믿게 만들었다.

노동은 사실 이렇게 시작되었다. 고고학자 이언 모리스Ian Morris는 저서《가치관의 탄생》에서 노동이 진화론의 맥락에 따라 변했다고 설명했다. 그의 말을 약간 변형하면 개체의 생존과 집단의 번성을 가능케 하려면 에너지를 획득해야 하는데, 수렵·채집 시대에서 농업 사회로, 화석 연료 시대로 넘어가며 먹을거리를 포함한 생존에 필요한 에너지의 획득 방식이 바뀌었고 그에 따라 노동도 변화했다.

노동의 변화는 우리의 도덕과 가치관을 변화시켰다. 우리의 도덕은 선험적이고 고결한 그 무엇으로부터 나오는 것이 아니다. 수렵·채집의 시대에는 수렵·채집에 맞는 도덕이 있었을 뿐이고 농경의 시대에는 농업사회를 지지하는 체계가 존재했을 뿐이다. 화석 연료를 바탕으로 한 산업사회에는 자본주의 체계에 필요한 윤리가 강화되고 재생산되었다.

노동의 생물학적 본질

무한경쟁을 외치던 시대가 있었다. 누구와 경쟁하는지도 모른채 경쟁을 외쳐 왔던 인간은 이제야 그 실체를 바라본다. 인간의 육체적 노동을 대신하기 위해 발명된 기계 근육Mechanical Muscle은 오늘날 육체를 넘어 정신까지 위협하고 있다. 산업혁명 이후 근육을 대신하는 기계에 일자리를 빼앗긴 사람들은 육체적인 힘을 쓰는 대신 기계를 다루는 사람들로 재교육받았고 새롭게 만들어진 일자리에서 노동해 왔다. 하지만 우리들 대부분은 자동으로 조작되는 기계들 앞에서 다시금 노동에 대해 고민해야 하는 처지가 되어 가고 있다.

인공지능이라는 이름으로 우리에게 다가온 이 기술은 아직까지 우리의 노동을 대신하지는 못한다. 그러나 최근 우리는 알파고 AlphaGo를 통해 또 다른 기계와의 전쟁이 도래할 수 있음을 직감하고 있다. 곧 모든 고속도로가 하이패스 시스템으로 바뀌고 마트 계산대에서 캐셔가 사라질 것이다. 전기·가스검침과 운송수단도 자동화될 것이다. 기초적인 인공지능을 적용할 수 있는 노동시장부터 붕괴되기 시작해 수많은 노동자들이 생존을 위협받을 것이다.

어떤 이는 인공지능에 소외된 인간 노동이 제2의 러다이트 운동을 촉발할 수 있다고 말하기도 했다. 또 다른 사람들은 발 빠르게 미래 기술을 익히고 배워 변화할 노동시장에 적응하면 된다고 말한다. 그러나 우리는 알고 있다. 새로운 세계에서 새로운 노동 방식에 소외될 사람들은 증가한 인구만큼이나 많을 것이다. 없어진 일자리는 내 부모의 일자리이자 형제의 일자리일 수 있다. 누구나 창조적인 일에 종사하고 싶지만 창조적인 일자리는 원래부터 그렇게 많지 않으며 많은 사람을 필요로 하지도 않는다.

화석 연료를 바탕으로 세워진 자본주의 세계의 노동은 점차 사라져 갈 것이다. 하지만 생존을 이어 나가야 하는 인간의 숫자는 늘어 가고 있다. 이제 우리가 고민해야 하는 것은 우리가 전통적이라고 믿었던 우리와 같은 평범한 사람들의 노동이며, 평범한 사람들을 위한 과학이다. 인간은 노동을 하지 못해도 생존을 위해 무언가를 소비한다. "일하지 않는 자는 먹지도 말라!"라는 격언은 도덕 체계가 작동하는 사회에서나 가끔 통하는 말이다. 생존을 위한 소비는 생명의 본질이기 때문에 자연의 방식에서 이해되어야 하고 자연을 이해하는 과학에서 다뤄져야만 한다. 자본주의는 거대 과학Big Science과 거대 기술Big Technology을 발전시켰지만 정작 우리에게 필요한 과학은 소박하기만 하다. 생존의 관점에서 우리에게 필요한 것은 70억 인구가 함께 살아가기 위한 새로운 생태과학이자 새로운 노동이다.

생존의 관점에서 노동을 바라보면 지구에 사는 모든 생물은 노동을 하고 있다. 생존을 위한 에너지를 얻는 것이 바로 노동의 생물학적 본질이다. 하지만 인간의 노동은 생물학적 본질을 넘어 다른 방향으로 전개되어 왔다. 자본주의 세계관이 구축되고 잉여가 특정인의 부로 축적되면서 노동의 생물학적 본질을 망각하게 된 것이다. 자유와 평등을 가져온 프랑스 대혁명의 원래 구호는 "빵이 아니면 죽음을 달라"였다. 아이러니하게도 생물학적 생존의 기로에서 우리는 자유와 평등을 얻었다. 하지만 이것은 단순한 아이러니가 아니다. 지구에 사는 모든 생물은 원래부터 자유롭고 평등했다. 우리는 생존권의 사수를 통해 생명의 고유한 권리를 재확인했을 뿐이다. 자유와 평등도 빵으로부터 나온다.

지구와 자연을 위한 노동

모든 재화(자원)는 한정적이다. 그렇기 때문에 잉여 자원의 불균형한 분포는 인간 사회, 나아가 자연 세계에 문제를 발생시킨다. 인간은 그동안 자연을 일방적으로 착취해 왔으며, 착취한 자연을 인간만을 위한 자원으로 활용했다. 그런데 그런 인간의 수가 엄청나게 빠른 속도로 증가하고 있고, 이는 자연 세계에 또 하나의 문제를 발생시킬 단초가 될 수 있다.

자손을 많이 생산하는 것이 축복인 시절이 있었다. 자손의 생산이 노동력의 생산을 상징하던 시대의 일이다. 반대로 자손의 생산을 제한하던 시절도 있었다. 자손의 생산이 비용의 증가로 간주되던 시대의 일이다. 지금은 70억이 넘는 인구가 지구에 살고 있고 5,000만이 넘는 사람들이 대한민국에 산다. 그런데 흥미롭게도 우리는 인구가 더 늘어야 한다고 말하고 있다. 무엇 때문에 인구가 더 늘어야 하는 것일까? 폭등하는 집값, 하락하는 임금, 고갈되어 가는 자원…….인구 증가로 발생하는 이런 여러 가지 사회 문제가 있는데 왜 인구는 늘어야만 하는 걸까? 속 시원하게 설명해 주는 사람을 찾기가 쉽지 않다.

그런데 잘 살펴보면 자본주의 시장경제를 존속시키는 근원적인 힘이 근본적으로 인구 증가에 있음을 알 수 있다. 인구가 늘면 당연히 많은 집이 필요하다. 부동산 시장이 유지되는 이유다. 또한 인구가 늘면 노동 시장에서 인력의 공급이 많아지고 당연히 임금이 하락한다. 노동 시장이 유지되는 이유다. 나아가 인구 증가에 따르는 더 많은 자원의 소비는 자연스럽게 물가의 상승을 유도한다. 이것이 곧 자본주의 시장경제가 지속되고 유지되는 방식이다. 일상의 과학은 거기에 새로운 기술을 접목시킨 신상품이라는 이름의 상품을 더해 인간의 욕망을 부추기며 자본주의와 시장경제를 지속하는 방식으로 작동하고 있다.

생태학자 최재천은 《거품 예찬》에서 자연과 마찬가지로 자본주의에도 거품이 존재한다고 말했다. "자본주의 국가의 자유경쟁 시장에서 수요와 공급은 언제나 출렁이게 마련"이니, "시장에서 거품은 기본"이라는 그의 논리는 당연하게 받아들여야 하는 걸까? 역사적으로 거품 경제의 시초로는 네덜란드의 '튤립 투기 사건'을 꼽는다. 17세기 초반 막대한 자본을 가진 식물 애호가들이 튤립을 마구 사들여서 일으킨 경제 공황 얘긴데, 이를 진화론으로 설명할 수 있는지에 대해서는 의문이 남는다. 이외에도 자본주의와 자연을 동일시하려는 시도는 진화의 역사에서 늘 있어 왔던 일이다. 하지만 자연에서 '거품'은 생태계 순환이 이루어지는 공생의 기초이자 먹이사슬이 일방적일 수 없음을 보여 주는 것일 뿐이다.

우리가 진화론과 생태학을 배우면서 얻는 교훈은 인간도 자연의 일부라는 사실이다. 특정 개체가 과도하게 증가하면 불균형을 초래하거나 고유 생태계가 무너지고 특정 종의 멸종을 불러일으킬 수 있듯, 인간만 번성하는 자연은 존재할 수 없다. 그리고 노동과 마찬가지로, 자연을 경제학적인 시각으로만 바라보는 것은 문제가 있다. 자연은 생태학적 측면에서 공생의 관점으로 바라보아야 한다. 인간은 진화의 부산물로 주어진 지능을 통해 자연에서 발생하는 이런 여러 가지 문제를 해결할 수 있는 지구상의 유일한 종이 되었다. 오늘날 지구상에는 70억이라는 엄청난 개체가 살고 있으며, 우리는 70억 인구의 생존을 위해서라도 새로운 생태학을 구상해야만 한다. 과거의 생태학은 자연의 순환을 이해하고 자연을 보존하고 본래 자연으로 회귀하는 형태로 발전해 왔다. 하지만 우리는 유래 없는 인구의 증가를 경험하고 있으며 인간 개체의 급속한 증가는 지구 생태계에 새로운 압력으로 작동하고 있다. 이미 인간으로 인해 많은 수의 생물이 멸종하고 자원은 고갈되어 바닥을 드러내고 있다. 지구 생태계의 일원으로 인간의 노동이 생명 공생의 중심에서 그 기능을 다할 수는 없을까?

인간 스스로 생존해 나가면서 동시에 생태학적인 관점에서 자연의 선순환 구조를 만들어 내고 특정한 경제 체제나 이념이 아닌 생명의 본질을 실천하고 지켜 나가는 노동을 고민해야 할 때가 다가오고 있다. 자연은 우리 모두가 함께 할 수 있는 소박한 과학을 원하고 있는지도 모른다.

《이기적 유전자》의 씁쓸한 뒤안길

누군가는 이렇게 말할지도 모른다. "내가 알고 있는 진화론과는 전혀 다른 이야기를 하고 있다", "진화론은 자본주의를 정당화하는 학문일 뿐이다." 자본주의를 정당화하는 듯한 진화론 이야기에는 영국의 행동생물학자 리처드 도킨스Richard Dawkins의 《이기적 유전자》도 한몫을 하고 있다. "닭이 먼저 인가? 달걀이 먼저 인가?"라는 질문의 답을 명쾌하게 내려 버린 이 책은 특히나 우리 사회에서 진화론의 정답으로 통한다. 정말 개체는 유전자를 운반하는 껍데기에 불과할까? 아니면 개체에도 다른 의미를 부여할 수 있을까? 잠시 유전자적 진화론의 관점을 떠나 다윈의 관점으로 돌아가 보자. 개체군의 관점에서 진화를 생각해 보자는 말이다.

유전자적 관점에서 자연은 유전자를 한 바구니에 담는 위험을 피하는 방식을 선택했다고 볼 수 있다. 생명의 다양성이 그 결과 중 하나다. 생명체가 바이러스에서 단세포 생물, 다세포 생물까지 다양한 형태로 존재하는 이유는 그것이 유전자를 살아남게 하기 위한 최선의 방법이기 때문이다. 다양한 생명의 형태가 된 유전자는 한꺼번에 멸종하지 않는다. 개체는 유전자를 담는 그릇이자 운반자로 고유한 표현형을 가지며, 그 개체들의 집합이 바로 개체군이다. 진화는 바로 그 개체군이 지속되면서 유지되거나 다른 종으로 분기하는 과정을 종합적으로 가리키는 말이다. 개체와 개체군의 중요성은 여기서 부각된다. 진화의 과정을 지속하기 위해서는 소위 '성性선택sexual selection'이라고 부르는 과정이 필요하기 때문이다. 성선택의 과정은 유전자만으로는 설명하기 어렵다. 쉽게 말해 당신이 배우자에게 매력을 느끼는 이유는 유전자적 매력에 의해서만 결정되는 것이 아니다. 유전자를 한 바구니에 담지 않는 것이 자연의 선택이라면 유전자를 담은 개체와 개체군을 폄하하는 방식의 진화론을 재고해야 하는 것은 당연하다.

또한 우리는 유전자적 진화론의 탄생을 다른 방식으로 이해할 필요도 있다. 바로 영국의 '이기주의' 역사로 파악해 보는 방식이다. 다윈이 토머스 맬서스Thomas Malthus의 《인구론》에서 영감을 얻어 《종의 기원》을 서술한 것은 이미 잘 알려져 있다. 다윈 진화론은 성립 과정부터 당시 사회학 또는 경제학과의 연관성을 가지고 있었다. 이런 맥락에서 유전자가 '이기적'이라는 표현은 영국식 사고방식의 과학적 완성으로 볼 수 있다. 홉스가 말하는 "만인의 만인에 대한 투쟁 상태"와 같은 자연 상태는 근본적으로 '이기적 인간'을 가정한다. 그는 선good을 "사람이 욕구desire하는 대상"으로 정의한다. 그렇기 때문에 우리가 사회계약을 통해 선을 추구한다는 것도 결국은 자신의 이식을 도모하는 방식에 불과하다. 이기주의 담론은 애덤 스미스를 거치면서 경제적 이기주의로 변모했다. 그는 이기주의적 인간의 자유로운 이익 추구 행위가 시장에 모이면 생산력의 발전을 가져오고 국가의 부를 증대시킬 것이라 생각했다. 바야흐로 생물학의 시대이며, 《이기적 유전자》는 이기주의 역사의 과학 결정판이라고 말할 수 있다. 근대 과학의 토대 위에 우리는 진리를 결정하는 기준으로 과학적 판단을 내세우고 있다. 물론 과학은 기존의 종교나 철학보다는 좀 더 명확한 판단 기준으로 보인다. 하지만 그렇다고 해서 벌써 그것을 모든 것을 판별하는 보편적 기준으로 삼을 수는 없다.

　　진화론을 유전자적 관점에서 파악하는 것이 우리가 몰랐던 많은 사실을 설명할 수 있게 해 준 것은 사실이다. 그러나 한편으로 그것은 자본주의 세계를 과학적으로 정당화하는 근거로 작동하기도 한다. 다윈의 진화론을 토대로 대영제국British Empire의 눈부신 발전을 이야기하고 싶어했던 영국 철학자 허버트 스펜서Herbert Spencer의 '사회진화론'이 다시 고개를 들고 있다는 우려를 지울 수 없는 대목이다. 그는 "가난한 사람들은 그들이 보다 덜 적합하기 때문이며, 부자들은 그럴 만한 자격을 가지고 있기 때문에 그렇게 된 것"이라고 말한 바 있다. 유전자적 진화론도 생명의 본질을 '이기적'이라는 은유로 설명함으로써 이러한 사고방식을 정당화하고 있는 것은 아닌지 되물을 필요가 있다.

공생으로 나아가야 하는 생물정치학, 자치와 분권

1970년대 후반, 생물정치학biopolitics이라는 학문 분야를 일으키려는 시도가 있었다. 인간도 동물이기 때문에 진화론을 응용하여 인간의 행동·사회·정치도 설명할 수 있다는 포부에서 출발한 이론인데, 대부분 실패하여 주목할 만한 업적을 남기지 못했다. 여기서 흥미로운 점은 유전자 진화론이 생물정치학을 실패로 이끈 주범에 해당한다는 점이다. 유전자의 명령에 의해 조건이 부여된 행동은 필연적이고 불가피한 것이기 때문에 정치학과는 다르다는 것이 학자들의 견해였다. 이는 정치의 본질을 자유에서 찾고자 하는 근대적 방식과의 충돌이 불러온 예견된 결과다.

그러나 개체와 개체군의 역할을 좀 더 고려한다면 또 다른 생물정치학을 생각해 볼 수 있다. 유전자는 다양한 그릇에 담겨 다양한 형태의 생물로 살아간다. 생명을 보존하고 지속하기 위해 에너지를 얻고 진화해 나간다. 여기에 개체와 개체군의 중요성이 있다. 하지만 이 모든 것은 자연의 한계 내에서 이뤄진다. 자연의 한계는 개체군 생장에 한계선을 그어 버리는데, 어떤 생명체도 그 한계를 넘어설 수 없다. 생명체는 그런 한계 내에서 다양한 형태로 살아가고 있을 뿐이다. 적정한 개체수가 유지되면 그 개체군과 더불어 다양한 생명이 공존할 수 있다. 이때 중요한 것은 다양한 생명체들 서로가 적정한 개체군을 이뤄야 한다는 것이다. 특정 종만이 무한히 증식하거나 자연을 독과점하는 것은 생태계의 불균형을 초래한다.

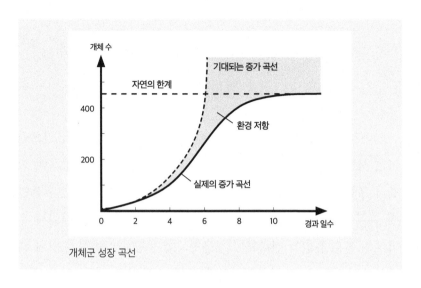

개체군 성장 곡선

문제는 우리 인간이 이미 자연의 불균형을 초래하고 있다는 사실이다. 근대가 낳은 개인주의와 자본주의에 힘을 실어 준 과학은 우리의 환경을 완벽한 인간 중심으로 나아가게 만들었다. 인간이 만든 문명 앞에 자연은 사라져 가고 있으며 공생의 틀인 지구는 파괴되어 가고 있다.

이제 우리는 근대적 패러다임을 바꿔야만 한다. 그리고 그 실천의 길은 개인 중심에서 다시금 집단을 중심으로 공생을 모색하는 방식에 있다. 물론 전체주의와는 다른 방식을 꿈꿔야만 한다. 인간은 공감 능력의 확장을 통해 민족에서 인류애로 나아가는 사고 방식을 고안해 냈다. 그리고 이제는 지구를 생각하는 방식으로 그 이론적 지평을 확장하고 있다.

하지만 실천의 영역에서 지구를 살리는 방식은 여전히 부족하다. 개인을 중심으로 확장을 꿈꾸는 자본주의적 세계관이 발목을 잡고 있기 때문이다. 여기서 우리가 되물어야 하는 것은 생물학적 인간의 본성 문제다. 인간은 지구상에 몇 없는 진眞사회성eusociality 동물이다. 진화의 과정에서 생긴 진사회성은 인간을 지구상에서 생존할 수 있도록 만들었지만, 이제는 그 기능을 자본주의와 자본에 일조하는 과학이 담당하고 있으며 그 결과 개인주의가 강화되고 있다. 여기에 우리가 복원해야 할 문제가 있다. 다시금 우리의 사회성을 복원하고, 지구적 문제를 담지하는 동물답게 지구적 차원의 공생을 모색하고 실천하자는 것이다. 근대를 거치면서 잃어버린 우리의 자연적 능력을 다시금 회복해 내고 확장시키는 것이야 말로 우리가 새롭게 복원해야 할 생물정치학이다.

필자는 우리 사회에서 이를 실천해 내는 방법으로 '자치autonomy'와 '분권decentralization'을 확대하는 방식을 제안한다. 근대의 자유는 '너'와 '나'의 자유였다. 하지만 이제 우리에게 필요한 자유는 '생명 스스로 살아가는 무리적 사유' 즉, '자치'를 회복하는 것에서 시작되어야 한다. '우리'라는 무리와 다른 형태의 무리가 함께 지구에서 살아갈 권리를 인정하는 '자치'에 대한 의식이 필요하다. 뿐만 아니라

역사·철학적 구분		
근대	현재	미래
개인주의		공동체주의
자유	→	자치
	혼돈 정립	
평등	←	분권
개체 중심		개체군 중심
진화론적 구분		

그 무리들과 평등하게 권한을 나누는 '분권' 의식 또한 필요하다. 지구의 생명은 서로 중첩된 환경을 공유하며 '생태적 지위 분할niche segregation'의 관계에 있기 때문이다. 동일한 자원을 이용하는 서로 다른 생물은 자원을 나눠서 이용해야만 공존할 수 있다.

이 혼돈의 시대에 우리가 가장 먼저 해야 할 일은 본성을 복원해 내는 작업이다. 그것이 우리를 자연으로 되돌아가게 할 첫걸음이될 것이다. 모든 생명이 지구라는 자연 안에서 필요한 에너지를 얻는 노동만으로 살아가는 길이 우리가 꿈꿔야 할 공존의 생물정치학이다.

생각해 볼 문제

1. 우리는 왜 노동을 하는 것일까?
2. 자본주의는 생명의 본성에 맞는 경제 시스템일까?
3. '이기주의'를 어떻게 이해해야 할까?
4. 생물학을 바탕으로 정치학을 이해할 수는 없을까?

참고문헌

리처드 도킨스, 《이기적 유전자》, 홍영남 옮김, 을유문화사, 2006.
에드워드 오스본 윌슨, 《지구의 정복자》, 이한음 옮김, 사이언스북스, 2013.
이언 모리스, 《가치관의 탄생》, 이재경 옮김, 반니, 2016.
찰스 다윈, 《종의 기원》, 김관선 옮김, 한길사, 2014.
척 딕슨·기도 기디·애런 리치, 《트랜스포머—강철의 혼》, 최세민 옮김, 세미콜론, 2009.
최재천, 《거품 예찬》, 문학과지성사, 2016.

| 인권 |

인권과 사회, 삶

구태환

우리 시대의 화두, 인권

우리 사회에서 '인권'처럼 갑자기 부각되어 어느덧 시대의 화두가 되어 버린 개념도 드물 것이다. 물론 예전부터 사람들의 머릿속에는 인권과 유사한 의식이 들어 있었다. 예컨대 내가 부당한 차별을 당하거나 남이 부당한 차별을 당했을 때 느껴지는 분노, 사회적 약자들이 차별과 수모를 당하는 모습을 볼 때 느껴지는 거부감 등은 모두 인권 의식과 밀접하게 관련된 감정들이다. 만약 인권과 유사한 의식이 우리에게 아예 없었더라면 인권이 이처럼 빠르게 우리 사회에 흡수되기는 어려웠을 것이다. 인권이 하나의 개념으로 우리 사회 성원들 모두에게 다가온 것은 2001년 국가인권위원회의 설립이 그 촉발제가 되었다고 볼 수 있다. 물론 이전부터 인권이라는 이름을 내걸고 활동해 온 여러 사회단체의 역할도 간과해서는 안 된다.

이제는 꽤 다양한 사회 문제들이 인권의 범주 내에서 다뤄지고 있다. 가장 흔하게 볼 수 있는 예로는 고등학생들의 두발 자율화나 체벌 문제가 있다. 비정규직을 필두로 하는 노동 문제, 부동산 세법 문제, 2008년 광우병 위험 쇠고기 수입 반대 집회 이후 강화된 집회 및 시위에 관한 법률 문제, 인터넷 검열 문제, 국가보안법 문제, 양심적 병역 거부 문제, 의료 보험 문제, 주택 문제, 이주노동자의 증가나 국제결혼으로 인한 타문화 인정 문제, 성소수자 문제, 장애인 문제 등도 모두 인권과 관련된 문제들이다.

인권은 세계적으로도 중요하게 다뤄지는 문제다. 2003년 미국이 이라크를 침공하면서 내세운 명분 가운데 하나가 이라크 국민들의 인권을 보호한다는 것이었다. 2008년 중국 당국이 독립을 외치는 티베트 인들을 무력 탄압하자 이를 규탄하는 국제 사회의 목소리에도 인권이 담겨 있었다. 이렇게 인권은 이미 정치적·외교적 수단으로까지 이용될 정도로 중요한 문제가 되었다.

인권이란 무엇일까? "인간의 존엄성을 지키는데 필수불가결한 권리", "양도할 수 없고 침해할 수 없는 권리" 등 굉장히 다양한 정의가 있다. 한마디로 정리하면 인간의 존엄성을 유지하는데 필수적인 것으로 빠뜨릴 수 없으며, 누구에게도 넘겨줄 수 없고 누구도 침해할 수 없는 권리가 바로 인권이다. "사람이 사람답게 살기 위해 보장받아야 하는 당연한 권리"라는 정의도 있다. 그리고 그 권리는 모든 사람에게 평등하게 주어져 있다.

그렇다면 '사람답게 산다'는 것은 어떤 의미일까? 이에 대해서는 쉽게 정의를 내릴 수 없다. 하지만 '사람답게 산다'는 것의 기준이 시대에 따라 달라진다는 점은 확실히 말할 수 있다. 예컨대 현대 사회에서 사람답게 살기 위해서는 기초적인 교육을 받아야 한다. 그래서 현재 우리나라는 의무 교육을 실시하고 있다. 교육은 사람답게 살기 위해서 보장받아야 할 하나의 권리이며, 국가는 그 권리를 보장하고 이행하는 주체다. 그런데 조선 시대 노비의 자식에게도 이런 권리가 있었다고 말할 수 있을까? 그럴 수는 없을 것이다. 그 이유는 조선 사회에서는 모든 인간이 평등하다는 사고가 지배적인 것이 아니었기 때문이다. 이처럼 '사람다운 삶'의 기준이 계속해서 달라지고 있다는 사실은 현재의 우리 기준이 완결된 것이 아님을 보여 준다. 미래 사회에는 지금보다 더 높은 기준이 성립될 수도 있을 것이다.

그런데 현대 사회라고 하더라도 오랜 전쟁과 기아로 허덕이고 있는 아프가니스탄 아이들에게 교육 받을 권리가 있다는 말을 할 수 있을까? 물론 아프가니스탄 아이들에게 이런 권리가 없다고는 말할 수 없을 것이다. 하지만 이 아이들의 교육 받을 권리를 보장하라고 누구에게 요구할 수 있겠는가? 현대 사회에서는 사람들의 권리를 보장하는 주체의 역할을 하는 것이 국가와 정부다. 그런데 아프가니스탄 정부는 그 권리를 보장하고 이행할 능력이 없다. 권리를 보장할 능력을 가진 주체가 없는 상태에서 '권리'를 주장한다면 그것은 공염불에 그칠 수밖에 없을 것이다. 이처럼 인권을 포함하는 모든 권리는 권리 보장을 요구하는 주체와 그것을 이행할 의무와 능력을 가진 주체가 있어야 현실적으로 성립할 수 있다.

또 하나 짚고 넘어가야 할 문제가 있다. 사람들은 보통 인권을 '하나'의 권리처럼 생각한다. 그런데 앞서 든 예들을 보면 굉장히 다양한 문제들이 인권의 범주에 속한다는 것을 알 수 있다. 여기에서 우리는 '인권'이 영어 단어 '휴먼 라이츠human rights'의 번역어임을 상기할 필요가 있다. 영어 표기 그대로 번역하면 '권리'가 아니라 '권리들', 즉 여러 권리들의 집합체가 되어야 하는 것이다. 실제로 인권에 포함되는 다양한 권리들을 우리는 흔히 자유권·평등권·연대권으로 분류한다. 자유권은 정치적·시민적 권리라고도 하는데, 생명을 유지할 권리, 고문 등으로부터 보호받을 권리, 법 앞에 평등할 권리, 정치에 참여할 권리, 재산을 갖고 관리할 권리 등을 포함한다. 평등권은 사회적·경제적 권리라고도 하며, 생존권, 노동권, 교육권, 주거권 등을 포함한다. 연대권은 일부 인권 학자들이 인권에 포함시키는 것을 반대하는 권리로, 환경권, 평화권 등 공동체적 유대 및 민족적 연대와 관련된 권리로 구성되어 있다.

어떻게 이렇게 많은 권리가 생겨난 걸까? 또한 앞에서 보았듯이 생명을 유지할 권리는 교육 받을 권리에 앞서 보장되어야 한다. 때로는 어떤 권리가 다른 권리에 앞서 보장되어야 하는 경우가 있으며 권리와 권리가 서로 충돌하는 경우도 있는 것이다. 어떻게 해서 동등한 가치를 갖지 않는, 나아가 상호 충돌까지 하는 권리들이 인권이라는 범주에 함께 포함되었을까? 이 질문들에 답하기 위해서는 인권이 성립되어 온 역사적·사상적 과정을 살펴봐야 한다.

인권 개념의 성립사

인권 개념의 등장은 미국 독립 혁명, 프랑스 혁명과 밀접하게 관련되어 있다. 이 두 혁명은 서양 근대에 출현한 계몽주의 사상의 영향을 받아 일어났다. 근대 이전의 서양은 봉건적 중세 사회였으며, 이 시기의 지배적 질서는 봉건 왕조와 신에 의해 유지되었다. 이 시기에는 왕권신수설王權神授說, 즉 왕의 권력이 하느님God으로부터 주어진 것이라는 설이 지배적이었다. 그리고 이러한 현세적인 왕의 권력을 교회가 보장해 주었다. 따라서 왕의 명령은 거부할 수 없었으며, 왕의 권력에 반하는 행위는 곧 하느님을 거역하는 것이었다. 그런데 중세 말기에 공업이나 상업에 종사하여 부를 축적한 신흥 계급이 생겨나면서 왕의 권력에 대한 도전이 시작되었다.

신흥 계급은 기존의 봉건적 질서와 충돌하였다. 그들은 자신들이 가지고 있는 재산을 자본으로 삼아 공장을 세워서 재산을 증식하고자 했다. 하지만 당시 봉건 사회에서는 대부분의 노동 인력이 봉건 영지에 귀속되어 있었기 때문에 공장을 가동하는 것이 쉽지 않았다. 그리고 신에게 권력을 부여받았다는 왕들이 전쟁을 수행하는 데 필요한 자금 확보 등을 명분으로 신흥 계급의 재산을 자주 수탈하였다.

이때 신흥 계급의 이익을 대변한 사람들이 계몽주의 사상가들이었다. 우선 이들은 왕권신수설을 거부하였다. 계몽주의 사상가들이 보기에 국가란 하느님이 자신이 편애하는 사람을 위해 만들어 낸 것이 아니라, 신에 의해 평등하게 태어난 인간들이 자신의 생존을 위해 계약을 한 결과 생겨난 것이었다. 따라서 개인의 생존을 위해 만들어 낸 사회와 국가가 개인들의 생존을 보장해 주지 못한다면 존립할 이유도 없다. 이러한 사고에 따르면 왕의 권력은 하느님에게서 나오는 것이 아니라, 사회 성원 개개인들에게서 위임받은 것일 뿐이다.

왕권신수설에 대한 거부 속에는 중세적 신을 중심으로 하는 세계관에서 인간 이성을 중심으로 하는 세계관으로의 전환이 숨어 있다. 이전에는 우주와 인간 사회를 인격적인 신의 섭리로 설명했다면, 계몽주의 사상가들은 이성으로 설명했다. 이런 면에서 이 시대를 '이성의 시대'라고 지칭한 칸트의 묘사는 굉장히 적절한 것이었다. 물론 계몽 사상가들 역시 여전히 하느님을 언급했다. 하지만 이들이 말하는 하느님은 인간적인 면모를 가지고 특정 인간을 편애하는 존재가 아니라 모든 인간을 평등하게 만들어 놓은 조물자일 뿐이었다.

홉스의 대표 저서 《리바이어던》의
권두 삽화.

　이러한 계몽주의 사상가들 가운데 미국 독립 혁명과 프랑스 혁
명에 많은 영향을 끼친 사상가로는 홉스와 로크, 루소 등을 들 수 있
다. 홉스에게 인간의 생명을 보존하고자 하는 욕구는 어느 누구도 침
해할 수 없는 권리였다. 그런데 자연 상태의 인간은 이 욕구를 충족
시키기 위해서 '만인의 만인에 대한 투쟁' 상태에 있고 이 투쟁의 상
태가 지속되면 오히려 인간의 생명 보존에 위협이 되는 상황이 발생
한다. 따라서 개별 인간들은 자신의 권리를 내놓음으로써 국가를 만
들어 내 자신의 생명 보존 욕구를 보장받고자 한다. 이처럼 국가란
개인의 생명을 보존하기 위한 존재라는 사고는 인간의 생명에 대한
권리를 누구도 침해할 수 없다는 근대적 인권관을 성립시켰다.

홉스와 마찬가지로 사회계약론자인 로크는 자연 상태의 인간을 이성과 양심에 따라 행동하는 존재라고 보았다. 자연 상태에서 인간은 자신의 소유물과 신체를 처분할 수 있는 권리를 갖는다. 그리고 이 소유물과 신체는 누구도 침해할 수 없다. 로크에게 소유물에 대한 권리는 신체에 대한 권리에서 파생되는 것이었다. 내가 내 신체를 내 것이라고 할 수 있다면 내 신체의 노동을 통해서 획득한 산물역시 내 소유가 된다. 뿐만 아니라 내가 소유한 노동 도구를 통해 획득한 산물 역시 내 소유며, 더 나아가 내가 소유한 노예의 노동 산물역시 내 소유다. 자신의 신체와 소유물에 대한 권리를 갖는 개인은 그 권리를 보호받기 위해 자신의 권력을 공동체에 위임하며, 이로 인해서 국가가 성립한다. 따라서 공동체, 즉 국가는 개인의 신체와 소유물을 보장해야 한다. 이런 측면에서 로크는 노예를 시민 사회의 일원으로 보지 않았다. 시민 사회의 주된 목적이 재산의 보존에 있는데, 노예는 재산을 소유할 수 없기 때문이다.

소유물과 재산에 대한 권리를 중시한 로크의 사상은 미국 독립 혁명에 지대한 영향을 끼쳤다. 특히 1776년 '버지니아 권리 선언 Virginia Declaration of Rights'은 제1조에 소유권(혹은 재산권)을 명시하였으며, 정부가 개인들의 권리를 충족시키지 않았을 경우에는 개인들이 새로운 정부를 세울 권리를 갖는다고 하였다. 그리고 일부 주에서는 시민 사회의 성원으로 정치에 참여할 권리를 가질 수 있는지 없는지의 여부가 재산 소유의 여부에 따라서 결정되기도 하였다.

반면 루소는 정치적 권리와 재산 소유 여부 사이의 관련성을 인정하지 않았다. 그는 우선 자연 상태에서의 인간은 자신의 보존과 안락에 관심을 가지며, 동포가 죽거나 고통을 당하는 모습을 보면 혐오감을 느낀다고 했다. 자연 상태에서 모든 인간은 평등하다. 루소가 보기에 그 평등 상태를 깨고 불평등이 등장하게 되는 이유 가운데 하나는 일부 사람들이 다른 사람들에게 손해를 끼쳐 갖가지 특권들을 누리(려 하)기 때문이었다. 이러한 후천적, 인위적 요인에 의한 불평등은 무엇으로도 정당화되지 않는다. 달리 말하면 루소에게는 후천적 요소인 개인의 재산 유무가 인간 불평등을 정당화할 수 없으며, 개인의 참정권은 재산의 소유와는 무관한 것이 되어야 했다.

　　루소의 사상은 프랑스 혁명에 영향을 끼쳤다. 물론 1789년 프랑스의 '인간(남성)과 시민의 권리 선언Declaration des Droits de l'Homme et du Citoyen'에서도 "소유권은 불가침의 신성한 권리다"(제17조)라는 로크식의 사고를 엿볼 수 있다. 하지만 미국 독립 혁명에서와 같은, 재산 소유와 참정권을 연결짓는 조항은 찾아볼 수 없다. 오히려 "그들(개인들)의 역량과 재능 이외에는 어떠한 구분도 없이 계급, 공직, 그리고 고용의 모든 자리에 기용될 수 있다"(제5조) 등으로 재산 소유 여부가 참정권과는 무관함을 명시하고 있다.

　　하지만 재산 소유 여부와 무관하게 참정권이 보장되어야 한다는 '인간(남성)과 시민의 권리선언'은 현실에서 지켜지지 않았다. 혁명 이후에 권력을 잡은 부르주아지들은 '시민'을 '능동 시민'과 '수동 시민'으로 구분하고, '능동 시민'의 참정권만을 인정했다. 능동 시민이란 일정한 세금을 낼 수 있는 남성, 즉 부르주아지를 말하며, 수동 시민이란 그럴 능력이 없는 여성·하인·외국인·프롤레타리아를 말한다. 그리고 프랑스 혁명 3개월 후의 통계에 따르면 능동 시민은 인구의 20퍼센트가 채 되지 않았다. 이처럼 모든 인간의 평등은 선언에서 그치고 말았다. 하지만 '인간(남성)과 시민의 권리 선언'에서 천명한 인신에 대한 자유, 종교적 차별금지, 사상의 자유, 특히 모든 인간의 평등함에 대한 사고는 근현대 인권 사상의 핵심이 되었으며, 이후에 전개된 인권 투쟁의 기반이 되었다.

한편 당시 유럽 사회는 산업 혁명을 겪고 있었다. 산업 혁명은 노동생산성의 비약적인 신장에 힘입어 부를 창출한 부르주아지라는 신흥 계급을 탄생시켰다. 그리고 중세 시대에 농노 신분이었던 사람들은 근대 사회가 등장하면서 이전의 신분에서 벗어나 자유로운 존재가 되었다. 자신의 노동력을 팔아야만 삶을 꾸릴 수 있었던 이들은 일자리를 찾아서 공장이 밀집한 도시로 이동했다. 실제로 미국 독립 혁명과 프랑스 혁명이 이들에게 가져다 준 자유는 자신의 노동력을 자유롭게 팔 자유뿐이었다. 이들은 프롤레타리아라는 신흥 계급을 형성했으며, 산업혁명이라는 산업화의 노정 속에서 극심한 노동에 시달리게 되었다.

한편 프랑스 혁명 이전의 권력을 되찾으려는 귀족들은 왕정복고와 종교 강화를 통한 보수화를 획책했다. 프랑스에서는 이에 대항해서 1830년에 자유주의자와 급진주의자들을 중심으로 한 '7월 혁명'이 일어났으며, 그 혁명의 성공으로 부르주아지는 귀족 계급을 완전히 제압했다. 권력을 완전히 잡은 부르주아지는 열악한 노동 조건과 참정권 봉쇄에 불만을 품은 노동자들의 움직임을 무력으로 탄압해 1848년 파리에서 사흘간 1만 명을 살상한 '피의 6월 사태'를 일으키는 등 점차 보수화되어 갔다. 그에 따라 프롤레타리아는 사회주의 사상으로 기울게 되었다.

그리고 1864년 사회주의자들과 아나키스트들은 제1인터내셔널을 조직했고, 1871년 3~5월에는 파리 코뮌la commune de paris을 형성했다. 이들은 아동 야간 노동 금지, 노동 시간 단축, 어린이 무상 교육, 정교 분리, 주거권 등을 주장하였다. 파리 코뮌은 보수파에 의해서 유혈 진압되었지만, 그들의 주장은 사회주의 인권관을 확립하는 계기가 되었다. 그후 사회주의 인권관은 평등을 전면에 내세우면서 점차 발전해 나갔다.

이후에 인류는 제1·2차 세계 대전을 겪었다. 두 차례의 세계 대전은 인류에게 커다란 충격을 주었다. 특히 인류를 공멸에 빠뜨릴 수 있는 원자탄과 같은 무기의 제조, 나치의 광적인 유대인 학살 등은 그토록 신뢰했던 이성을 가진 인간에 대한 믿음을 근저에서 흔드는 일이었다. 이러한 위기감에서 나온 것이 국제연합의 '세계 인권 선언' Universal Declaration on Human Rights'(1948)이었다. 하지만 '세계 인권 선언'이 채택되는 과정에도 많은 난관이 있었다. 미국을 위시한 자유주의 국가에서는 자유권에 속하는 권리들을 부각시키려 했으며, 소련과 중국을 위시한 사회주의 국가에서는 평등권에 속하는 권리들을 부각시키려 했다. 결국 소련과 사우디아라비아 등 기권한 6개 나라를 제외한 나라들이 만장일치로 통과시키긴 했지만, 이 선언은 미국 독립 혁명과 프랑스 혁명 이후의 인권사에 등장하는 권리들이 복잡하게 얽혀 있어서 일관성이 없다. 하지만 현대의 인권 논의의 기초가 된다는 점, 그리고 진정으로 모든 인간의 보편적universal 인권을 선언했다는 점에서는 의미를 갖는다.

자유권과 평등권, 그 상보성과 모순성

　복잡한 역사적 과정의 산물인 '세계 인권 선언'에는 다양한 권리들이 포함되어 있다. 그리고 이 권리들은 자유권과 평등권이라는 틀에 포함되며, 이 자유권과 평등권은 상이한 세계관을 반영한다. 그렇다면 자유권과 평등권 사이에는 서로 모순되는 면만 있을까? 아니면 상호 보완적인 면도 있을까?

　결론부터 말하자면, 원칙적으로 자유권과 평등권은 상호 보완적이며 상호 의존적이다. 자유권에 속하는 생명권과 평등권에 속하는 주거권을 예로 들어 보자. 인간이 살아가기 위해서 필수적인 것으로 흔히 의식주가 거론되는데, 이 가운데 집은 삶의 필수적 요소 가운데 하나다. 집이 없다면 자연적 환경이나 외적인 위협으로부터 자신을 보호할 수 없으므로 생명 존속이 힘들어진다. 요컨대 주거권의 확보 없이는 생명을 존속시킬 권리, 즉 생명권이 보장될 수 없다. 인권에 속하는 권리들 가운데는 이처럼 상보적 관계에 놓인 것들이 있다.

　물론 모든 권리들이 상보적 관계에 놓여 있는 것은 아니다. 어떤 권리들은 다른 어떤 권리들과 모순적인 관계, 즉 양립할 수 없는 관계에 있다. 대표적인 예로는 재산권과 교육권의 관계를 들 수 있다. 재산권은 자유권의 영역에 속하며, 교육권은 평등권의 영역에 속한다. 교육권에는 상당히 여러 측면들이 있지만 여기서는 편의상 '교육 받을 권리'라고 생각하자. 교육 받을 권리란 재산의 많고 적음, 신분의 높고 낮음과 무관하게 지적 능력이 있고 배우고자 하는 욕구가 있다면 무상의 공적 교육을 받을 권리를 말한다. 이처럼 공적 교육을 실시하기 위해서는 재원, 즉 돈이 필요한데, 재원을 확보할 가장 좋은 방안은 세금을 징수하는 것이다. 그런데 사회에는 세금을 낼 능력이 없는 사람이 있기 마련이며 따라서 모든 사람에게 똑같은 액수의 세금을 징수할 수는 없다. 결국 더 가진 자가 더 많은 세금을 부담할 수밖에 없다. 따라서 더 가진 자들의 재산권은 세금 징수의 주체인 국가에 의해 어느 정도 침해될 수밖에 없다. 요컨대 공적 교육 실시를 통해 교육권을 확보하면 재산권의 침해가 일어나며, 재산권을 보장하게 되면 교육권의 보장이 어려워진다.

이러한 상호 모순 관계는 다른 여러 권리들 사이에서도 찾아볼 수 있다. 대체로 문제가 되는 것은 재산권이다. 재산권은 과거에 참정권과 모순 관계에 있었으며, 의료권, 주거권 등과는 지금도 모순 관계에 있다. 공적 의료 보장을 실시하려면 그에 필요한 재원을 조달하기 위해 세금을 징수해야 한다. 집 없는 사람들에게 집을 마련해 주기 위해서도 마찬가지다. 그러므로 국가나 사회 성원들의 의료권과 주거권을 보장하기 위해서는 더 가진 자들의 재산권을 침해할 수밖에 없다.

그렇다면 서로 모순 관계에 있는 권리들 가운데 어떤 것을 우선시 할 것인가라는 문제에 대해서는 어떤 결론을 내려야 할까? 이러한 모순은 다양한 측면에서 드러나기 때문에 각각의 사안에 일일이 대응하기보다는 하나의 원칙을 마련하여 제시하는 방안이 필요하다. 그리고 그 원칙을 제시하기 위해서는 이 권리들이 인권에 포함되는 권리라는 사실을 우선적으로 고려해야 한다. 즉 '사람이 사람답게 살기 위해서 필요한 권리'라는 인권의 정의에 어떤 권리가 더욱 부합하는가를 기준으로 삼아야 한다는 말이다.

　이 기준을 명확히 세우고 나면, 이 인권에 속하는 다양한 권리들 사이에서 거칠게나마 우선순위를 매길 수 있을 것이다. 가장 우선하는 것은 생명권이다. 생명이 없다면 다른 권리를 누릴 주체 자체가 없어지기 때문이다. 다음으로는 생명 활동을 위해 필수적인 것, 즉 의식주와 관련된 것이 자리를 차지할 것이다. 살 집이 없으면 '인간다운 삶'의 영위만이 아니라 생명을 유지하는 데도 어려움이 따를 수밖에 없다. 안전한 먹을거리를 확보하지 못해도 생명이 위험에 처하게 된다. 이런 의미에서 일부 부유층의 재산권 보호를 위해 집 없는 사람들을 거리로 내몰거나, 정치적·외교적 이유를 핑계로 국민들에게 안전이 의심되는 먹을거리를 강요하는 국가나 정부는 자기 존립의 정당성을 부인하는 것이나 마찬가지라고 볼 수 있다. 그 뒤를 잇는 것으로는 삶에 필요한 재화를 획득하기 위한 수단 즉, 노동할 권리 그리고 사회에 나가서 자신이 원하는 노동을 할 수 있는 능력을 기를 권리, 다시 말해 교육을 받을 권리 등이 있을 것이다.

　인권에 포함되는 권리들 모두가 복잡한 역사적 과정 속에서 나왔으며 그 나름대로 무시할 수 없는 존립 근거를 갖는다. 하지만 권리들 사이에 충돌이 생겼을 때 어떤 권리가 다른 권리에 비해 중요하게 다뤄져야 하는가의 문제는 결코 간과해서는 안 된다. 그리고 그 중요성 여부는 '사람다운 삶'이라는 기준에 의해 측정되어야 한다. 이 기준은 모든 사람에게 보편적으로 적용된다. 모든 사람이 '사람다운 삶'을 살 권리를 평등하게 가지고 있다는 것이 보편적 인권관인 것이다.

차이와 차별, 그리고 평등

인간은 과연 평등한가? 이 질문에 대해서 계몽주의 사상가인 홉스, 로크, 루소는 모두 인간은 평등하다고 대답했다. 그들은 하느님이 인간을 평등하게 만들었기 때문에 인간은 평등하다고 이야기했다. 여기에서 그들이 인간 평등을 말한 의도가 분명하게 드러난다. 앞에서 말했듯이 왕권신수설로 무장한 당시의 왕에 대항하기 위해, 그들은 일반 백성이나 왕이나 모두 하느님의 관점에서는 평등하다는 사실을 말하고자 했던 것이다. 하지만 그들의 사상에 영향을 받아 일어난 혁명들에서는 인간의 평등성을 형식적으로만 인정했지 실질적으로는 인정하지 않거나 실현하지 않았다. 이처럼 계몽주의 사상가들의 인간 평등론은 당시에는 그대로 실행되지 않았지만, 인류의 사고에서는 커다란 진보였다.

현대의 우리는 인간이 평등하다는 사고를 자연스럽게 받아들인다. 그런데 인간은 매우 다양하다. 지구상에 어느 누구도 나와 똑같이 생기지 않았으며, 나와 똑같은 사고를 가지고 있지 않다. 학생 100명이 있다고 가정하자. 이들에게 4계절 가운데 어느 계절을 좋아하냐고 물으면 모두 제각각의 답을 할 것이다. 그 가운데 여름을 선택한 학생들에게 여름을 좋아하는 이유를 물으면, 또 "강렬한 태양이 좋아서", "바닷가에 갈 수 있으니까", "방학이 있으니까" 등 다양한 대답을 할 것이다. 그 가운데 바닷가에 갈 수 있으니까 여름이 좋다고 한 학생들에게 바닷가에 가서 뭘 하려느냐고 물으면, 역시 "수영을 한다", "선탠을 한다", "평소에 갈고 닦은 몸매를 과시한다", "사람 구경한다" 등 다양한 답이 나올 것이다. 이런 식으로 두세 차례 질문을 던지면 학생 100명이 모두 저마다 다른 생각을 가지고 있다는 사실을 알 수 있다.

사람들의 취향이나 생각은 매우 다양하다. 그리고 원칙적으로 이러한 취향이나 생각은 옳음/그름이 아니라 같음/다름으로 다룰 문제다. 나와 다른 취향을 가졌다고 해서 섣불리 그 취향을 그르다고 할 수는 없다. 내 취향을 옳다고 생각한다면, 나와 다른 취향도 옳다고 인정할 수 있는 태도를 가져야 한다. 이것을 '다양성 인정'이라고 한다. 그렇다고 모든 취향이나 생각을 옳다고 해서는 안 된다. 예컨대 내가 보수 정당을 지지한다고 해서 진보 정당을 지지하는 사람을 그르다고 할 수는 없다. 이것은 같음/다름의 문제다. 그런데 어떤 이가 인종주의에 기반을 둔 신나치 정당을 지지한다면, 그의 생각은 그르다고 해야 한다.

다양성 인정이란 어디까지나 현대 사회에서 상식적으로 옳다고 여겨지는 생각이나 취향의 범위 내에서 이뤄져야 한다. 특히 인권 담론에서 인간다운 삶을 보장하는 데 어긋나는 생각은 같음/다름이 아니라 옳음/그름의 문제로 다뤄야 한다. 하지만 어떤 구체적 상황에서 옳음/그름이라는 잣대를 적용할 것인가, 아니면 같음/다름이라는 잣대를 적용할 것인가를 판단하는 것은 쉽지 않다. 그래서 우리는 늘 나와 다른 사고에 대해 무조건 그르다고 하기 전에 그것이 단지 다를 뿐인 것은 아닌가 먼저 생각하는 태도를 가져야 한다.

그런데 현대를 살아가는 우리는 나와 다름을 너무 쉽게 그름 혹은 틀림이라고 하는 경향이 있다. 흔히들 내가 가진 기준만이 옳다고 하고 나와 다른 기준을 가진 이들을 틀렸다고 한다. 이러한 태도는 차이를 근거로 차별을 정당화하는 것이라 말할 수 있으며 특히 자신보다 사회적으로 힘없는 사람을 대할 때 더욱 드러난다.

실제로 우리 사회에서는 차이에 기반한 차별이 만연하고 있다. 그 중 하나가 이주노동자에 대한 차별이다. 이주노동자들은 대체로 우리보다 못사는 나라에서 돈을 벌려고 이 땅에 온 사람들이다. 이들의 처지는 1960년대에 헐벗고 굶주린 우리나라 사람들이 간호사나 광부가 되어 독일로 돈벌이하러 간 것과 마찬가지다. 이들은 단지 우리보다 못사는 나라에 태어났으며, 피부색과 언어가 다를 뿐이지만 우리는 이러한 차이를 핑계로 이주노동자들을 차별한다.

이런 지금의 우리 모습을 인지하고 나면, 17~18세기에 활동한 근대 계몽주의 사상가들의 인간 평등론은 더욱 주목할 만한 것이 된다. 물론 이들이 당시 신흥 계급의 이익을 대변해 왕의 권위에 도전하기 위한 의도로 인간 평등론을 주장했다 하더라도, 그것이 갖는 의미는 결코 무시할 수 없다. 특히 루소는 이미 1755년에 《인간 불평등 기원론》에서 피부색 따위의 자연적인 차이가 사회적 불평등의 근거가 될 수는 없다는 식의 이야기를 했다.

사실 보편적 인간의 권리로서 인권은 인간이 평등하다는 사고가 전제되지 않고서는 성립할 수 없다. 보편적 인간의 권리란 가진 재산의 수준, 교육 수준, 사회적 위치, 피부색, 취향 등에 상관없이 모든 인간에게 평등하게 적용되는 권리이기 때문이다. 그렇다면 인간이 평등하다는 사고의 근거는 무엇인가? '인간은 인간이라는 자체만으로 평등하다'는 것이 인권론의 기본적인 입장이다. 인간이라는 것 이외의 모든 것들은 부수적인 것이며, 본질적인 것, 보편적인 것은 인간이라는 사실 그 자체 뿐이라는 것이다.

물론 그렇다고 해서 부수적인 차이를 완전히 무시하면 안 된다. 인권과 함께 언급되는 평등은 수학적인 평등이 아니다. 따라서 모든 차이를 무시하면 오히려 실질적인 불평등이 초래될 수도 있다. 장애가 없는 학생들만 다니던 학교에 시각 장애를 가진 학생이 입학했다고 하자. 학교 당국에서 이 학생을 위해 새로운 시설을 갖추지 않은 채 "우리 학교는 시설 면에서 모든 학생에게 평등한 조건을 갖췄다"라고 한다면, 이것은 실질적인 차별을 행한 것이다. 학교 당국은 응당 평등의 전제가 되어야 하는 '인간다운 삶'을 고려하지 않았다. 인권을 갖는 인간이란 인간다운 삶을 살 권리를 가진 인간이다. 평등 또한 인간다운 삶이 보장된 후에 논할 수 있는 것이며 장애를 가진 학생이 인간다운 삶을 누리기 위해서 필요한 조건은 그렇지 않은 학생의 조건과는 다를 수밖에 없다. 그런 조건 충족 없이 실질적 평등은 실현되지 않는다.

최소한의 권리로서의 인권, 그리고 우리 현실

그렇다면 우리 삶에서 인권이 갖는 의미는 무엇일까? 이 물음에 답하기 위해서는 '인권이란 최소한의 권리'라는 말을 다시 곱씹어 살펴보아야 할 필요가 있다. '최소한'이라는 단어를 두 측면에서 살펴보자. 먼저, 말 그대로 이해하면 인권이란 인간답게 사는 데 필요한

'최소한의 조건'이라는 의미를 이끌어 낼 수 있다. 이 정도 권리는 보장되어야 인간다운 삶이 가능하다는 것이다. 자유권의 내용을 가지고 이야기해 보면, 인간이라면 생명을 가져야 하며 자기 신체에 대한 자기 결정권을 가져야 하고, 사회 성원으로 정치에 참여할 수 있어야 하며, 어느 정도 재산을 가지고 있어야 한다. 평등권의 내용을 가지고 이야기해 보면, 인간이라면 안정적인 노동을 할 수 있어야 하며, 교육을 받을 수 있어야 하고, 아플 때 치료받을 수 있어야 하며, 살 집이 있어야 한다. 이 조건들은 모두 인간이 인간이기 위해 필요한 것들이며, 하나라도 결여되면 인간다운 삶을 사는 것 자체가 힘들어진다.

　다음으로 '최소'라는 양量에 주목해 살펴보면, 인권을 인간다운 삶을 영위하기 위한 '최소한의 양'을 보장받을 권리로 이해할 수 있다. 가령 인간이 살아가기 위해서는 집이 필요하고 따라서 대부분의 국가나 사회는 주거권을 인권의 중요한 요소 가운데 하나로 인정한다. 인권 차원에서 보면 국가나 사회는 집이 없어서 노숙하는 사람이 생기지 않도록 노력해야 할 의무가 있으며, 집이 없는 사람은 인권의 이름으로 국가에 그것을 요구할 수 있다. 하지만 누군가 "나는 100평이 넘는 아파트에 살고 싶다"라고 말하며 그것을 인권의 이름으로 국가나 사회에 요구한다면, 이것은 인권을 잘못 적용한 예다.

　물론 이 정도로 주거권을 과도하게 해석하여 주장하는 사람을 찾아보기는 힘들다. 하지만 실제 우리 사회에서 재산권 논쟁과 관련해서는 이와 유사한 사례가 빈번히 발생한다. 우리 사회에서 '집'이라는 단어는 두 가지 의미를 갖는다. '살아가는 공간'과 '재산'. 전자는 주거권과 관련되어 있으며, 후자는 재산권과 연결된다. 노무현 정부는 집을 주거권의 측면에서 바라보고 종합부동산세법을 신설하였다. 법을 통해서 집을 부의 축적 수단으로 삼는 세태에 일침을 가하려 한 것이다. 그런데 이명박 정부는 이 법을 유야무야로 만들어 버렸다. 재산권을 보호한다는 것이 명분이었다. 하지만 여기에서 재산권을 내세우는 것은 인권의 근본 원칙에 배치된다. 즉 사는 데 필요한 최소한의 것, 최소한의 양을 보장하는데 반하는 것이 될 수 있다는 말이다. 종합부동산세법에 의해 세금을 물게 될 사람이 그 때문에 인간다운 삶을 영위할 수 없게 된다면, 그의 재산은 인권의 이름으로 보호되어야 한다. 하지만 재산을 보유하고 그것을 통해서 더 많은 재산을 확보하려는 의도로 부동산에 투자한 사람이 재산권을 근거로 자기 재산을 보호하려 한다면, 이는 인권의 원칙에서 벗어난다. 더구나 다른 사람의 주거권을 침해하면서 확보한 재산권은 인권에 포함되는 권리들 사이에는 선후 관계가 있다는 원칙에도 반하며, 결코 정당화될 수 없다.

인권은 사회적 약자가 인간적인 삶을 영위하기 위해서 사회에 요구하는 최소한의 권리다. 만약 이미 권리를 충분히 누리고 있는 사람이 그것을 공고화하거나 더욱 많이 누리기 위한 수단으로 인권을 사용한다면, 그것은 인권의 기본 원칙에서 위배된다.

현대 우리 사회에서는 고문 받지 않을 권리와 참정권, 사상과 표현의 자유를 누릴 권리 등 개인의 자유권에 대한 형식적인 보장이 어느 정도 이루어지고 있다. 여기에서 형식적인 보장이라 하는 것은 헌법 등 법에 의한 보장을 말한다. 물론 여전히 사형 제도가 존속하고 있지만, 1997년 12월 30일 이후에 사형이 집행되지 않아서 2007년 12월 30일부로 대한민국은 '사실상 사형제 폐지국'이 되었으며, 그 자격을 계속 유지하고 있다.

하지만 현실적으로 이 권리들이 보장되고 있는가에 대해서는 논의의 소지가 많다. 초·중·고등학교에서는 여전히 체벌이 행해진다. 그런데 체벌이 고문 받지 않을 권리와 상충한다는 사실을 알지조차 못하는 사람들이 많다. 헌법은 사상과 표현의 자유를 누릴 권리를 말하고 있지만, 집회 및 시위에 관한 법률은 간간이 강화될 움직임을 보이고 있다. 국가보안법도 여전히 존속하고 있다.

뿐만 아니라 차이에 주목하고 그것을 차별로 연결짓는 태도는 우리사회 곳곳에서 발견된다. 이러한 차별은 사회의 약자에게 더 집중되는데, 그 차별을 행하는 당사자 역시 사회의 약자인 경우가 많다. 역사적으로 사회적 강자는 약자들끼리의 차별을 조장해 자신의 권력을 더욱 강화하는 경우가 많았다. 비정규직 노동자에 대한 정규직 노동자의 태도, 성소수자에 대한 사회적 편견, 양심적 병역 거부자에 대한 사회적 몰이해, 장애인들에 대한 편견, 학벌에 치우친 사람 평가, 다문화 가정에 대한 몰이해, 이주노동자에 대한 차별 등이 그것이다.

우리에게는 인간의 평등성에 주목하여 모든 인간은 인간다운 삶을 살 권리가 있다는 '사고'와 그러한 권리가 모든 인간에게 적절히 보장되지 않았을 때 분노할 수 있는 '감성'이 필요하다. '인권'에 포함된 권리들 가운데 어느 것도 그냥 주어진 것은 없다.

생각해 볼 문제

1. 사람이 사람답게 살기 위해서 보장되어야 할 요소들을 목록으로 작성해 보자. 그리고 목록에 속하는 것들을 가장 중요한 것부터 순서대로 나열해 보자.
2. 일상에서 흔히 일어나는 인권 침해에는 어떤 것이 있을까? 그것을 나열해 보자. 그리고 인권 침해의 원인은 무엇인지 우선 인권 침해를 저지르는 개인이나 집단에서 그 원인을 찾아보자. 그 다음에 사회 전체에서도 그 원인을 찾아보자.
3. 흔히 인권을 천부적인 것이라고 하는데, 과연 그러한가? 그렇다면 천부적이라고 말하는 근거는 무엇인가? 그리고 만약 천부적이 아니라면 어째서 천부적인 것이라고 말하는가?
4. 나와 다른 사람을 인간으로 인정하고 평등하게 대한다는 것은 어떤 의미일까? 스스로 성적 소수자, 장애인, 피부색이 다른 외국인 등을 어떻게 대하는지 생각해 보자.

참고문헌

존 로크, 《통치론》, 강정인·문지영 옮김, 까치, 2007.
장 자크 루소, 《인간 불평등 기원론》, 주경복 옮김, 책세상, 2003.
장 자크 루소, 《사회계약론》, 이환 옮김, 서울대학교출판부, 1999.
존 스튜어트 밀, 《자유론》, 서병훈 옮김, 책세상, 2005.
미셸린 이샤이, 《세계 인권 사상사》, 조효제 옮김, 길, 2005.
조효제, 《인권의 문법》, 후마니타스, 2007.
토머스 홉스, 《리바이어던》, 신재일 옮김, 서해문집, 2007.
박경희·류승완·정지우·정진·김동원, 〈다섯 개의 시선〉, 2005.
마이클 무어, 〈식코〉, 2007.
브래드 버드, 〈아이언 자이언트〉, 1999.
정재은·임순례·여균동·박찬욱·박진표·박광수, 〈여섯 개의 시선〉, 2003.
이해영·이해준, 〈천하장사 마돈나〉, 2006.

| 예술 |

왜 미와 예술인가?

이관형

들어가는 말

이 책의 제목은 '철학, 삶을 묻다'이다. 그런데 이 글의 제목은 철학과는 거리가 있어 보이는 '미와 예술'이다. 아마 '철학에 대해 이야기한다고 하더니 뜬금없이 웬 미와 예술?'이라고 생각하는 사람도 있을 것이다.

바로 답을 하자면 미와 예술은 철학과는 거리가 있지만 우리 삶의 일부다. 미와 예술도 철학이 묻는 '삶'에 포함된다. 실제로 철학이 미에 대해 물으면 그것은 '미학'이 되고 예술에 대해 물으면 '예술철학'이 된다. 미학과 예술철학은 완전히 동일하다고 볼 수는 없지만 의미 구분 없이 함께 쓰이는 경우가 많다. 둘은 모두 현대철학의 중심 주제 중 하나다. 이어지는 아래 글을 통해 왜 미학과 예술철학이 현대철학의 중심 주제가 되었는지 살펴보자.

자연에 대한 관심에서 출발한 철학

철학은 삶의 '지혜'를 추구해 왔다. '지식'이 아니다. 그런데 지식이 넘쳐 나는 오늘날과 달리 철학이 시작된 고대 그리스 시대에는 지식이 많지 않았다. 그래서인지 당시에는 지혜와 지식을 크게 구분하지 않았다.

　고대 그리스 인들은 이 세상이 어떤 것인지를 알고 싶어했다. 따라서 그들의 관심은 먼저 '우주 자연'을 향했다. 즉 최초의 철학은 '자연학' 혹은 '자연철학'이었다. '자연과학'이라는 익숙한 단어를 쓰지 않고 군이 '자연학'이라고 하는 것은 둘이 같으면서도 크게 다른 점이 있기 때문이다. 오늘날의 자연과학은 '과학'이라는 말이 일러 주듯 여러 학문들 가운데 한 '분과 학문'이다. 그러나 고대의 자연학은 '학문의 모든 것'이었다. 또한 과거에는 오늘날처럼 정교한 실험도구가 없는 상태에서 인간의 사유능력(=생각)에 주로 의존하여 자연을 연구했다. 자연과학과 달리 자연학은 그런 연구의 결과물이었다.

　현대 자연과학의 관점에서 보면 당시의 자연에 대한 이해는 조야한 것이었다. 망원경, 나침반, 현미경 등의 도구가 자연 현상을 이해하는 데 얼마나 많은 도움을 주는지 생각해 보자. 그리고 거꾸로, 이런 도구들이 없는 상태에서의 자연 관찰이 얼마나 제한적일까도 생각해 보자. '원자론'은 양자의 차이를 극명하게 드러내 주는 좋은 예다. 고대의 자연학(또는 근대의 자연과학과 구분하여 고대의 자연철학)은 데모크리토스Demokritus의 원자론에서 완성되었다. 데모크리토스는 이 세상의 원리를 설명하기 위해 '원자'가 필요하다고 생각했다. "이 세계는 원자로 구성되어 있다." 이것의 그의 생각이며 주장이었다. 그런데 여기서 중요한 것은 말은 그렇게 했지만 데모크리토스 자신도 원자가 실재한다고는 믿지 않았다는 점이다. 즉 그는 세계를 설명하기 위해 원자라는 '개념'을 필요로 했던 거지 원자의 실재 여부에 대해서는 관심이 없었다. 원자라는 개념을 도입하면 세상의 원리가 잘 설명된다는 것, 그것이 데모크리토스에게 중요한 유일한 것이었다. 반면 약 2,000년 후에 근대 과학자인 돌턴John Dalton은 원자가 '실재'한다는 것을 증명해 보였다. 돌턴의 주장도 말만 놓고 보면 데모크리토스의 주장과 다르지 않다. "이 세계는 원자로 구성되어 있다." 그러나 둘의 차이가 얼마나 큰지는 아마 과학적인 설명을 하지 않아도 대충 짐작할 수 있을 것이다.

그런데 여기서 두 원자론의 '차이'를 통해 말하고 싶은 것이 하나 더 있다. 두 가지 원자론은 서로 다르지만, 다른 한편에서 보면 같은 것의 '반복'이기도 하다. 실제로 철학에서는 같은 문제가 시대를 불문하고 반복되는 경향이 있다. 그렇지만 반복되는 같은 문제라 해도 각각의 문제에는 시대에 따른 '차이'가 있다. 문제에 대한 답도 마찬가지로 '반복'과 '차이'의 두 측면을 갖추고 있다. 그러니 어쩌면 반복과 차이라는 이 두 측면은 철학뿐만 아니라 세상사를 관통하는 요소가 아닐까?

한편 위 글은 철학과 과학, 고대와 현대의 유사성과 차이를 말하고 있기도 하다. 인간은 자연을 벗어나서 살 수 없다. 따라서 자연은 철학적으로 접근하든 과학적으로 접근하든 인간의 영원한 관심 사항이다. 철학적 접근은 고대의 특징이며, 과학적 접근은 현대의 특징이다. 철학은 주로 '생각(사유)'에 의지하고 과학은 주로 '실험·관찰'에 의존한다. 양자의 구별되는 특징을 도식화하면 **'생각 대 실험·관찰'**이라는 식이 성립한다. 하지만 전자든 후자든 오로지 생각만으로 혹은 실험·관찰만으로 이루어지지는 않는다.

현대에도 철학은 존재한다. 그러나 자연에 접근하는 현대적 방식의 특징을 철학이라고 볼 수는 없다. 그렇다면 현대의 철학과 고대의 철학은 어떻게 다를까? 철학은 어떻게 현대에도 여전히 존재할 수 있게 됐을까?

이 문제에 답하려면 다시 고대 그리스로 돌아가야 한다. 고대 그리스에서 자연에 대한 관심으로 시작된 철학은 데모크리토스의 원자론을 통해 나름의 답을 얻었다(오늘날의 관점에서 보면 허점투성이일지라도 말이다). 그리고 난 후 고대인들의 관심은 '인간'으로 이동했다. 자연을 규명했으니 다음으로는 자연 속에서 살아가는 인간을 살펴보는 것이 이치에 맞을 것이라는 생각이 작용했을 것이다. 그렇게 새로운 철학이 시작되었다.

인간과 사회로 확대된 철학의 관심

고대 그리스인들은 '폴리스polis'라고 하는 작은 집단(도시)에 모여 생활했다. 우리가 알고 있는 아테네나 스파르타는 여러 폴리스 가운데 하나다. 폴리스 사람들은 외세의 침략이 있을 때와 올림픽이 있을 때만 서로 모였을 뿐 따로 살았다. 자기들끼리 전쟁을 벌이기도 했으니, 각각의 폴리스는 서로 다른 나라라고 보는 것이 옳을 것이다. 그래서 폴리스는 '도시국가'라고 번역한다.

"너 자신을 알라"라는 말로 유명한 소크라테스는 이 시기에 등장한 철학자다. 그의 이 말은 이제 철학의 주제가 자연이 아니라 '너' 혹은 '나'에 대해 아는 것으로 변화했다는 것을 상징한다. 철학의 대상이 자연에서 인간으로 옮겨간 것이다. '자연학' 시대에서 '인간학'

시대로의 이행이라고 말할 수도 있겠다. 그런데 이 말은 사실 소크라테스가 처음 한 말은 아니었다. 원래부터 델포이 신전이란 곳에 쓰여 있었다고 한다.

이후 고대 그리스 철학의 두 주제, 즉 '자연'과 '인간'은 두 명의 위대한 철학자, 플라톤과 아리스토텔레스를 통해 종합됐다. 어떤 사람은 철학의 진정한 출발이 플라톤에서부터라고 이야기한다. 또 어떤 사람은 서양철학 전체가 플라톤에 대한 주석의 역사라고 말하기도 한다. 기원전 426년 아테네에서 태어난 철학자 플라톤은 실제로 철학의 모든 것이라고 할 수 있는 '진·선·미'를 자기 철학의 주제로 삼았다. 여기서 특기할 것은 그가 선과 미를 하나로 보았다는 점이다. 플라톤은 미를 뜻하는 말 '칼로스kalos'와 선을 뜻하는 말 '아가톤agathon'을 결합해 '칼로카가디아kalokagathia'라는 말을 사용했다. 그리고 칼로카가디아, 즉 **선미善美**와 **진리**를 철학의 큰 두 주제로 정했다.

플라톤이 선과 미를 하나로 본 데는 좀 복잡한 이유가 있다. 여기서는 그 이유를 시시콜콜히 다 이야기하지는 않을 것이다. 다만 핵심을 쉽게 한마디로 이야기하자면, 플라톤은 "예쁘면 다 용서가 돼"라고 보지 않았다. "인간이 되지 않았으면 예쁘지 않다"라고 생각했다. "아름다움과 도덕적인 훌륭함은 나누어 따로 생각할 수 있는 것 아니다." 이것이 플라톤의 생각이었다.

플라톤만큼 유명한 아리스토텔레스 이야기도 해 보자. 여기서는 잠깐 '미'가 아닌 다른 것에 대한 이야기를 좀 해야 한다. 아리스토텔레스는 인간에 대해 몇 가지 유명한 말을 했다.

인간은 이성적 동물이다.

인간은 사회(정치)적 동물이다.

이 말의 핵심은 '이성' 혹은 '사회(정치)'에 있을까 아니면 '동물'에 있을까? 아마 어렵지 않게 '이성'과 '사회(정치)'가 핵심이라는 것을 알 수 있을 것이다. 이성은 진·선·미의 가치 가운데 진, 다시 말해 '진리'와 가장 밀접하다. 아리스토텔레스가 인간을 이성적 존재로 보았다는 말은 인간에게 가장 소중한 가치가 진리에 있다고 생각했다는 말과 같다. 그렇다면 진리는 무엇일까? 여러 가지 의견이 있을 수 있겠지만, 여기서 말하는 진리란 '자연에 대한 우리의 지식'이라고 정리할 수 있다. 따라서 진리가 성립하려면 적어도 두 가지가 필요하다. 자연과 그것을 알 수 있는 인간의 정신 능력, 즉 '이성'이 필요하다. 오래전부터 진리는 우리 밖에 있는 대상인 자연과 우리 안에 있는 정신 능력(이성)이 합쳐질 때 성립하는 것으로 이해되어 왔다.

다음으로 "인간은 사회(정치)적 동물이다"라는 말을 보자. '사회(정치)적 동물'을 그리스 어로는 '조온 폴리티콘zoon politikon'이라고 한다. '조온'은 동물이라는 뜻이며 따라서 우리는 '폴리티콘politikon'이라는 단어에 집중할 것이다. '폴리티콘'은 쉽게 말해 '폴리스적'이라는 뜻이다. 앞서 말했듯이 폴리스는 고대 그리스 인들이 살던 도시국가를 지칭하니, 이 말은 사람들이 모여 사는 곳, 즉 '사회'를 말하는 것이라 볼 수 있다. 폴리스에서 고대 그리스 시민들은 자기들끼리 모여서, 자기들이 해야 할 일들을 같이 토론하고 결정했다. 그리고 이 토론은 주로 '아고라Agora'에서 이루어졌다. '아고라'는 시장市場을 뜻한다. 당시에는 오늘날과 달리 남자들이 주로 장을 보러 다녔다. 장 보러 나와서 사는 얘기도 하고, 어떤 문제가 터지면 어떻게 할 것인지

의논도 했다. 토론이라는 거창한 이름을 붙일 것도 없다. 시골 장터를 생각해 보면 좀 이해하기 쉬울 듯하다. 장날 장터에 동네 사람들이 다 모이면 으레 사는 이야기도 하고 마을의 크고 작은 문제에 대해 어떻게 하면 좋을지 의견도 나누고 결정하지 않는가? 이장이 어떻고 군수가 어떻고 농협 조합장이 어떻고 하는 여론이 형성된다. 그 장터가 바로 아고라다. 그러니 고대 폴리스에는 국회의사당이 따로 필요 없었다(물론 '아크로폴리스Acropolis'라는 공식적인 장소가 있기는 했다. 그러나 아크로폴리스는 이미 아고라를 통해 다 결정되고 수렴된 의견을 형식적·공식적으로 집행하는 장소일 뿐이었다). 시장에서 폴리스와 관련된 모든 여론이 수렴되고 결정됐다. 아고라는 한마디로 시장이자 국회의사당이었다. 그리고 그곳에서 오가는 이야기들로 국정에 관한 대부분의 일들이 결정됐다. 그러니 고대 폴리스의 삶에서 가장 중요한 것은 모여서 수다 떠는 것이었다. '모여서 수다 떠는 것', 그것이 '정치'의 원래 의미인 것이다. 그래서 '폴리스적'은 '사회적'이라고 번역할 수도 있고 '정치적'이라고도 번역할 수 있다. 정치를 뜻하는 영어 '폴리틱스politics'는 '폴리스polis'에서 유래했다.

잠깐 숨 좀 돌리자. 지금까지는 고대철학만 이야기했다. 고대 그리스에서 철학은 유일한 학문이자 모든 학문이었다. 하지만 당시에도 시대에 따라 다루는 주제가 조금씩 달라졌다. 가장 먼저 다뤄진 주제는 자연이었다(철학이 자연을 다루는 방식과 과학의 방식이 어떻게 다른지는 앞서 간단히 설명했다). 그리고 다음으로 인간이 중심 주제가 됐다. 여기서 인간이란 개인주의화된 오늘날의 '개인'이 아니다. '폴리스에 사는 사람', 즉 사회적 동물이자 정치적 동물로서의 인간이다. 자연을 주제로 하는 철학에서는 '진리'가 화두였다. 반면 사회와 정치를 주제로 하는 철학에서는 어떻게 사는 것이 '선한 삶'인가가 문제가 됐다. 즉 철학에서 인간에 대한 관심은 '도덕' 혹은 '윤리'의 문제로 나타난다.

고대철학에서 미의 문제는 진리와 선의 문제에 비해서는 덜 중요한 문제였다. 미는 플라톤 철학에서 알 수 있듯이 선과 함께 다루어졌다. 때로는 진리와 합쳐져서 다뤄지기도 했다. 고대철학자인 피타고라스를 통해 알아보자. 피타고라스는 고대철학 중에서도 '자연철학'의 시대에 살던 사람이다. 그는 우주 자연이 '조화'롭다고 생각했다. '수적, 혹은 수학적 비례(=조화)'가 우주의 진리라고 생각했다. 다시 말해 그에게 우주 자연의 진리는 '조화'에 있었다. "우주자연은 조화롭기 때문에 아름답다. 즉 진리와 미는 불가분의 관계에 있다"고 그는 생각했다. 그러나 피타고라스의 자연철학에서도 '미'가 더 중심 문제라고는 볼 수 없다. 자연의 진리가 '조화'에 있다는 것이 더 본질적이라고 보아야 한다.

칸트의 첫 번째 질문, 나는 무엇을 알 수 있는가?

진리와 선을 철학의 중심 주제로 보는 것은 고대로부터 중세까지 이어졌다. 그런데 근대(=현대)에 들어서면서 특이한 징후가 나타났다. 마침내 미도 진(리)·선과 대등하게 중요한 가치로 여겨지기 시작한 것이다. 즉 진·선·미가 (동등하게) 인간에게 가장 중요한 가치로 등장한 것은 근대 이후의 일이라고 보면 된다. 아니, 우리가 흔히 이야기하는 진·선·미라는 개념 자체가 근대 이후에 나온 것이라고 말할 수 있겠다.

진·선·미를 대등한 가치로 세운 사람은 칸트다. 그는 3대 비판서라 불리는 책을 썼다. 《순수이성비판》(제1판 1781, 제2판 1787), 《실천이성비판》(1788), 《판단력비판》(1790)이 그것이다. 그도 처음부터 '미'의 가치에 주목했던 것은 아니다. 철학의 전통에 따라 그 역시 먼저 주목했던 것은 진리와 선의 문제였다.

그는 제1비판서로 불리는 《순수이성비판》에서 세 가지 질문을 던졌다. "나는 무엇을 알 수 있는가?", "나는 무엇을 행해야만 하는가?", "나는 무엇을 희망해도 좋은가?" 그리고 첫 번째 물음을 통해 우리의 지식(=학문 혹은 과학)이 필연성 혹은 정당성을 주장할 수 있는 근거가 어디에 있는지를 밝혔다. 철학에서 우리 지식의 한계와 가능성을 따지는 분야를 '인식론'이라고 하는데, 칸트의 첫 물음은 바로 그 인식론의 문제였다.

칸트는 우리가 알 수 있는 영역은 자연 현상에 국한된다고 보았다. 자연 현상 너머의 형이상학은 지식의 영역이 아니라고 보았다. 당시 사회는 중세의 신정神政 질서에서 시민사회적 질서로 바뀌어가는 격변기였다. 교회와 신학적 세계관의 위력이 아직 다 사라지지 않은 상태였고, 시민계급과 과학적 세계관 역시 세상을 완전히 장악하지 못했다. 이런 시기에 칸트는 형이상학과 과학을 구분하고 진리의 지위를 후자에 부여했다. 이는 당시로서는 혁명적인 일이었다. 예를 들어 보자. 벼락이 쳐서 사람이 죽었을 때, 이는 '신이 있다'는 증거로도, '없다'라는 증거로도 사용될 수 있다. "못되게 굴더니 하늘이 노했네"와 "착하게 살아 봐야 소용없어. 신이 있다면 어떻게 저렇게 착한 사람에게 그럴 수가 있어"라는 평가가 공존할 수 있으니 말이다. 그러나 감전 사고라는 자연 현상과 신의 존재 여부는 무관한 문제다. 그리고 감전 사고라는 자연 현상은 지식의 영역이지만 신의 존재 여부는 지식의 영역이 아니다. 그러나 중세의 오랜 기간 동안 자연 현상은 신에 의한 것으로 설명되었으며 그것이 진리 혹은 지식으로 주장되어 왔다. 칸트는 과학과 형이상학이 뒤엉켜서 서로 진리라고 주장하던 당시에 둘의 영역을 구분한 철학자다. 그래서 그의 첫 물음은 과학적 지식의 정당성을 마련하는 동시에 과학의 시대에서 형이상학의 역할과 영역이 무엇인지를 보여 주었다는 평가를 받는다. 왜냐하면 역설적이게도 우리의 지식 영역이 자연 현상에 국한된다는 연구 자체는 과학의 영역이 아니라 형이상학의 영역이기 때문이다. 즉 칸트의 첫 번째 물음과 이에 대한 연구는 과학적 지식의 정당성을 마련하는 형이상학적 연구인 것이다. 여기서 형이상학은 '철학'이라고 바꿔 써도 무방하다. 과학의 대상은 자연 현상이며 그에 대한 연구는 지식, 즉 진리를 가져다준다. 과학적 탐구의 결과로서 지식 혹은 진리가 정당성을 지닐 수 있는가 없는가가 철학의 연구 대상이 되는 것이다. 그래서 한나 아렌트Hannah Arendt와 같은 현대철학자는 "과학은 진리를 탐구하고 철학은 의미를 탐구한다"라고 했다.

칸트는 첫 번째 질문, "나는 무엇을 알 수 있는가"와 그에 대한 답변을 통해 인간의 지식이 자연 '현상'에만 국한된다고 말했다. 이 말을 뒤집어 보면 인간의 지식은 자연 그 자체가 아니라 자연이 우리 인간에게 나타나는 모습(=현상)에 국한된다는 말을 이끌어낼 수 있다. 인간은 자연을 받아들이는 타고난 틀을 지니고 있다고 본 것이다. 여기 주황색 책상이 있다. 책상의 주황색은 책상 자체에 속하는 것일까 아니면 인간이 자연 사물을 받아들이는 틀이 그것을 주황색으로 보도록 만드는 것일까? 칸트는 후자라고 생각했다. 책상 그 자체가 주황색인지 아닌지는 알 수 없다, 다만 우리 인간에게는 주황색으로 보인다는 것이다. "저 책상은 주황색이다"라는 진술은 타당하다. 그러나 책상 자체가 주황색인지 아닌지는 알 수 없다. 참으로 함량미달의 예지만 단순화하여 설명하자면 그렇다.

아무튼 칸트는 자연 자체(칸트는 이를 '사물 자체thing itself; Ding an sich'라고 말했다)와 자연 현상을 구분했다. 우리가 알 수 있는 것은 후자에 국한된 것이다. 그렇다면 사물 자체에 인간이 도달할 길은 없을까?

두 번째 질문, 나는 무엇을 행해야만 하는가?

그래서 제기된 것이 두 번째 질문이다. 우리는 자연 자체, 사물 자체를 알 수는 없다. 그러나 인간은 사물 자체를 지향하지 않을 수 없다. 그렇다면 어떻게 해야 사물 자체에 다가갈 수 있을까? 사물 자체에는 앎(인식)을 통해서가 아니라 행위, 실천을 통해서만 도달할 수 있다. 이것이 칸트의 답이다. 칸트는 지식(=이론)의 영역과 실천의 영역을 구분했다. 이론의 영역은 자연 현상에 국한된다. 또한 지식과 이론, 진리는 인간의 삶의 의미와 가치를 일러 주지 않는다. 그것은 실천의 영역에 할당된다. 즉 우리는 사물 자체를 알 수는 없다. 하지만 그것은 우리로 하여금 어떻게 사는 것이 올바른 것인지를 계도하는 규제적 이념으로, 우리를 바른 삶으로 인도하는 등대와 같은 역할을 한다. 이론과 실천, 아는 것과 행하는 것은 별개의 문제다.

이후 칸트의 본심이 무엇이었는가를 두고 논쟁이 벌어졌다. 칸트 철학의 핵심을 《순수이성비판》(이론)으로 볼 것인가 아니면 《실천이성비판》(실천)으로 볼 것인가? 논란의 여지는 있지만, 칸트 철학에서는 실천의 문제가 가장 중요한 주제가 되었다. 철학의 핵심은 윤리학이 아니냐는 입장이 크게 대두했다. 철학에서 실천을 다루는 분야는 윤리학이기 때문이다. 즉 철학으로서의 윤리학은 '어떻게 행동(실천)해야 선한 삶을 살 수 있는가'를 다룬다. 칸트의 윤리학은 '의무론'이었다. 그는 인간이 자유의지를 지니고 있으며, 자율적으로 선한 삶을 살도록 해야 한다고 주장했다. 도덕 법칙에 따르는 선한 삶은 인간이면 마땅히 무조건적으로 반드시 그렇게 살아야 하는 지상至上 과제이자 우리에게 부여된 명령이다. 이것을 "정언명령kategorischer Imperative" 혹은 "단언적 명령"이라고 한다. 인간은 누구나 스스로 생각할 수 있는 존재다. 그리고 자기 스스로 선한 삶을 살겠다는 의지를 지닐 수 있다. 칸트는 인간이란 그런 존재니 그렇게 살라고 명령했다.

> 당신의 의지의 준칙이 항상 동시에 보편적 법칙 수립의 원리로서 타당할 수 있도록, 그렇게 행위하라.
> — 칸트, 《실천이성비판(1판 7쇄)》(아카넷, 2009), 86쪽, V30

우리는 무언가를 하려고 하는 의지를 지니고 있으며 그 의지에는 나름의 일정한 원칙(=준칙)이 있다. 이 일정한 원칙 혹은 준칙은 자기만의 고유한 것이지만, 칸트의 명령은 그러면서도 누구나 인정할 수 있는 보편적인 도덕 법칙에 부합하도록 행동하라는 것이었다. 아니, 나의 준칙이 보편적 도덕 법칙을 만드는 원리가 될 수 있도록 행동하라는 것이었다.

선한 삶 혹은 도덕적 삶은 어떤 보상을 바라는 삶이 아니다. 무조건 그렇게 살아야 하는 것이다. 그래서 의무인 것이다. 칸트에 의하면, 만약 선한 삶을 살면 복을 받을 것이라거나 혹은 남들이 칭찬해 줄 것이라고 생각해서 선한 행위를 한다면 그건 선한 행위가 아니다. 또한 악한 동기나 별 생각 없이 행한 것이 결과적으로 선한 행위가 된 경우도 선한 행위가 아니다. 반면 선한 동기에서 출발한 행위가 나쁜 결과를 낳았다 하더라도 그것은 선한 행위다. 그래서 칸트의 윤리관을 '동기론'이라고도 한다.

그런데 칸트는 뜻하지 않은 고민에 부딪혔다. 유한한 삶을 사는 인간에게서 (주관적인 자신의) 의지와 (보편적이고 객관적인) 도덕 법칙이 완전히 부합하는 것은 불가능하다. 또한 보다 현실적으로 보면, 나쁜 사람들이 행복을 누리며 살고 선한 사람들이 고통을 겪고 사는 경우가 비일비재하다. 아무리 아무 조건 없이 선을 행하는 것이 옳다고 해도 현실의 이런 모순과 역설은 그에게는 견디기 힘든 문제가 아닐 수 없었다.

세 번째 질문, 나는 무엇을 희망해도 좋은가?

그래서 그는 세 번째 물음을 던졌다. 선한 삶을 사는 것에 어떤 희망이 있는가? 그는 '영혼의 불멸성'과 '신의 현존'을 요청했다. 의지와 도덕 법칙이 완전히 부합하는 것은 무한한 전진을 할 수 있을 때만 가능하다. 따라서 칸트는 이 '무한한 전진'을 위해 이승의 육체적 삶이 전부가 아니라는 통찰, 즉 영혼의 불멸성(=영생)이 필요하며, 우리는 이를 '희망'할 수 있다고 보았다. 선한 삶을 매개로 비록 우리의 육신은 죽을지라도 우리의 영혼은 영생(=불멸성)을 희망할 수 있다는 것이다. '신의 현존'은 모든 행복을 배분하는 신이 존재함을 말한다. 도덕적 의무를 저버린 악인이 현실에서 행복한 것 같아도 그것은 인간에게 가능한 모든 행복의 일부분도 되지 못한다. 오히려 인간에게 가능한 모든 행복이 제한받는 것은 인간이 도덕적 의무를 다하지 못하는 데서 기인한다고 보았다. 칸트는 도덕 법칙 자체는 아무런 행복도 약속하지 않는다고 생각했다. 즉 도덕은 우리가 어떻게 해야 행복한가를 말해 주지 않는다. 다만 우리가 어떻게 해야 행복할 만한 품격을 갖추는가를 말해 준다. '신의 현존'을 믿고 도덕 법칙을 신의 명령으로 받아들임으로써 도덕적 의무를 다하려고 애쓴 만큼, 즉 "우리가 행복을 누릴 만한 자격이 없지 않도록 마음 쓴 정도 만큼 언젠가 (신이 분배하는) 행복을 나눠 갖게 될 것이라는 희망"을 지닐 수 있다는 것이다. 도덕적 삶을 위한 분투가 행복을 가져다줄지 아닐지는 모르지만 적어도 최고의 존재자이자 행복의 분배자인 신의 편에 서는 일인 것은 확실하다는 것이다.

《순수이성비판》에 따르면, 자연 세계는 보편적인 인과율에 따르는 기계적인 체계, 즉 필연성의 체계에 놓여 있고, 인간의 지성(=좁은 의미의 이성, 이론이성)은 이러한 자연을 인식하는 능력, 즉 틀을 지니고 있다. 그래서 자연 현상이 우리에게 주어지면, 우리는 인식 형식(틀)을 가지고 지식을 만들어 낸다. 우리에게 주어지는 자연 현상이 '밀가루 반죽'이라면 우리의 인식 형식은 '풀빵을 만드는 틀'이고 우리의 지식은 반죽과 틀이 만들어 낸 '풀빵'인 것이다. 그래서 우리의 지식은 '밀가루 반죽' 자체, 즉 자연 자체 혹은 사물 자체는 아니다. 따라서 지식 혹은 인식과 관련하여 인간의 자유는 매우 제한적이다. 인식의 대상으로서의 자연 현상이 반드시 주어져야 하기 때문이다. 또한 인식의 주체로서 우리는 인식하는 틀을 본래적으로 가지고 태어난다. 즉 우리가 자유롭게 선택하는 것이 아니다. 물론 인식의 성립에서 인간은 단순히 자연 현상을 수동적으로 받아들이기만 하는 것이 아니라 자신이 지니고 있는 선천적인 능력(빵틀)을 사용하기 때문에, 능동성·자발성이 없는 존재라고 말할 수는 없다.

칸트는《실천이성비판》을 통해 이론이성인 지성과는 또 다른 이성적인 체계가 있음을 밝혔다. 즉 도덕적 의도 및 목적들로 구성된 이성(=실천이성) 체계를 발견한 것이다. 자연은 하나의 거대한 '기계'이기 때문에 필연적인 법칙에 종속되어 있다. 자연 그 자체는 어떠한 목적도 지니지 못한다. 그렇지만 인간의 이성과 실천에 어떤 목적을 부여할 수는 있다.

자연은 기계론적 법칙을 따르며 그 자체로는 목적론적인 의미가 없다. 오직 인간의 이성과 실천만이 목적을 부여한다. 인간은 자신 속에서 자연을 인식할 수 있는 지성만이 아니라, 자신이 부여하는 목적이 자연 속에서 실현되기를 요구하고 세계가 그 목적에 따라 변혁되기를 요구하는 도덕적 이성을 발견한다. 이러한 도덕적 또는 목적론적 이성이 바로 의지의 원리다. 세계의 목적은 세계 자체를 넘어서 있는 무엇이며, 성취되어야만 하는 무엇이다. 그리고 세계를 변혁시키는 힘은 실천이성으로서 작용하는 인간의 의지다. '실천이성비판'은 바로 이 도덕적 의지에 대한 체계적인 접근을 수행한다.

— 박정하, 《칸트 「실천이성비판」— 철학 텍스트들의 내용 분석에 의거한 디지털 지식 자원 구축을 위한 기초적 연구》(서울대학교철학사상연구소, 2004)

인간은 자신의 자유의지로, 혹은 자율로 스스로 법칙(도덕 법칙)을 창출할 수 있는 존재다. 즉 지성의 영역에서는 불가능하거나 소극적인 의미를 지니는 인간의 자유가 의지의 영역에서는 적극적인 의미를 지니게 된다.

칸트는 제1비판(순수이성비판)을 통해 인간 지식의 필연성과 보편성을 밝혔다. 또한 자연의 법칙성을 정당화했다. 한마디로 제1비판은 자연 필연성을 규명한 것이다. 학문과 이론은 이 자연 필연성과 관련 있다. 그러나 세상이 필연성으로만 이루어진다면 인간에게 소중한 가치인 자유의 가능성은 있을 수 없게 된다. 그래서 칸트는 제2비판을 통해 인간에게 자유를 부여하고자 했다. 이론은 인간에게 자연 필연성을 깨닫게 해 주고 실천은 자유를 주었다. 그렇지만 이로써 이론과 실천, 필연성과 자유는 완전히 다른 영역이 되었다. 칸트는 말년에 이러한 이중성, 이원론의 문제를 놓고 고민했다. 세계는 분명 하나인데, 자신의 체계는 세계를 필연성의 영역과 자유의 영역이라는 완전히 다른 두 가지 세계로 나누어 놓았으니 고민이 아닐 수 없었을 것이다. 그래서 칸트는 이론과 실천, 필연성과 자유가 하나로 통합될 수 있는 가능성에 대해 연구했다. 그 결실이 바로 제3비판, 즉《판단력비판》이다.

진리와 선을 이어주는 미

제1비판은 이론과 필연성 및 이성적 사유 능력과 진리를, 제2비판은 실천과 자유 및 의지 능력과 선을 탐구했다면, 제3비판은 이 둘을 통합한 인간의 판단력과 '미'의 문제를 다루었다.

칸트가 주목한 것은 인간이 자연에 대해서 인식 능력만 지니고 있는 것이 아니라 아름답다는 감정도 느낀다는 점이었다. 우리는 어떤 꽃에 대해 암술이 몇 개니 수술이 몇 개니, 충매화니 풍매화니 하는 이론적 지식을 지닐 수 있다. 그렇지만 그런 관심과는 별개로 아름답다는 감정도 느낄 수 있다. 이 아름다움의 느낌, 즉 감정은 분명 이론적인 관심과는 다른 것임에 틀림없다. 충매화니 풍매화니 하는 이론적 판단 능력과는 다른 미감적 판단 능력(=저 꽃은 아름답다)이 인간에게는 있는 것이다. 이것이《판단력비판》의 주제다(정확히는《판단력비판》제1부의 주제다. 여기서는 제2부 목적론적 판단력에 대해서는 거론하지 않겠다).

칸트는 인간의 능력을 판단의 차원에서 재편했다. 즉 이성적 사유 능력 및 도덕적 의지 능력에 따른 판단과 미감적 판단(=취미 판단, 여기서 '취미'란 '미를 판정하는 능력'이다. 따라서 '취미 판단'이란 '미를 판정하는 능력에 따른 판단'이다)이 어떻게 다른지를 먼저 규명했다. 이성적 사유에 의한 판단은 개념에 따른 판단이다. 도덕적 판단은 목적(=선 혹은 최고선의 실현)에 따른 판단이다. 그러나 취미 판단은 개념에 따른 판단도, 목적에 따른 판단도 아니다. 또한 취미 판단, 즉 아름답다는 판단에는 어떠한 이해관계도 개입하지 않는다. 칸트는 취미 판단의 특징을 무개념성, 무목적성, 무관심성(어떠한 이해관계도 개입하지 않음)으로 정리했다. 그렇지만 그러면서도 보편성을 지니는 판단이라고 했다. 즉 어떤 것이 아름답다는 판단은 단칭 판단이고 개념 판단이 아님에도 보편성을 주장할 수 있다는 것이다. 그리고 취미 판단이 보편성(=필연성)을 지니는 이유는 인간에게 '공통감sensus communis'이 있기 때문이라고 보았다. 즉 칸트는 미감이 지니는 보편성을 학문적이고 개념적인 이성 능력이 지니는 보편성과는 다른 차원에서 생각했다. 전자의 이성 능력이 고립적·원자적 개인의 능력이라면, 후자의 미감 능력은 사회적인 것과 연관된다. 공통감은 다른 사람에 대한 공감 능력이자 공동체(=사회)에 기반한 감각 능력, 즉 '공동체적 감각 gemeinschaftlicher Sinn; community sense'이기 때문이다. 칸트는 사회나 정치 문제에 대해 직접적인 언급을 하지는 않았다. 그러나 '미'의 문제를 다루면서는 거의 처음이자 마지막으로 사회적 존재·공동체적 존재로서의 인간을 이야기했다. 냉철한 이론이성과 결벽적인 실천이성의 인간이 비로소 피와 살을 지닌 현실의 인간과 사회, 이웃에 눈을 뜬다고 해야 할까?

칸트는 '미'를 주로 '자연미'의 차원에서 다루었다. '예술미'에 대해서도 이야기했지만 그것은 부차적인 것이었다. 우리 인간이 자연에서 느끼는 아름다움은 우리가 자연과 썩 어울린다는 합일의 느낌이다. 이러한 합일의 느낌, 즉 미감과는 달리 자연에 대한 우리의 인식은 자연 자체와의 합일은 아니다. 자연에 대한 우리의 표상과 우리가 타고난 개념(=순수지성 개념)의 합치이기는 하다. 그것은 자연 현상과 우리의 인식 능력 간의 관계에서 성립한다. 즉 객관으로서의 자연 현상과 주관으로서의 우리의 인식 능력 간의 합치에서 성립하는 것이다. 그러므로 인식(=지식)은 이원론적이다. 객관과 주관 사이의 양자관계에서 발생하기 때문이다. 미감도 자연과 우리와의 관계에서 성립하지만 그 느낌은 자연과 우리의 완전한 합일감이다. 즉 인간은 지식을 통해서는 자연과 합일되지 못한다. 그것은 양자 간의 분리에 기초한다. 그러나 미감은 그렇지 않다. 미감을 통해 인간은 자신을 자연의 일부로, 완전한 합일체로 느끼게 된다. 또한 다른 인간과 자신을 공동체의 일원으로 느끼게 된다.

맺는 말: 현대철학의 중심주제로 등장한 미와 예술

칸트 철학의 핵심이 무엇인가를 두고 오늘날에도 논쟁이 있다. 진리와 이성을 중심에 두고 있는 사람들은 《순수이성비판》을 최고의 저서로 생각한다. 실천을 중요하게 생각하는 사람들은《실천이성비판》을 칸트의 핵심으로 파악한다. 그러나《판단력비판》이 발견·제기한 미적 가치의 회복이야말로 오늘날 현대철학의 중요한 흐름 중 하나를 형성하고 있다.

근대는 분열의 시대다. 경제적으로는 분업이, 정치적으로는 분권이 근대의 특징이다. 상공업이 인간과 자연의 관계를 규정하고 있다. 인간은 자연의 일부로 소박하게 사는 삶과 결별했다. 자연은 더 이상 신성神性을 지닌 어떤 것이 아니다. 인간의 목적에 봉사하는 수단이다. 근대 철학의 시작이라고 할 수 있는 데카르트는 자연을 생명이 없는 기계로 파악했다. 이로써 인간은 어떤 거리낌도 없이 자연을 파헤치고 자신의 이해관계에 맞게 이용하는 것의 철학적 정당성을 얻게 됐다. 자연은 죽은 기계며 수단이다. 자연은 인간의 지배 대상이며, 인간의 자연 지배는 인간의 인간 지배도 가져왔다. 그런 가치관, 철학관에 입각하여 만들어진 것이 우리가 오늘날 보고 있는 이 세상이다.

근대는 에코노-테크노피아(상공업적 유토피아)를 목표로 삼고 있다. 돈 버는 것은 수단이 아니라 목적이 되었다. 만인의 만인에 대한 투쟁은 상행위(사고파는 행위)로 나타난다. 상행위는 언제나 자기의 이해를 우선한다. 타자에 대한 배려는 더 많은 판매, 더 많은 이득을 위한 교언영색巧言令色일 경우가 많다.

기술은 자연의 운동 원리를 모방하여 자연이 지니는 특정한 힘을 인간의 목적에 맞게 극대화하는 것이다. 과거 도가道家는 모든 종류의 인위적 발전 모델에 반대했다. 상공업적인 발전이 인간 욕망의 극대화와 이의 극단적인 충족으로 흘러, 인간과 자연이 동시에 파탄에 이를 것을 염려했다. 농업 발전도 반대한 이유는 농업 발전이 결국 인간 욕망의 기대치를 높임으로써 상공업적 발전으로 이어질 것이라고 보았기 때문이다. 유가儒家, 특히 맹자는 농업 정도만 허용하고 상공업적 발전은 막고자 했다. 맹자는 농업의 발전을 통해서는 자연이 파탄에까지 이어지지는 않을 것으로 보았다. 또한 인간이 지닌 본성적 선함에 기초하여, 인간의 욕구가 상공업적 발전 욕구로까지 나아가지 않을 방도를 마련하고자 했다. 반면 순묵荀墨은 적극적으로 상공업적 발전을 옹호했다. 상공업적 발전에도 인간의 욕망(=악)을 일정 정도로 교화·제한한다면, 파국적 결과는 오지 않을 것이라는 생각에서 그렇게 한 것이다.

서양의 근대는 이런 생각들을 극단적으로 뛰어넘어 버렸다. 칸트도 기계론적 자연관을 지니고 있었다. 기계론적 자연관은 온갖 종류의 미신을 제거해 인지적 해방을 가져온 측면이 있다. 반면 이미 말했듯이 인간이 자연을 수단화하는 것의 철학적 정당화이기도 했다. 칸트는 결벽에 가까운 도덕 의지를 통해 인간의 지배욕과 이기심을 제어하고자 했다. 그렇지만 이는 칸트 철학이 지니는 모순이다. 물적 욕망을 충족시킬 수 있는 수단이자 무한한 원천인 기계적 자연이 우리 앞에 펼쳐져 있는데 그걸 도덕 의지를 통해 제어할 수 있다고 본 것은 근대적 발전의 결과가 보여주듯 지나치게 순진한 생각으로 보이기 때문이다. 물론 현재의 관점에서 칸트의 업적을 폄하할 수는 없다. 칸트는 산업 생산이 본격화하기 이전의 사람이며 그 역시 당대의 시대 분위기에 따라 물질적 발전을 통한 해방의 가능성에 희망을 품지 않을 수 없었을 것이기 때문이다. 게다가 그는 근대적 발전이 가져올지도 모르는 역효과에 대해서는 실천이성을 통한 제어

가능성을 제시하기도 했다. 칸트는 희망과 우려가 교차하는 근대 초기의 시대상을 그대로 철학에 반영했다.

칸트의 위대성은 《판단력비판》에서 드러난다. 그의 철학이 지닌 모순과 한계에도 자연 필연성과 인간의 자유를 하나의 원리로 통합하려는 《판단력비판》의 기획은 현대의 문제를 극복하고자 하는 사람들에게 오늘날에도 끊임없이 새로운 철학적 사유를 자극하기 때문이다. 《판단력비판》은 《순수이성비판》과는 다른 시각에서 자연을 볼 수 있게 했다. 또한 인간에 대한 이해도 새로운 관점에서 접근할 수 있는 가능성을 열었다. 미적 대상으로서의 자연은 이성적 대상으로서의 자연과는 다르다. 자연에 대한 미감적 존재로서의 인간은 계산 능력으로서의 이성을 지닌 인간과는 다른 차원의 인간상을 상상할 수 있는 단초를 제공한다.

인구가 크게 늘어났다. 물질과 재화가 넘쳐난다. 생활은 편리해졌다. 대중들에게도 교육의 기회가 주어졌다. 정치 지도자도 우리 손으로 뽑고 있다. 그런데 행복하지가 않다. 매일이 긴장의 연속이다. 언제고 나락으로 떨어질 수 있다는 불안감이 지속되고 있다. 현대철학은 이 불안감의 원인을 물질적 욕구의 극대화와 이의 극단적 충족이라는 근대적 생활 양식에서 찾고 있다. 또한 현대의 이러한 문제를 극복할 가능성을 구하고 있다. 이를 위한 현대철학의 여러 흐름 중 하나는 근대적 합리성의 기획이 초래한 것으로 여겨지는 현대의 불안을 미감을 통해, 그의 현실태인 예술을 통해 극복하고자 하는 것이다. 이 단초는 말할 것도 없이 《판단력비판》이 제공했다.

《판단력비판》은 앞의 두 비판서와는 달리 체계성·완결성이 떨어진다. 서술 형식도 분절적·단편적이다. 노년의 글이라서 긴 호흡의 사유가 어려웠던 걸까? 아니면 미의 문제가 비로소 본격적인 철학의 중심 주제로 등장한 초입 단계이기 때문일까? 필자는 이렇게 생각한다. 앞의 두 비판서는 답을 내리고 있다. 그러나 《판단력비판》은 문제제기다. 《판단력비판》을 통해 비로소 칸트는 근대의 문제점을 깨달았다. 그래서 칸트의 철학은 여전히 현재성을 지닌다. 또한 그래서 현대철학은 여전히 칸트의 굴레를 벗어나지 못하고 있다.

그렇다면 과연 《판단력비판》의 현대적 '반복'은 현실의 문제를 지양하는 '차이'에 이를 수 있을까? 과연 미와 예술을 통해 현대의 문제를 극복하려는 철학적 시도는 성공 가능할까?

1. 합리화된 현대 사회는 부정적인 결과(가령 인간에 의한 인간 지배·자연 지배, 이로 인한 양극화, 끊임없는 사회적 불안과 전쟁의 위기, 자연 파괴 등)를 낳고 있으므로 극복되어야 할 대상이라고 전제하자. 그렇다면 철학 사상의 영역에서, 현대 사회의 극복은 어떻게 가능할까?

   먼저 합리성 자체에 대한 비판으로 나아가는 입장이 있을 수 있다. 이 입장은 (앞에서 말한 칸트의 3대 체계에 대입시키면) 이론이성의 우위를 비판하고 《판단력비판》에서와 같은 미감의 회복을 대안으로 제시한다. 미감은 자연과 일체감을 느끼는 감각이며, 다른 사람들과 함께 가자는 공통감이기 때문이다. 다시 말해 자연과 타인 지배를 특징으로 하는 근대적 합리성과는 전혀 다른 인간 능력이기 때문이다.

   반면 합리성은 아직 완성되지 않았으므로 오히려 합리성을 더욱 강화해야 한다는 주장이 있을 수 있다. 현대 사회에 부정적인 결과를 낳은 것은 도구적(부정적) 합리성 때문이지 합리성 자체가 아니라는 주장이다. 즉 합리성을, 이해타산이나 따지는 도구로 삼아 타인과 자연을 억압하는 곳에 사용해 왔기 때문이지 합리성 자체에는 긍정성이 더 많다는 것이다.

   문제를 요약하자면 과연 (도구적) 합리성에 토대를 둔, 거대한 현대 사회의 구조적 문제들은 미감의 회복을 통해 해결될 수 있을까, 아니면 합리성이 지니는 긍정성을 더욱 강화해야 해결할 수 있을까? 혹여 둘 다가 아닌 다른 대안도 있을까?

2. 나아가 미감의 회복이 중요하다 해도, 이미 합리화된 사회 속에서 극도로 계발된 이성을 지니고 살아가는 현대인이 과연 미감을 회복할 수 있는 길이 있을까? 오히려 미감의 회복을 통해 현대 사회가 극복되는 것이 아니라 현대 사회가 극복되어야 미감이 회복될 수 있는 것은 아닐까?

참고문헌

테오도르 아도르노·막스 호르크하이머, 《계몽의 변증법》, 김유동 옮김, 문학과지성사, 2001.
찰스 테일러, 《불안한 현대 사회》, 송영배 옮김, 이학사, 2001.
이준모, 《생태철학》, 문사철, 2012.
임마누엘 칸트, 《판단력비판》, 김상현 옮김, 책세상, 2005.

김우철

연세대학교 철학과에서 박사과정을 수료하고, 지금은 호원대학교에서 학생들을 가르친다. 마르크스의 《자본》에 나타난 변증법을 연구했다. 한국철학사상연구회의 자크 라캉 세미나에 참여하면서 정신분석학을 공부했고, 지금은 정치철학 세미나에서 벤야민, 아감벤 등을 공부하고 있다.

심혜련

국내에서 철학을 공부하고 독일 베를린 훔볼트대학교에서 〈발터 벤야민의 매체이론에 대한 고찰: 기술복제 시대에서의 아우라의 몰락과 지각의 변화〉라는 논문으로 박사학위를 받았다. 지금은 전북대학교 과학학과 교수로 학생들을 가르친다. 벤야민, 매체철학, 미학을 주요 연구 분야로 삼아 많은 논문과 책을 썼다. 대표적으로 〈20세기의 매체철학: 아날로그에서 디지털로〉, 〈사이버스페이스 시대의 미학〉 등의 논문을 발표했고, 다른 연구자들과 함께 《현대기술 미디어 철학의 갈래들》, 《처음 읽는 독일 현대철학》, 《과학 기술과 문화예술》, 《도시공간의 이미지와 상상력》, 《발터 벤야민: 모더니티와 도시》, 《미학의 문제와 방법》, 《매체철학의 이해》 등의 책을 썼다.

유민석

동국대학교 철학과에서 〈혐오 발언에 관한 담화행위론적 연구: 랭턴과 버틀러의 이론을 중심으로〉로 석사학위를 받았으며, 지금은 서울시립대학교 철학과 박사과 정에 재학 중이다. 〈퀴어에 대한 언어, 퀴어의 언어〉(《여/성이론》 32호), 〈혐오 발언에 기생하기: 메갈리아의 반란의 발화〉(《여/성이론》 33호) 등 혐오 발언과 표현의 자유에 대한 글을 몇 편 썼고 주디스 버틀러의 《혐오 발언Excitable Speech》을 우리 말로 옮겼다. 화용론, 메타윤리학, 페미니즘 철학 등에 관심이 있다.

이정은

연세대학교에서 철학을 공부해 박사학위를 받았고 지금은 같은 대학교에서 외래 교수이자 인문학연구원 전문연구원으로 학생들을 가르친다. 무력 갈등이 낳는 여 성 폭력을 극복하기 위해 만든 'UN 결의안 1325' 정신을 실천하는 사단법인 여 성평화외교포럼에서 활동 중이며, 고통받는 사람들의 인권과 복지를 실현하는 방 법을 철학적으로 모색하는 연구를 지속하려고 한다. 〈자본주의의 철학적 트로이 목마-K. 고진의 어소시에이션에서 사회주의 읽기〉, 〈헤겔의 종교변증법에서 종교 의 완성-종교의 종언과 해체〉 등의 논문을 발표했고, 《헤겔 대논리학의 자기의식 이론》, 《사랑의 철학》, 《사람은 왜 인정받고 싶어하나》, 《다시 쓰는 서양근대 철학 사》(공저), 《철학, 문화를 읽다》(공저) 등의 책을 썼다.

박은미

이화여자대학교를 졸업하고 같은 학교 대학원에서 철학을 공부해 석·박사학위를 받았다. 지금은 세종대학교 교양학부 초빙교수로 학생들을 가르치며 철학상담치료 학회 이사, 한국야스퍼스학회 이사직을 맡고 있다. 〈자기실현의 행복을 위한 철학 상담〉, 〈비판적 사고의 활성화를 통한 철학상담의 방법론 제안: 교정적 인식의 방 법을 중심으로〉, 〈논리를 비트는 심리, 심리를 조절하는 논리〉 등의 논문을 발표했 고, 《진짜 나로 살 때 행복하다》, 《미래 인문학 트렌드》(공저), 《삶이 불쾌한가 ─ 쇼 펜하우어의 의지와 표상으로서의 세계》 등의 책을 썼다.

김성우

올인ㅠㅅ고전학당에서 연구소장, 한국철학사상연구회에서 《ⓒ시대와 철학》 편집위원장, 변증법과 해체론 분과장을 맡고 있다. 광진정보도서관을 비롯해 여러 공공도서관과 대학교에서 강의한다. 데카르트와 라이프니츠 등의 근대성과 로크와 롤스 등의 자유주의 철학을 비판적으로 연구했고, 이후 변증법과 해체론을 접목해 새로운 실천적 존재론과 변혁의 실천 논리를 탐구하고 있다. 〈로크, 자유주의, 신자유주의〉, 〈롤즈의 자유주의 윤리학에 나타나는 합리성과 도덕적 비판〉, 〈푸코와 권력의 문제〉, 〈변증법의 역사적 맥락에서 본 아도르노의 부정 변증법의 의의와 그 이론적 실천의 한계〉, 〈비트겐슈타인과 치유의 철학〉, 〈지젝과 변증법적 유물론의 귀환〉 등의 논문을 발표했고, 《로크의 지성과 윤리》, 《자유주의는 윤리적인가》, 《스무 살에 만난 철학 멘토》, 《롤즈의 정의론과 그 이후》(공저), 《청춘의 고전》(공저), 《철학자가 사랑한 그림》(공저), 《열여덟을 위한 논리 개그 캠프》(공저), 《철학, 문화를 읽다》(공저) 등의 책을 썼다.

이순웅

숭실대학교에서 철학을 공부해 박사학위를 받았고, 지금은 같은 학교에서 초빙교수로 학생들을 가르친다. 백석대학교, 경희대학교에서도 강의하고 있으며 한국철학사상연구회 회원, 〈진보평론〉 편집위원으로 활동하고 있다. 그람시, 아감벤, 리영희, 박치우에 관한 논문을 썼고, 호르헤 라라인의 《이데올로기와 문화정체성》(공저)을 우리말로 옮겼다. 다른 연구자들과 함께 《청춘의 고전》, 《열여덟을 위한 철학캠프》, 《열여덟을 위한 신화 캠프》, 《다시 쓰는 맑스주의 사상사》, 《철학, 문화를 읽다》, 《통일담론의 지성사》 등의 책을 썼다.

현남숙

이화여자대학교 대학원에서 철학을 공부해 박사학위를 받았고, 지금은 가톨릭대학교 초빙교수로 학생들을 가르친다. 〈문화적 헤게모니와 동의의 조건〉, 〈여성주의 문화에서 감정의 중요성〉, 〈헤러웨이: 기술과학 안에서 전략적 장으로서의 물질-기호적 몸〉 등의 논문을 발표했고, 다른 연구자들과 함께 《문화, 세상을 콜라주하다》, 《청춘의 고전》, 《철학, 문화를 읽다》 등의 책을 썼다.

박영균

건국대학교 인문학연구원 교수며, 〈진보평론〉의 편집위원으로 활동하고 있다. 〈자본주의의 위기와 파시즘, 파쇼적인 것들과 사회주의〉, 〈욕망의 정치경제학과 현대 도시의 위기〉, 〈오늘날 맑스주의적 관점에서 적·녹·보라의 연대를 어떻게 모색할 것인가?〉, 〈마르크스주의 정당, 외부라는 형식〉등의 논문을 발표했고, 《칼마르크스》, 《맑스, 탈현대적 지평을 걷다》 등의 책을 썼다.

강경표

철학을 전공하고 과학을 이해하기 위해 기초과학을 공부했다. 지금은 상지대학교, 한국방송통신대학교, 지식순환협동조합 강사로 학생들을 가르친다. 과학과 철학의 경계를 넘나들며 공부를 하다가 생물학의 성과를 바탕으로 인간 존재를 탐구하게 되었다. 조금 더 좁혀 말하면 진화론을 바탕으로 인간의 사유를 탐구한다. 진화인식론, 진화윤리학, 진화심리학이 주로 공부하는 영역이며, 생물정치학에도 관심이 많다.

구태환

숭실대학교 철학과에서 철학 연구로 박사학위를 받았고 지금은 상지대학교에서 강사로 학생들을 가르친다. 인권연구소 '창'의 연구 활동가이기도 하다. 〈최한기의 운화론적 인체관과 변통의 윤리론〉 등의 논문을 발표했고, 《문화, 세상을 콜라주하다》(공저) 등의 책을 썼다.

이관형

서울대학교 미학과에서 독일낭만주의의 철학 연구로 박사학위를 받았으며 현재는 같은 대학교에서 강사로 학생들을 가르친다. 독일관념론에 대한 미학적·사회철학적 접근이 주된 관심분야다. 〈미학은 정치학인가?―칸트 미학에 대한 한나 아렌트의 정치적 독해〉, 〈헤겔의 '낭만적 반어irony' 비판에 대하여―헤겔《미학강의》의 "진정한 예술개념의 역사적 연역"절에 대한 이해〉, 〈프리드리히 슐레겔의《초월

철학강의》연구—독일 초기 낭만주의의 철학적 기원〉 등의 논문을 발표했고, 인문학 대중화 사업과 관련하여 다른 연구자들과 함께《철학자의 서재》(전3권),《다시 쓰는 서양 근대철학사》등의 책을 썼다.